ŒUVRES
DE
A. de Lamartine

POÉSIES

PREMIÈRES MÉDITATIONS POÉTIQUES

LA MORT DE SOCRATE

PARIS

ALPHONSE LEMERRE, ÉDITEUR

23-31, PASSAGE CHOISEUL, 23-31

CETTE ÉDITION

est publiée par les soins de la Société propriétaire

des

ŒUVRES DE LAMARTINE

ŒUVRES

DE

A. de Lamartine

OEUVRES
DE
A. de Lamartine

POÉSIES

PREMIÈRES MÉDITATIONS POÉTIQUES

LA MORT DE SOCRATE

PARIS

ALPHONSE LEMERRE, ÉDITEUR

23-31, PASSAGE CHOISEUL, 23-31

AVIS DES ÉDITEURS

L'édition princeps des *Méditations poétiques* (1820) portait au titre pour épigraphe :

Ab Jove principium.
Virg.

et commençait par cet *Avertissement de l'Éditeur* :

Les morceaux dont se compose le Recueil que nous offrons au public sont les premiers essais d'un jeune homme qui n'avait point, en les composant, le projet de les publier. Vivement frappé du sentiment poétique qui y domine et de la teinte originale et religieuse de cette poésie, nous avons pensé que le public les accueillerait avec intérêt ; et, sans nous dissimuler ce que le travail et le temps pourraient ajouter au mérite de ces ouvrages, nous avons demandé à l'auteur la permission d'en imprimer un certain nombre. Le nom de *Méditations* qu'il a donné à ces différents morceaux en indique parfaitement la nature et le caractère ; ce sont en effet les épanchements tendres et mélancoliques des sentiments et des pensées d'une âme qui s'abandonne à ses vagues inspirations. Quelques-unes s'élèvent à des sujets d'une grande hauteur ; d'autres ne sont, pour ainsi dire, que des soupirs de l'âme. Nous n'en présentons qu'un très petit nombre à la fois, nous réservant, d'après l'effet qu'elles auront pu produire, d'en donner incessamment un second livre, ou de nous borner à cette épreuve.

Nous sentons que le moment de cette publication n'est pas très heureusement choisi, et que ce n'est pas au milieu des grands intérêts politiques qui les agitent, que les esprits conservent assez de calme et de liberté pour s'abandonner aux inspirations d'une poésie rêveuse et entièrement détachée des intérêts actifs de ce monde ; mais nous savons aussi qu'il y a au fond de l'âme humaine un besoin imprescriptible d'échapper aux tristes réalités de ce monde et de s'élancer dans les régions supérieures de la poésie et de la religion.

Non de solo pane vivit homo.

E. G.

Les Méditations comprises dans l'édition princeps étaient les pièces suivantes :

Numéros dans l'édition princeps.		Numéros dans cette édition.
I	L'Isolement................	I
II	L'Homme.................	II
III	Le Soir..................	IV
IV	L'Immortalité.............	V
V	Le Vallon................	VI
VI	Le Désespoir	VII
VII	La Providence à l'Homme.....	VIII
VIII	Souvenir.................	IX
IX	L'Enthousiasme...........	XI
X	Le Lac..................	XIII
XI	La Gloire................	XIV
XII	La Prière................	XVII
XIII	Invocation...............	XVIII
XIV	La Foi..................	XIX
XV	Le Golfe de Baïa..........	XXII
XVI	Le Temple...............	XXIII
XVII	Chants lyriques de Saül........	XXIV
XVIII	Hymne au Soleil	XXV
XIX	Adieu...................	XXVI
XX	La Semaine Sainte à la Roche-Guyon.	XXVII
XXI	Le Chrétien mourant...........	XXVIII
XXII	Dieu....................	XXIX
XXIII	L'Automne...............	XXX
XXIV	La Poésie sacrée	XXXI

Cinq Méditations furent ajoutées en 1821 :

	Numéros dans cette édition.
A Elvire.	III
Ode.	X
La Retraite.	XII
La Naissance du duc de Bordeaux.	XV
Le Génie.	XX
Philosophie.	XXI

Cette pièce fut adressée, le 5 novembre 1821, au marquis de La Maisonfort.

Ressouvenir du lac Léman. XVI
Dédié, en 1842, à M. Huber-Saladin.

Dans l'édition dite des souscripteurs (1849) l'auteur fit suivre de commentaires les Méditations précédentes et ajouta dix pièces nouvelles.

Nous avons suivi l'édition de 1849 pour l'ordre des Méditations avec commentaires. Mais comme les pièces ajoutées en diffèrent de caractère et sont de moindre importance, il a paru désirable qu'elles ne restassent pas intercalées parmi les premières. Nous les avons placées à la suite par ordre de dates :

Le Pasteur et le Pêcheur, 1826.
A une Fleur séchée dans un Album, 1827.
A une Enfant, fille du Poëte, 1831.

Les Fleurs, 1837.
Le Lis du golfe de Santa-Restituta, 1842.
Les Oiseaux, 1842.
Le Coquillage au bord de la Mer, 1842.
Ferrare, 1844.
La Charité, 1846.
Les Pavots, 1847.

M. de Lamartine écrivit une préface aux *Premières Méditations poétiques* pour l'édition de 1849, et y inséra, comme seconde préface, l'Introduction à ses poésies, intitulée : *Des Destinées de la Poésie,* qui remontaient au 14 février 1834.

La Mort de Socrate, qui termine ce volume, composée à Paris, de février à mars 1823, parut en septembre de la même année. — Voir, à ces dates, la Correspondance de Lamartine, publiée par Mme Valentine de Lamartine.

PRÉFACE

L'HOMME *se plaît à remonter à sa source; le fleuve n'y remonte pas. C'est que l'homme est une intelligence et que le fleuve est un élément. Le passé, le présent, l'avenir, ne sont qu'un pour Dieu. L'homme est dieu par la pensée. Il voit, il sent, il vit à tous les points de son existence à la fois. Il se contemple lui-même, il se comprend, il se possède, il se ressuscite, et il se juge dans les années qu'il a déjà vécu. En un mot, il revit tant qu'il lui plaît de revivre par ses souvenirs. C'est sa souffrance quelquefois, mais c'est sa grandeur. Revivons donc un moment, et voyons comment je naquis avec une parcelle de ce qu'on appelle poésie dans ma nature, et comment cette parcelle de feu divin s'alluma en moi à mon insu, jeta* quelques fugitives lueurs sur ma jeunesse, et s'évapora plus tard dans les grands vents de mon équinoxe et dans la fumée de ma vie.

J'étais né impressionnable et sensible. Ces deux qualités sont les deux premiers éléments de toute poésie. Les choses extérieures à peine aperçues laissaient une vive et profonde empreinte en moi; et, quand elles avaient disparu de mes yeux, elles se répercutaient et se conservaient présentes dans ce qu'on nomme l'imagination, c'est-à-dire la mémoire, qui revoit et qui repeint en nous. Mais, de plus, ces images ainsi revues et repeintes se transformaient promptement en sentiment. Mon âme animait ces images, mon cœur se mêlait à ces impressions. J'aimais et j'incorporais en moi ce qui m'avait frappé. J'étais une glace vivante qu'aucune poussière de ce monde n'avait encore ternie et qui réverbérait l'œuvre de Dieu! De là à chanter ce cantique intérieur qui s'élève en nous, il n'y avait pas loin. Il ne me manquait que la voix. Cette voix, que je cherchais et qui balbutiait sur mes lèvres d'enfant, c'était la poésie. Voici les plus lointaines traces, que je retrouve au fond de mes souvenirs presque effacés, des premières révélations du sentiment poétique, qui allait me saisir à mon insu et me faire à mon tour chanter des vers au bord de mon nid, comme l'oiseau.

J'avais dix ans; nous vivions à la campagne. Les soirées d'hiver étaient longues; la lecture en abrégeait les heures. Pendant que notre mère berçait du pied une de mes petites sœurs dans son berceau, et qu'elle allaitait l'autre sur un long canapé de velours d'Utrecht rouge et râpé, à l'angle du salon, mon père lisait. Moi je jouais à terre à ses pieds avec des morceaux de sureau que le jardinier avait coupés pour moi dans le jardin; je faisais sortir la moelle du bois à l'aide d'une baguette de fusil. J'y creusais des trous à distances égales, j'en refermais aux deux extrémités l'orifice, et j'en taillais ainsi des flûtes que j'allais essayer le lendemain avec mes camarades, les enfants du village, et qui résonnaient mélodieusement au printemps sous les saules, au bord du ruisseau, dans les prés.

Mon père avait une voix sonore, douce, grave, vibrante comme les palpitations d'une corde de harpe, où la vie des entrailles auxquelles on l'a arrachée semble avoir laissé le gémissement d'un nerf animé. Cette voix, qu'il avait beaucoup exercée dans sa jeunesse en jouant la tragédie et la comédie dans les loisirs de ses garnisons, n'était point déclamatoire, mais pathétique. Elle empruntait un attendrissement d'organe et une suavité de son de plus, de l'heure, du lieu, du recueillement de la soirée, de la présence de ces petits enfants jouant ou dormant autour de lui, du bruit monotone de ce berceau à qui le mouvement était imprimé par le bout de la pantoufle de notre mère, et de l'aspect de cette belle jeune femme qu'il adorait et qu'il se plaisait à distraire des perpétuels soucis de sa maternité.

Il lisait dans un grand et beau volume relié en peau et à tranche dorée (c'était un volume des œuvres de Voltaire) la tragédie de Mérope. Sa voix changeait d'accents avec le rôle. C'était tantôt le tyran cruel, tantôt la mère tremblante, tantôt le fils errant et persécuté; puis les larmes de la reconnaissance, puis les soupçons de l'usurpateur, puis la fureur, la désolation, le coup de poignard, les larmes, les sanglots, la mort, le livre qui se refermait, le long silence qui suit les fortes commotions du cœur.

Tout en creusant mes flûtes de sureau, j'écoutais, je comprenais, je sentais; ce drame de mère et de fils se déroulait précisément tout entier dans l'ordre d'idées et de sentiments le plus à la portée de mon intelligence et de mon cœur. Je me figurais Mérope dans ma mère; moi dans le fils disparu et reconnu retombant dans ses bras, arraché de son sein. De plus, ce langage cadencé comme une danse des mots dans l'oreille, ces belles images qui font voir ce qu'on entend, ces hémistiches qui reposent le son pour le précipiter ensuite plus rapide, ces consonnances de la fin des vers qui sont comme des échos répercutés où le même sentiment se prolonge dans le même son, cette symétrie des rimes qui correspond matériellement à je ne sais quel instinct de symétrie morale cachée au fond de notre nature, et qui pourrait bien être une contre-empreinte de l'ordre divin, du rhythme incréé dans l'univers; enfin cette solennité de la voix de mon père, qui transfigurait sa parole ordinairement simple, et qui me rappelait l'accent religieux des psalmodies du prêtre le dimanche dans l'église de Milly : tout cela suscitait vivement mon attention, ma curiosité, mon émotion même. Je me disais intérieurement : « Voilà une langue que je voudrais bien savoir, que je voudrais bien parler quand je serai grand. » Et quand neuf heures sonnaient à la grosse horloge de noyer de la cuisine, et que j'avais fait ma prière et embrassé mon père et ma mère, je repassais en m'endormant ces vers, comme un homme qui vient d'être ballotté par les vagues sent encore, après être descendu à terre, le roulis de la mer, et croit que son lit nage sur les flots.

Depuis cette lecture de Mérope, je cherchais toujours de préférence des ouvrages qui contenaient des vers, parmi les volumes oubliés sur la table de mon père ou sur le piano de ma mère, au salon. La Henriade, toute sèche et toute déclamatoire qu'elle fût, me ravissait. Ce n'était que l'amour du son, mais ce son était pour moi une musique. On me faisait bien apprendre aussi par cœur quelques fables de La Fontaine; mais ces vers boiteux, disloqués, inégaux, sans symétrie ni dans l'oreille ni sur la page, me rebutaient. D'ailleurs, ces histoires d'animaux qui parlent, qui se font des leçons, qui se moquent les uns des autres, qui sont égoïstes, railleurs, avares, sans pitié, sans amitié, plus méchants que nous, me soulevaient le cœur. Les fables de La Fontaine sont plutôt la philosophie dure, froide et égoïste d'un vieillard, que la philosophie aimante, généreuse, naïve et bonne d'un enfant : c'est du fiel, ce n'est pas du lait pour les lèvres et pour les cœurs de cet âge. Ce livre me répugnait; je ne savais pas pourquoi. Je l'ai su depuis : c'est qu'il n'est pas bon. Comment le livre serait-il bon? l'homme ne l'était pas. On dirait qu'on lui a donné par dérision le nom du bon La Fontaine. La Fontaine était un philosophe de beaucoup d'esprit, mais un philosophe cynique. Que penser d'une nation qui commence l'éducation de ses enfants par les leçons *d'un cynique? Cet homme, qui ne connaissait pas son fils, qui vivait sans famille, qui écrivait des contes orduriers en cheveux blancs pour provoquer les sens de la jeunesse, qui mendiait dans des dédicaces adulatrices l'aumône des riches financiers du temps pour payer ses faiblesses; cet homme dont Racine, Corneille, Boileau, Fénelon, Bossuet, les poëtes, les écrivains ses contemporains, ne parlent pas, ou ne parlent qu'avec une espèce de pitié comme d'un vieux enfant, n'était ni un sage ni un homme naïf. Il avait la philosophie du sans-souci et la naïveté de l'égoïsme. Douze vers sonores, sublimes, religieux, d'Athalie, m'effaçaient de l'oreille toutes les cigales, tous les corbeaux et tous les renards de cette ménagerie puérile. J'étais né sérieux et tendre; il me fallait dès lors une langue selon mon âme. Jamais je n'ai pu, depuis, revenir de mon antipathie contre les fables.*

Une autre impression de ces premières années confirma, je ne sais comment, mon inclination d'enfant pour les vers.

Un jour que j'accompagnais mon père à la chasse, la voix des chiens égarés nous conduisit sur le revers d'une montagne boisée, dont les pentes, entrecoupées de châtaigniers et de petits prés, sont semées de quelques chaumières et de deux ou trois maisonnettes blanchies à la chaux, un peu plus riches que les masures de paysans, et entourées chacune d'un verger, d'un jardin, d'une haie vive, d'une cour rustique. Mon père, ayant retrouvé les chiens et les ayant remis en laisse avec leur collier de grelots, cherchait de l'œil un sentier qui menait à une de ces maisons, pour m'y faire déjeuner et reposer un moment, car nous avions marché depuis l'aube du jour. Cette maison était habitée par un de ses amis, vieil officier des armées du roi, retiré du service, et finissant ses jours dans ces montagnes natales, entre une servante et un chien. C'était une belle journée d'automne. Les rayons du soleil du matin, dorant de teintes bronzées les châtaigniers et de teintes pourpres les flèches de deux ou trois jeunes peupliers, venaient se réverbérer sur le mur blanc de la petite maison, et entraient avec la brise chaude par une petite fenêtre ouverte encadrée de lierre, comme pour l'inonder de lumière, de gaieté et de parfum. Des pigeons roucoulaient sur le mur d'appui d'une étroite terrasse, d'où la source domestique tombait dans le verger par un conduit de bois creux, comme dans les villages suisses. Nous appuyâmes le pouce sur le loquet, nous traversâmes la cour; le chien aboya sans colère, et vint me lécher les mains en battant l'air de sa queue, signe d'hospitalité pour les enfants. La vieille servante me mena à la cuisine pour me couper une tranche de pain bis, puis au verger pour me cueillir des pêches de vigne. Mon père était entré chez son ami. Quand j'eus mon pain à la main et mes pêches dans mon chapeau, la bonne femme me ramena à la maison rejoindre mon père.

Je le trouvai dans un petit cabinet de travail, causant avec son ami. Cet ami était un beau vieillard à cheveux blancs comme la neige, à l'aspect militaire, à l'œil vif, à la bouche gracieuse et mélancolique, au geste franc, à la voix mâle mais un peu cassée. Il *était assis entre la fenêtre ouverte et une petite table à écrire, sur laquelle les rayons du soleil, découpés par les feuilles d'arbres, flottaient aux ondulations du vent, qui agitaient les branches du peuplier comme une eau courante moirée d'ombre et de jour. Deux pigeons apprivoisés becquetaient les pages d'un gros livre ouvert sous le coude du vieillard. Il y avait sur la table une écritoire en bois de rose avec deux petites coupes d'argent ciselé, l'une pour la liqueur noire, l'autre pour le sable d'or. Au milieu de la table on voyait de belles feuilles de papier vélin blanc comme l'albâtre, longues et larges comme celles des grands livres de plain-chant que j'admirais le dimanche à l'église sur le pupitre du sacristain. Ces feuilles de papier étaient liées ensemble par le dos avec des nœuds d'un petit ruban bleu de ciel qui aurait fait envie aux collerettes des jeunes filles de Milly. Sur la première de ces feuilles, où la plume à blanches ailes était couchée depuis l'arrivée de mon père, on voyait quelque chose d'écrit. C'étaient des lignes régulières, espacées, égales, tracées avec la règle et le compas, d'une forme et d'une netteté admirables, entre deux larges marges blanches encadrées elles-mêmes dans de jolis dessins de fleurs à l'encre bleue. Je n'ai pas besoin d'ajouter que ces lignes étaient des vers. Le vieillard était poëte; et, comme sa médiocrité n'était pas aussi dorée que celle d'Horace, et qu'il ne pouvait pas payer à des imprimeurs l'impression de ses rêves champêtres, il se faisait à lui-même des éditions soignées de ses œuvres en manuscrits qui ne lui coûtaient que son temps et l'huile de sa lampe; il espérait confusément* qu'après lui la gloire tardive, *comme disent les anciens, la meilleure, la plus impartiale et la plus durable des gloires,* ouvrirait un jour le coffret de cèdre dans lequel il renfermait ses manuscrits poétiques, et le vengerait du silence et de l'obscurité dans lesquels la fortune ensevelissait son génie vivant. Mon père et lui causaient de ces ouvrages pendant que je mangeais mes pêches et mon pain, dont je jetais les miettes aux deux pigeons. Le vieillard, enchanté d'avoir un auditeur inattendu, lut à mon père un fragment du poëme interrompu. C'était la description d'une fontaine sous des châtaigniers, au bord de laquelle des jeunes filles déposent leurs cruches à l'ombre, et cueillent des pervenches et des marguerites pour se faire des couronnes; un mendiant survenait, et racontait aux jeunes bergères l'histoire d'Aréthuse, de Narcisse, d'Hylas, des dryades, des naïades, de Thétis, d'Amphitrite et de toutes les nymphes qui ont touché à l'eau douce ou à l'eau salée. Car ce vieillard était de son temps, et en ce temps-là aucun poëte ne se serait permis d'appeler les choses par leur nom. Il fallait avoir un dictionnaire mythologique sous son chevet, si l'on voulait rêver des vers. Je suis le premier qui ai fait descendre la poésie du Parnasse, et qui ai donné à ce qu'on nommait la Muse, au lieu d'une lyre à sept cordes de convention, les fibres mêmes du cœur de l'homme, touchées et émues par les innombrables frissons de l'âme et de la nature.

Quoi qu'il en soit, mon père, qui était trop poli pour s'ennuyer de mauvais vers au foyer même du poëte, donna quelques éloges aux rimes du vieillard, siffla ses *chiens, et me ramena à la maison. Je lui demandai en chemin quelles étaient donc ces jolies lignes égales, symétriques, espacées, encadrées de roses, liées de rubans, qui étaient sur la table. Il me répondit que c'étaient des vers, et que notre hôte était un poëte. Cette réponse me frappa. Cette scène me fit une longue impression; et depuis ce jour-là, toutes les fois que j'entendais parler d'un poëte, je me représentais un beau vieillard assis près d'une fenêtre ouverte à large horizon, dans une maisonnette au bord de grands bois, au murmure d'une source, aux rayons d'un soleil d'été tombant sur sa plume, et écrivant entre ses oiseaux et son chien des histoires merveilleuses, dans une langue de musique dont les paroles chantaient comme les cordes de la harpe de ma mère, touchées par les ailes invisibles du vent dans le jardin de Milly. Une telle image, à laquelle se mêlait sans doute le souvenir des pêches, du pain bis, de la bonne servante, des pigeons privés, du chien caressant, était de nature à me donner un grand goût pour les poëtes, et je me promettais bien de ressembler à ce vieillard et de faire ce qu'il faisait quand je serais vieux. Les beaux versets des psaumes de David, que notre mère nous récitait le dimanche en nous les traduisant pour nous remplir l'imagination de piété, me paraissaient aussi une langue bien supérieure à ces misérables puérilités de La Fontaine, et je comprenais que c'était ainsi qu'on devait parler à Dieu.*

Ce furent là mes premières notions et mes premiers avant-goûts de poésie. Ils s'effacèrent longtemps et entièrement sous le pénible travail de traduction obligée des poëtes grecs et latins qu'on m'imposa ensuite comme à tous les enfants dans les études de collège. Il y a de quoi dégoûter le genre humain de tout sentiment poétique. La peine qu'un malheureux enfant se donne à apprendre une langue morte et à chercher dans un dictionnaire le sens français du mot qu'il lit en latin ou en grec dans Homère, dans Pindare ou dans Horace, lui enlève toute la volupté de cœur ou d'esprit que lui ferait la poésie même, s'il la lisait couramment en âge de raison. Il cherche, au lieu de jouir. Il maudit le mot, sans avoir le loisir de penser au sens. C'est le pionnier qui pioche la cendre ou la lave dans les fouilles de Pompéi ou d'Herculanum, pour arracher du sol, à la sueur de son front, tantôt un bras, tantôt un pied, tantôt une boucle de cheveux de la statue qu'il déterre, au lieu du voluptueux contemplateur qui possède de l'œil la Vénus restaurée sur son piédestal, dans son jour, dans sa grâce et dans sa nudité, parmi les divinités de l'art du Vatican ou du palais Pitti à Florence.

Quant à la poésie française, les fragments qu'on nous faisait étudier chez les jésuites consistaient en quelques pitoyables rapsodies du P. Ducerceau et de Mme Deshoulières, dans quelques épîtres de Boileau sur l'Équivoque, sur les bruits de Paris, et sur le mauvais dîner du restaurateur Mignot. Heureux encore quand on nous permettait de lire l'épître à Antoine,

Son jardinier d'Auteuil,
Qui dirige chez lui l'if et le chevrefeuil;

et quelques plaisanteries de sacristie empruntées au Lutrin!

Qu'espérer de la poésie d'une nation qui ne donne pour modèles du beau dans les vers à sa jeunesse que des poëmes burlesques, et qui, au lieu de l'enthousiasme, enseigne la parodie à des cœurs et à des imaginations de quinze ans?

Aussi je n'eus pas une aspiration de poésie pendant toutes ces études classiques. Je n'en retrouvais quelque étincelle dans mon âme que pendant les vacances, à la fin de l'année. Je venais passer alors six délicieuses semaines près de ma mère, de mon père, de mes sœurs, dans la petite maison de campagne qu'ils habitaient. Je retrouvais sur les rayons poudreux du salon la Jérusalem délivrée du Tasse et le Télémaque de Fénelon. Je les emportais dans le jardin, sous une petite marge d'ombre que le berceau de charmille étend le soir sur l'herbe d'une allée. Je me couchais à côté de mes livres chéris, et je respirais en liberté les songes qui s'exhalaient pour mon imagination de leurs pages, pendant que l'odeur des roses, des giroflées et des œillets des plates-bandes m'enivrait des exhalaisons de ce sol, dont j'étais moi-même un pauvre cep transplanté!

Ce ne fut donc qu'après mes études terminées que je commençai à avoir quelques vagues pressentiments de poésie. C'est Ossian, après le Tasse, qui me révéla ce monde des images et des sentiments que j'aimai tant depuis à évoquer avec leurs voix. J'emportais un volume d'Ossian sur les montagnes; je le lisais où il avait été inspiré, sous les sapins, dans les nuages, à travers les brumes d'automne, assis près des déchirures des torrents, aux frissons des vents du Nord, au bouillonnement des eaux de neige dans les ravins. Ossian fut l'Homère de mes premières années; je lui dois une partie de la mélancolie de mes pinceaux. C'est la tristesse de l'Océan. Je n'essayai que très rarement de l'imiter; mais je m'en assimilai involontairement le vague, la rêverie, l'anéantissement dans la contemplation, le regard fixé sur des apparitions confuses dans le lointain. C'était pour moi une mer après le naufrage, sur laquelle flottent, à la lueur de la lune, quelques débris; où l'on entrevoit quelques figures de jeunes filles élevant leurs bras blancs, déroulant leurs cheveux humides sur l'écume des vagues; où l'on distingue des voix plaintives entrecoupées du mugissement des flots contre l'écueil. C'est le livre non écrit de la rêverie, dont les pages sont couvertes de caractères énigmatiques et flottants, avec lesquels l'imagination fait et défait ses propres poëmes, comme l'œil rêveur avec les nuées fait et défait ses paysages.

Je n'écrivais rien moi-même encore. Seulement, quand je m'asseyais au bord des bois de sapins, sur quelque promontoire des lacs de la Suisse, ou quand j'avais passé des journées entières à errer sur les grèves sonores des mers d'Italie, et que je m'adossais à quelque débris de môle ou de temple pour regarder la mer ou pour écouter l'inépuisable balbutiement des vagues à mes pieds, des mondes de poésie roulaient dans mon cœur et dans mes yeux; je composais pour moi seul, sans les écrire, des poëmes aussi vastes que la nature, aussi resplendissants que le ciel, aussi pathétiques que les gémissements des brises de mer dans les têtes des pins-lièges et dans les feuilles des lentisques, qui coupent le vent comme autant de petits glaives, pour le faire pleurer et sangloter dans des millions de petites voix. La nuit me surprenait souvent ainsi, sans pouvoir m'arracher au charme des fictions dont mon imagination s'enchantait elle-même. Oh! quels poëmes, si j'avais pu et si j'avais su les chanter aux autres alors comme je me les chantais intérieurement! Mais ce qu'il y a de plus divin dans le cœur de l'homme n'en sort jamais, faute de langue pour être articulé ici-bas. L'âme est infinie, et les langues ne sont qu'un petit nombre de signes façonnés par l'usage pour les besoins de communication du vulgaire des hommes. Ce sont les instruments à vingt-quatre cordes pour rendre les myriades de notes que la passion, la pensée, la rêverie, l'amour, la prière, la nature et Dieu, font entendre dans l'âme humaine. Comment contenir l'infini dans ce bourdonnement d'un insecte au bord de sa ruche, que la ruche voisine ne comprend même pas? Je renonçais à chanter, non faute de mélodies intérieures, mais faute de voix et de notes pour les révéler.

Cependant je lisais beaucoup, et surtout les poëtes. A force de les lire, je voulus quelquefois les imiter. A mes retours de voyage, pour passer les hivers tristes et longs à la campagne, dans la maison sans distraction de mon père, j'ébauchai plusieurs poëmes épiques, et j'écrivis en entier cinq ou six tragédies. Cet exercice m'assouplit la main et l'oreille aux rhythmes. J'écrivis aussi un ou deux volumes d'élégies amoureuses, sur le mode de Tibulle, du chevalier de Bertin et de Parny. Ces deux poëtes faisaient les délices de la jeunesse.

L'imagination, toujours très sobre d'élans et alors très desséchée par le matérialisme de la littérature impériale, ne concevait rien de plus idéal que ces petits vers corrects et harmonieux de Parny, exprimant à petites doses les fumées d'un verre de vin de Champagne, les agaceries, les frissons, les ivresses froides, les ruptures, les réconciliations, les langueurs d'un amour de bonne compagnie qui changeait de nom à chaque livre. Je fis comme mes modèles, quelquefois peut-être aussi bien qu'eux. Je copiai avec soin, pendant un automne pluvieux, quatre livres d'élégies, formant ensemble deux volumes, sur du beau papier vélin, et gravées plutôt qu'écrites d'une plume plus amoureuse que mes vers. Je me proposais de publier un jour ce recueil quand j'irais à Paris, et de me faire un nom dans un des médaillons de cette guirlande de voluptueux immortels qui n'ont cueilli de la vie humaine que les roses et les myrtes, qui commencent à Anacréon, à Bion, à Moschus, qui se continuent par Properce, Ovide, Tibulle, et qui finissent à Chaulieu, à La Fare, à Parny.

Mais la nature en avait autrement décidé. A peine mes deux beaux volumes étaient-ils copiés, que le mensonge, le vide, la légèreté, le néant de ces pauvretés sensuelles plus ou moins bien rimées m'apparut. La pointe de feu des premières grandes passions réelles n'eut qu'à toucher et à brûler mon cœur, pour y effacer toutes ces puérilités et tous ces plagiats d'une fausse littérature. Dès que j'aimai, je rougis de ces profanations de la poésie aux sensualités grossières. L'amour fut pour moi le charbon de feu qui brûle, mais qui purifie les lèvres. Je pris un jour mes deux volumes d'élégies, je les relus avec un profond mépris de moi-même, je demandai pardon à Dieu du temps que j'avais perdu à les écrire, je les jetai au brasier, je les regardai noircir et se tordre avec leur belle reliure de maroquin vert sans regret ni pitié, et j'en vis monter la fumée comme celle d'un sacrifice de bonne odeur à Dieu et au véritable amour.

Je changeai à cette époque de vie et de lectures. Le service militaire, les longues absences, les attachements sérieux, les amitiés plus saines, le retour à mes instincts naturellement religieux cultivés de nouveau en moi par la Béatrice de ma jeunesse, le dégoût des légèretés du cœur, le sentiment grave de l'existence et de son but, puis enfin la mort de ce que j'avais aimé, qui mit un sceau de deuil sur ma physionomie comme sur mes lèvres ; tout cela, sans éteindre en moi la poésie, la refoula bien loin et longtemps dans mes pensées. Je passai huit ans sans écrire un vers.

Quand les longs loisirs et le vide des attachements perdus me rendirent cette espèce de chant intérieur qu'on appelle poésie, ma voix était changée, et ce chant était triste comme la vie réelle. Toutes mes fibres attendries de larmes pleuraient ou priaient, au lieu de chanter. Je n'imitais plus personne, je m'exprimais moi-même pour moi-même. Ce n'était pas un art, c'était un soulagement de mon propre cœur, qui se berçait de ses propres sanglots. Je ne pensais à personne en écrivant çà et là ces vers, si ce n'est à une ombre et à Dieu. Ces vers étaient un gémissement ou un cri de l'âme. Je cadençai ce cri ou ce gémissement dans la solitude, dans les bois, sur la mer ; voilà tout. Je n'étais pas devenu plus poëte, j'étais devenu plus sensible, plus sérieux et plus vrai. C'est là le véritable art : être touché ; oublier tout art pour atteindre le souverain art, la nature :

> Si vis me flere, dolendum est
> Primum ipsi tibi !...

Ce fut tout le secret du succès si inattendu pour moi de ces Méditations, quand elles me furent arrachées, presque malgré moi, par des amis à qui j'en avais lu quelques fragments à Paris. Le public entendit une âme sans la voir, et vit un homme au lieu d'un livre. Depuis J.-J Rousseau, Bernardin de Saint-Pierre et Chateaubriand, c'était le poëte qu'il attendait. Ce poëte était jeune, malhabile, médiocre ; mais il était sincère. Il alla droit au cœur, il eut des soupirs pour échos et des larmes pour applaudissements.

Je ne jouis pas de cette fleur de renommée qui s'attacha à mon nom dès le lendemain de la publication de ce premier volume des Méditations. Trois jours après je quittai Paris pour aller occuper un poste diplomatique à l'étranger. Louis XVIII, qui avait de l'Auguste dans le caractère littéraire, se fit lire, par le duc de Duras, mon petit volume, dont les journaux et les salons retentissaient. Il crut qu'une nouvelle Mantoue promettait à son règne un nouveau Virgile. Il ordonna à M. Siméon, son ministre de l'intérieur, de m'envoyer, de sa part, l'édition des classiques de Didot, seul présent que j'aie jamais reçu des cours. Il signa le lendemain ma nomination à un emploi de secrétaire d'ambassade, qui lui fut présentée par M. Pasquier, son ministre des affaires étrangères. Le roi ne me vit pas. Il était loin de se douter qu'il me connaissait beaucoup de figure, et que le poëte dont il redisait déjà les vers était un de ces jeunes officiers de ses gardes qu'il avait souvent paru remarquer, et à qui il avait une ou deux fois adressé la parole quand je galopais aux roues de sa voiture, dans les courses à Versailles ou à Saint-Germain.

Ces vers cependant furent pendant longtemps l'objet des critiques, des dénigrements et des railleries du vieux parti littéraire classique, qui se sentait détrôné par cette nouveauté. Le Constitutionnel et La Minerve, journaux très illibéraux en matière de sentiment et de goût, s'acharnèrent pendant sept à huit ans contre mon nom. Ils m'affublèrent d'ironies, ils m'aguerrirent aux épigrammes. Le vent les emporta, mes mauvais vers restèrent dans le cœur des jeunes gens et des femmes, ces précurseurs de toute postérité. Je vivais loin de la France, j'étudiais mon métier, j'écrivais encore de temps en temps les impressions de ma vie en méditations, en harmonies, en poëmes; je n'avais aucune impatience de célébrité, aucune susceptibilité d'amour-propre, aucune jalousie d'auteur. Je n'étais pas auteur, j'étais ce que les modernes appellent un amateur, ce que les anciens appelaient un curieux de littérature, comme je suppose qu'Horace, Cicéron, Scipion, César lui-même, l'étaient de leur temps. La poésie n'était pas mon métier; c'était un accident, une aventure heureuse, une bonne fortune dans ma vie. J'aspirais à tout autre chose, je me destinais à d'autres travaux. Chanter n'est pas vivre : c'est se délasser ou se consoler par sa propre voix. Heureux temps ! bien des jours et bien des événements m'en séparent.

Et aujourd'hui je reçois continuellement des lettres d'inconnus qui ne cessent de me dire: « Pourquoi ne chantez-vous plus ? Nous écoutons encore. » Ces amis invisibles de mes vers ne se sont donc jamais rendu compte de la nature de mon faible talent et de la nature de la poésie elle-même ? Ils croient apparemment que le cœur humain est une lyre toujours montée et toujours complète, que l'on peut interroger du doigt à chaque heure de la vie, et dont aucune corde ne se détend, ne s'assourdit ou ne se brise avec les années et sous les vicissitudes de l'âme ? Cela peut être vrai pour des poëtes souverains, infatigables, immortels ou toujours rajeunis par leur génie, comme Homère, Virgile, Racine, Voltaire, Dante, Pétrarque, Byron, et d'autres que je nommerais s'ils n'étaient pas mes émules et mes contemporains. Ces hommes exceptionnels ne sont que pensée, cette pensée n'est en eux que poésie, leur existence tout entière n'est qu'un développement continu et progressif de ce don de l'enthousiasme poétique que la nature a allumé en eux en les faisant naître, qu'ils respirent avec l'air, et qui ne s'évapore qu'avec leur dernier soupir. Quant à moi, je n'ai pas été doué ainsi. La poésie ne m'a jamais possédé tout entier. Je ne lui ai donné dans mon âme et dans ma vie seulement que la place que l'homme donne au chant dans sa journée : des moments le matin, des moments le soir, avant et après le travail sérieux et quotidien. Le rossignol lui-même, ce chant de la nature incarné dans les bois, ne se fait entendre qu'à ces deux heures du soleil qui se lève et du soleil qui se couche, et encore dans une seule saison de l'année. La vie est la vie, elle n'est pas un hymne de joie ou un hymne de tristesse perpétuel. L'homme qui chanterait toujours ne serait pas un homme, ce serait une voix.

L'idéal d'une vie humaine a toujours été pour moi celui-ci : la poésie de l'amour et du bonheur au commencement de la vie ; le travail, la guerre, la politique, la philosophie, toute la partie active qui demande la lutte, la sueur, le sang, le courage, le dévouement, au milieu ; et enfin le soir, quand le jour baisse, quand le bruit s'éteint, quand les ombres descendent, quand le repos approche, quand la tâche est faite, une seconde poésie, mais la poésie religieuse alors, la poésie qui se détache entièrement de la terre et qui aspire uniquement à Dieu, comme le chant de l'alouette au-dessus des nuages. Je ne comprends donc le poëte que sous deux âges et sous deux formes : à vingt ans, sous la forme d'un beau jeune homme qui aime, qui rêve, qui pleure en attendant la vie active ; à quatre-vingts ans, sous la forme d'un vieillard qui se repose de la vie, assis à ses derniers soleils contre le mur du temple, et qui envoie devant lui au Dieu de son espérance ses extases de résignation, de confiance et d'adoration, dont ses longs jours ont fait déborder ses lèvres. Ainsi fut David, le plus lyrique, le plus pieux et le plus pathétique à la fois des hommes qui chantèrent leur propre cœur ici-bas. D'abord une harpe à la main, puis une épée et un sceptre, puis une lyre sacrée; poëte au printemps de ses années, guerrier et roi au milieu, prophète à la fin, voilà l'homme d'inspiration complet ! Cette poésie des derniers jours, pour en être plus grave, n'en est pas moins céleste : au contraire, elle se purifie et se divinise en remontant au seul être qui mérite d'être éternellement contemplé et chanté, l'Être infini ! C'est encore la sève du cœur de l'homme, formée de larmes, d'amour, de délires, de tristesses ou de voluptés; mais ce cœur, mûri par les longs soleils de la vie, n'en est pas moins savoureux : il est comme l'arbre d'encens que j'ai vu dans les sables de la Judée, dont la sève en vieillissant devient parfum, et qui passe des jardins, où on le cueillait à l'ombre, sur l'autel, où on le brûle à la gloire de Jéhovah.

Une naïve et touchante image de ces deux natures de poésie et des deux natures de sons que rend l'âme du poëte aux différents âges me revient de loin à la mémoire au moment où j'écris ces lignes.

Quand nous étions enfants, nous nous amusions quelquefois, mes petites sœurs et moi, à un jeu que nous appelions la musique des anges. Ce jeu consistait à plier une baguette d'osier en demi-cercle ou en arc à angle très aigu, à en rapprocher les extrémités par un fil semblable à la corde sur laquelle on ajuste la flèche, à nouer ensuite des cheveux d'inégale grandeur aux deux côtés de l'arc, comme sont disposées les fibres d'une harpe, et à exposer cette petite harpe au vent. Le vent d'été, qui dort et qui respire alternativement d'une haleine folle, faisait frissonner le réseau, et en tirait des sons d'une ténuité presque imperceptible, comme il en tire des feuilles dentelées des sapins. Nous prêtions tour à tour l'oreille, et nous nous imaginions que c'étaient les esprits célestes qui chantaient. Nous nous servions habituellement, pour ce jeu, des longs cheveux fins, jeunes, blonds et soyeux, coupés aux tresses pendantes de mes sœurs; mais, un jour, nous voulûmes éprouver si les anges joueraient les mêmes mélodies sur des cordes d'un autre âge, empruntées à un autre front. Une bonne tante de mon père, qui vivait à la maison, et dont les cachots de la Terreur avaient blanchi la belle tête avant l'âge, surveillait nos jeux en travaillant de l'aiguille, à côté de nous, dans le jardin. Elle se prêta à notre enfantillage, et coupa avec ses ciseaux une longue mèche de ses cheveux, qu'elle nous livra. Nous en fîmes aussitôt une seconde harpe, et, la plaçant à côté de la première, nous les écoutâmes toutes deux chanter. Or, soit que les fils fussent mieux tendus, soit qu'ils fussent d'une nature plus élastique et plus plaintive, soit que le vent soufflât plus doux et plus fort dans l'une des petites harpes que dans l'autre, nous trouvâmes que les esprits de l'air chantaient plus tristement et plus harmonieusement dans les cheveux blancs que dans les cheveux blonds d'enfants; et, depuis ce jour, nous importunions souvent notre tante pour qu'elle laissât dépouiller par nos mains son beau front.

Ces deux harpes dont les cordes rendent des sons différents selon l'âge de leurs fibres, mais aussi mélodieux *à travers le réseau blanc qu'à travers le réseau blond de ces cordes vivantes, ces deux harpes ne sont-elles pas l'image puérile, mais exacte, des deux poésies appropriées aux deux âges de l'homme? Songe et joie dans la jeunesse; hymne et piété dans les dernières années. Un salut et un adieu à l'existence et à la nature, mais un adieu qui est un salut aussi; un salut plus enthousiaste, plus solennel et plus saint à la vision de Dieu qui se lève tard, mais qui se lève plus visible sur l'horizon du soir de la vie humaine!*

Je ne sais pas ce que la Providence me réserve de sort et de jours. Je suis dans le tourbillon au plus fort du courant du fleuve, dans la poussière des vagues soulevées par le vent, à ce milieu de la traversée où l'on ne voit plus le bord de la vie d'où l'on est parti, où l'on ne voit pas encore le bord où l'on doit aborder, si on aborde; tout est dans la main de Celui qui dirige les atomes comme les globes dans leur rotation, et qui a compté d'avance les palpitations du cœur du moucheron et de l'homme comme les circonvolutions des soleils. Tout est bien et tout est béni de ce qu'il aura voulu. Mais si, après les sueurs, les labeurs, les agitations et les lassitudes de la journée humaine, la volonté de Dieu me destinait un long soir d'inaction, de repos, de sérénité avant la nuit, je sens que je redeviendrais volontiers à la fin de mes jours ce que je fus au commencement: un poëte, un adorateur, un chantre de sa création. Seulement, au lieu de chanter pour moi-même ou pour les hommes, je chanterais pour lui; mes hymnes ne contiendraient que le nom éternel et infini, et mes vers, au lieu d'être des retours sur moi-même, des plaintes ou des délires personnels, seraient une note sacrée de ce cantique incessant et universel que toute créature doit chanter, du cœur ou de la voix, en naissant, en vivant, en passant, en mourant, devant son Créateur.

LAMARTINE.

2 juillet 1849.

DES DESTINÉES
DE LA POÉSIE

———

L'HOMME *n'a rien de plus inconnu autour de lui que l'homme même. Les phénomènes de sa pensée, les lois de la civilisation, les phases de ses progrès ou de ses décadences, sont les mystères qu'il a le moins pénétrés. Il connait mieux la marche des globes célestes qui roulent à des millions de lieues de la portée de ses faibles sens, qu'il ne connait les routes terrestres par lesquelles la destinée humaine le conduit à son insu; il sent qu'il gravit vers quelque chose, mais il ne sait où va son esprit, il ne peut dire à quel point précis de son chemin il se trouve. Jeté loin de la vue des rivages sur l'immensité des mers, le pilote peut prendre hauteur, et marquer avec le compas la ligne du globe qu'il traverse ou qu'il suit; l'esprit humain ne le peut pas; il n'a rien hors de soi-même à quoi il puisse mesurer sa marche; et toutes les fois qu'il dit : « Je suis ici, je vais là, j'avance, je recule, je m'arrête, » il se trouve qu'il s'est trompé et qu'il a menti à son histoire, histoire qui n'est écrite que bien longtemps après qu'il a passé, qui jalonne ses traces après qu'il les a imprimées sur la terre, mais qui d'avance ne peut lui tracer son chemin. Dieu seul connaît le but et la route, l'homme ne sait rien; faux prophète, il prophétise à tout hasard; et, quand les choses futures éclosent au rebours de ses prévisions, il n'est plus là pour recevoir le démenti de la destinée, il est couché dans sa nuit et dans son silence, il dort son sommeil; et d'autres générations écrivent sur sa poussière d'autres rêves aussi vains, aussi fugitifs que les siens! Religion, politique, philosophie, systèmes, l'homme a prononcé sur tout, il s'est trompé sur tout; il a cru tout définitif, et tout s'est modifié; tout immortel, et tout a péri; tout véritable, et tout a menti! — Mais ne parlons que de poésie.*

Je me souviens qu'à mon entrée dans le monde il n'y avait qu'une voix sur l'irrémédiable décadence, sur la mort accomplie et déjà froide de cette mystérieuse faculté de l'esprit humain. C'était l'époque de l'Empire; c'était l'heure de l'incarnation de la philosophie matérialiste du dix-huitième siècle dans le gouvernement et dans les mœurs. Tous ces hommes géométriques qui seuls avaient alors la parole et qui nous écrasaient, nous autres jeunes hommes, sous l'insolente tyrannie de leur triomphe, croyaient avoir desséché pour toujours en nous ce qu'ils étaient parvenus en effet à flétrir et à tuer en eux, toute la partie morale, divine, mélodieuse, de la pensée humaine. Rien ne peut peindre, à ceux qui ne l'ont pas subie, l'orgueilleuse stérilité de cette époque. C'était le sourire satanique d'un génie infernal quand il est parvenu à dégrader une génération tout entière, à déraciner tout un enthousiasme national, à tuer une vertu dans le monde; ces hommes avaient le même sentiment de triomphante impuissance dans le cœur et sur les lèvres, quand ils nous disaient : « Amour, philosophie, religion, enthousiasme, liberté, poésie; néant que tout cela! Calcul et force, chiffre et sabre, tout est là. Nous ne croyons que ce qui se prouve, nous ne sentons que ce qui se touche; la poésie est morte avec le spiritualisme dont elle était née. » Et ils disaient vrai, elle était morte dans leurs âmes, morte dans leurs intelligences, morte en eux et autour d'eux. Par un sûr et prophétique instinct de leur destinée, ils tremblaient qu'elle ne ressuscitât dans le monde avec la liberté; ils en jetaient au vent les moindres racines à mesure qu'il en germait sous leurs pas, dans leurs écoles, dans leurs lycées, dans leurs gymnases, surtout dans leurs noviciats militaires et polytechniques. Tout était organisé contre cette résurrection du sentiment moral et poétique; c'était une ligue universelle des études mathématiques contre la pensée et la poésie. Le chiffre seul était permis, honoré, *protégé, payé. Comme le chiffre ne raisonne pas, comme c'est un merveilleux instrument passif de tyrannie qui ne demande jamais à quoi on l'emploie, qui n'examine nullement si on le fait servir à l'oppression du genre humain ou à sa délivrance, au meurtre de l'esprit ou à son émancipation, le chef militaire de cette époque ne voulait pas d'autre missionnaire, pas d'autre séide; et ce séide le servait bien. Il n'y avait pas une idée en Europe qui ne fût foulée sous son talon, pas une bouche qui ne fût bâillonnée par sa main de plomb. Depuis ce temps, j'abhorre le chiffre, cette négation de toute pensée; et il m'est resté contre cette puissance des mathématiques exclusive et jalouse le même sentiment, la même horreur qui reste au forçat contre les fers durs et glacés rivés sur ses membres, et dont il croit éprouver encore la froide et meurtrissante impression quand il entend le cliquetis d'une chaîne. Les mathématiques étaient les chaînes de la pensée humaine. Je respire; elles sont brisées!*

Deux grands génies, que la tyrannie surveillait d'un œil inquiet, protestaient seuls contre cet arrêt de mort de l'âme, de l'intelligence et de la poésie, Mme de Staël et M. de Chateaubriand. Mme de Staël, génie mâle dans un corps de femme; esprit tourmenté par la surabondance de sa force, remuant, passionné, audacieux, capable de généreuses et soudaines résolutions, ne pouvant respirer dans cette atmosphère de lâcheté et de servitude, demandant de l'espace et de l'air autour d'elle, attirant, comme par un instinct magnétique, tout ce qui sentait fermenter en soi un sentiment de résistance ou d'indi-

gnation concentrée; à elle seule, conspiration vivante, aussi capable d'ameuter les hautes intelligences contre cette tyrannie de la médiocrité régnante, que de mettre le poignard dans la main des conjurés, ou de se frapper elle-même pour rendre à son âme la liberté qu'elle aurait voulu rendre au monde! **Créature** d'élite et d'exception, dont la nature n'a pas donné deux épreuves, réunissant en elle Corinne et Mirabeau! Tribun sublime, au cœur tendre et expansif de la femme; femme adorable et miséricordieuse, avec le génie des Gracques et la main du dernier des Catons! Ne pouvant susciter un généreux élan dans sa patrie, dont on la repoussait comme on éloigne l'étincelle d'un édifice de chaume, elle se réfugiait dans la pensée de l'Angleterre et de l'Allemagne, qui seules vivaient alors de vie morale, de poésie et de philosophie, et lançait de là dans le monde ces pages sublimes et palpitantes que le pilon de la police écrasait, que la douane de la pensée déchirait à la frontière, que la tyrannie faisait bafouer par ses grands hommes jurés, mais dont les lambeaux échappés à leurs mains flétrissantes venaient nous consoler de notre avilissement intellectuel, et nous apporter à l'oreille et au cœur ce souffle lointain de morale, de poésie, de liberté, que nous ne pouvions respirer sous la coupe pneumatique de l'esclavage et de la médiocrité.

M. de Chateaubriand, génie alors plus mélancolique et plus suave; mémoire harmonieuse et enchantée d'un passé dont nous foulions les cendres et dont nous retrouvions l'âme en lui; imagination homérique jetée au milieu de nos convulsions sociales, semblable à ces belles colonnes de Palmyre restées debout et éclatantes, sans brisure et sans tache, sur les tentes noires et déchirées des Arabes, pour faire comprendre, admirer et pleurer le monument qui n'est plus! Homme qui cherchait l'étincelle du feu sacré dans les débris du sanctuaire, dans les ruines encore fumantes des temples chrétiens, et qui, séduisant les démolisseurs mêmes par la pitié, et les indifférents par le génie, retrouvait des dogmes dans le cœur, et rendait de la foi à l'imagination! Des mots de liberté et de vertu politique sonnaient moins souvent et moins haut dans ses pages toutes poétiques; ce n'était pas le Dante d'une Florence asservie, c'était le Tasse d'une patrie perdue, d'une famille de rois proscrits, chantant ses amours trompées, ses autels renversés, ses tours démolies, ses dieux et ses rois chassés, les chantant à l'oreille des proscripteurs, sur les bords mêmes des fleuves de la patrie; mais son âme, grande et généreuse, donnait aux chants du poëte quelque chose de l'accent du citoyen. Il remuait toutes les fibres généreuses de la poitrine, il ennoblissait la pensée, il ressuscitait l'âme: c'était assez pour tourmenter le sommeil des geôliers de notre intelligence. Par je ne sais quel instinct de leur nature, ils pressentaient un vengeur dans cet homme qui les charmait malgré eux. Ils savaient que tous les nobles sentiments se touchent et s'engendrent, et que, dans des cœurs où vibrent le sentiment religieux et les pensées mâles et indépendantes, leur tyrannie aurait à trouver des juges, et la liberté des complices.

Depuis ces jours, j'ai aimé ces deux génies précurseurs qui m'apparurent, qui me consolèrent à mon entrée dans la vie, Staël et Chateaubriand ; ces deux noms remplissent bien du vide, éclairent bien de l'ombre ! Ils furent pour nous comme deux protestations vivantes contre l'oppression de l'âme et du cœur, contre le dessèchement et l'avilissement du siècle ; ils furent l'aliment de nos toits solitaires, le pain caché de nos âmes refoulées ; ils brirent sur nous comme un droit de famille, ils furent de notre sang, nous fûmes du leur, et il est peu d'entre nous qui ne leur doive ce qu'il fut, ce qu'il est, ou ce qu'il sera.

En ce temps-là, je vivais seul, le cœur débordant de sentiments comprimés, de poésie trompée, tantôt à Paris, noyé dans cette foule où l'on ne coudoyait que des courtisans ou des soldats ; tantôt à Rome, où l'on n'entendait d'autre bruit que celui des pierres qui tombaient une à une dans le désert de ses rues abandonnées ; tantôt à Naples, où le ciel tiède, la mer bleue, la terre embaumée, m'enivraient sans m'assoupir, et où une voix intérieure me disait toujours qu'il y avait quelque chose de plus vivant, de plus noble, de plus délicieux pour l'âme que cette vie engourdie des sens et que cette voluptueuse mollesse de sa musique et de ses amours. Plus souvent je rentrais à la campagne, pour passer le mélancolique automne dans la maison solitaire de mon père et de ma mère, dans la paix, dans le silence, dans la sainteté domestique des douces impressions du foyer ; le jour, courant les forêts ; le soir, lisant ce que je trouvais sur les vieux rayons de ces bibliothèques de famille.

Job, Homère, Virgile, le Tasse, Milton, Rousseau, et surtout Ossian et Paul et Virginie, ces livres amis me *parlaient dans la solitude la langue de mon cœur, une langue d'harmonie, d'images, de passion; je vivais tantôt avec l'un, tantôt avec l'autre, ne les changeant que quand je les avais pour ainsi dire épuisés. Tant que je vivrai, je me souviendrai de certaines heures de l'été que je passais couché sur l'herbe dans une clairière des bois, à l'ombre d'un vieux tronc de pommier sauvage, en lisant la* Jérusalem délivrée, *et de tant de soirées d'automne ou d'hiver passées à errer sur les collines, déjà couvertes de brouillards et de givre, avec Ossian ou* Werther *pour compagnon; tantôt soulevé par l'enthousiasme intérieur qui me dévorait, courant sur les bruyères comme porté par un esprit qui empêchait mes pieds de toucher le sol; tantôt assis sur une roche grisâtre, le front dans mes mains, écoutant, avec un sentiment qui n'a pas de nom, le souffle aigu et plaintif des bises d'hiver, ou le roulis des lourds nuages qui se brisaient sur les angles de la montagne, ou la voix aérienne de l'alouette, que le vent emportait toute chantante dans son tourbillon, comme ma pensée, plus forte que moi, emportait mon âme. Ces impressions étaient-elles joie ou tristesse, douleur ou souffrance? Je ne pourrais le dire; elles participaient de tous les sentiments à la fois. C'était de l'amour et de la religion, des pressentiments de la vie future, délicieux et tristes comme elle, des extases et des découragements, des horizons de lumière et des abîmes de ténèbres, de la joie et des larmes, de l'avenir et du désespoir! C'était la nature parlant par ses mille voix au cœur encore vierge de l'homme; mais enfin c'était de la poésie. Cette poésie, j'essayais* quelquefois de l'exprimer dans des vers; mais ces vers, je n'avais personne à qui les faire entendre; je me les lisais quelques jours à moi-même; je trouvais, avec étonnement, avec douleur, qu'ils ne ressemblaient pas à tous ceux que je lisais dans les recueils ou dans les volumes du jour. Je me disais : « On ne voudra pas les lire; ils paraîtront étranges, bizarres, insensés; » et je les brûlais à peine écrits. J'ai anéanti ainsi des volumes de cette première et vague poésie du cœur, et j'ai bien fait; car, à cette époque, ils seraient éclos dans le ridicule, et morts dans le mépris de tout ce qu'on appelait la littérature. Ce que j'ai écrit depuis ne valait pas mieux; mais le temps avait changé, la poésie était revenue en France avec la liberté, avec la pensée, avec la vie morale que nous rendit la Restauration. Il semble que le retour des Bourbons et de la liberté en France donna une inspiration nouvelle, une autre âme à la littérature opprimée ou endormie de ce temps; et nous vîmes surgir alors une foule de ces noms célèbres dans la poésie ou dans la philosophie qui peuplent encore nos académies, et qui forment le chaînon brillant de la transition des deux époques. Qui m'aurait dit alors que, quinze ans plus tard, la poésie inonderait l'âme de toute la jeunesse française; qu'une foule de talents, d'un ordre divers et nouveau, auraient surgi de cette terre morte et froide; que la presse, multipliée à l'infini, ne suffirait pas à répandre les idées ferventes d'une armée de jeunes écrivains; que les drames se heurteraient à la porte de tous les théâtres; que l'âme lyrique et religieuse d'une génération de bardes chrétiens inventerait une nouvelle langue pour révéler des enthousiasmes inconnus; que la liberté, la foi, la philosophie, la politique, les doctrines les plus antiques comme les plus neuves, lutteraient, à la face du soleil, de génie, de gloire, de talents et d'ardeur, et qu'une vaste et sublime mêlée des intelligences couvrirait la France et le monde du plus beau comme du plus hardi mouvement intellectuel qu'aucun de nos siècles eût encore vu? Qui m'eût dit cela alors, je ne l'aurais pas cru; et cependant cela est. La poésie n'était donc pas morte dans les âmes, comme on le disait dans ces années de scepticisme et d'algèbre; et, puisqu'elle n'est pas morte à cette époque, elle ne meurt jamais.

Tant que l'homme ne mourra pas lui-même, la plus belle faculté de l'homme peut-elle mourir? Qu'est-ce, en effet, que la poésie? Comme tout ce qui est divin en nous, cela ne peut se définir par un mot ni par mille. C'est l'incarnation de ce que l'homme a de plus intime dans le cœur et de plus divin dans la pensée, de ce que la nature visible a de plus magnifique dans les images et de plus mélodieux dans les sons! C'est à la fois sentiment et sensation, esprit et matière; et voilà pourquoi c'est la langue complète, la langue par excellence qui saisit l'homme par son humanité tout entière, idée pour l'esprit, sentiment pour l'âme, image pour l'imagination, et musique pour l'oreille! Voilà pourquoi cette langue, quand elle est bien parlée, foudroie l'homme comme la foudre et l'anéantit de conviction intérieure et d'évidence irréfléchie, ou l'enchante comme un philtre, et le berce immobile et charmé, comme un enfant dans son *berceau, aux refrains sympathiques de la voix d'une mère! Voilà pourquoi aussi l'homme ne peut ni produire ni supporter beaucoup de poésie; c'est que le saisissant tout entier par l'âme et par les sens, et exaltant à la fois sa double faculté, la pensée par la pensée, les sens par les sensations, elle l'épuise, elle l'accable bientôt, comme toute jouissance trop complète, d'une voluptueuse fatigue, et lui fait rendre en peu de vers, en peu d'instants, tout ce qu'il y a de vie intérieure et de force de sentiment dans sa double organisation. La prose ne s'adresse qu'à l'idée, le vers parle à l'idée et à la sensation tout à la fois. Cette langue, toute mystérieuse, tout instinctive qu'elle soit, ou plutôt par cela même qu'elle est instinctive et mystérieuse, cette langue ne mourra jamais! Elle n'est point, comme on n'a cessé de le dire malgré les démentis successifs de toutes les époques, elle n'est pas seulement la langue de l'enfance des peuples, le balbutiement de l'intelligence humaine; elle est la langue de tous les âges de l'humanité: naïve et simple au berceau des nations, conteuse et merveilleuse comme la nourrice au chevet de l'enfant; amoureuse et pastorale chez les peuples jeunes et pasteurs; guerrière et épique chez les hordes guerrières et conquérantes; mystique, lyrique, prophétique ou sentencieuse dans les théocraties de l'Égypte ou de la Judée; grave, philosophique et corruptrice dans les civilisations avancées de Rome, de Florence ou de Louis XIV; échevelée et hurlante aux époques de convulsions et de ruines, comme en 93; neuve, mélancolique, incertaine, timide et audacieuse tout à la fois, aux jours de renaissance et de reconstruction sociale, comme aujourd'hui! plus tard, à la vieillesse des peuples, triste, sombre, gémissante et découragée comme eux, et respirant à la fois dans ses strophes les pressentiments lugubres, les rêves fantastiques des dernières catastrophes du monde, et les fermes et divines espérances d'une résurrection de l'humanité sous une autre forme! voilà la poésie. C'est l'homme même, c'est l'instinct de toutes ses époques, c'est l'écho intérieur de toutes ses impressions humaines, c'est la voix de l'humanité pensant et sentant, résumée et modulée par certains hommes plus hommes que le vulgaire, mens divinior, et qui plane sur ce bruit tumultueux et confus des générations et dure après elles, et qui rend témoignage à la postérité de leurs gémissements ou de leurs joies, de leurs faits ou de leurs idées. Cette voix ne s'éteindra jamais dans le monde; car ce n'est pas l'homme qui l'a inventée. C'est Dieu même qui la lui a donnée, et c'est le premier cri qui est remonté à lui de l'humanité! Ce sera aussi le dernier cri que le Créateur entendra s'élever de son œuvre, quand il la brisera. Sortie de lui, elle remontera à lui.*

Un jour, j'avais planté ma tente dans un champ rocailleux, où croissaient quelques troncs d'oliviers noueux et rabougris, sous les murs de Jérusalem, à quelques centaines de pas de la tour de David, un peu au-dessus de la fontaine de Siloé, qui coule encore sur les dalles usées de sa grotte, non loin du tombeau du poëte-roi qui l'a si souvent chantée. Les hautes et noires terrasses qui portaient jadis le temple de Salomon s'élevaient à ma gauche, couronnées par les trois coupoles bleues et par les colonnettes légères et aériennes de la mosquée d'Omar, qui plane aujourd'hui sur les ruines de la maison de Jéhovah; la ville de Jérusalem, que la peste ravageait alors, était tout inondée des rayons d'un soleil éblouissant répercutés sur ses mille dômes, sur ses marbres blancs, sur ses tours de pierre dorée, sur ses murailles polies par les siècles et par les vents salins du lac Asphaltite; aucun bruit ne montait de son enceinte muette et morne comme la couche d'un agonisant; ses larges portes étaient ouvertes, et l'on apercevait de temps en temps le turban blanc et le manteau rouge du soldat arabe, gardien inutile de ces portes abandonnées. Rien ne venait, rien ne sortait; le vent du matin soulevait seul la poudre ondoyante des chemins, et faisait un moment l'illusion d'une caravane; mais quand la bouffée de vent avait passé, quand elle était venue mourir en sifflant sur les créneaux de la tour des Pisans ou sur les trois Palmiers de la maison de Caïphe, la poussière retombait, le désert apparaissait de nouveau, et le pas d'aucun chameau, d'aucun mulet, ne retentissait sur les pavés de la route. Seulement, de quart d'heure en quart d'heure, les deux battants ferrés de toutes les portes de Jérusalem s'ouvraient, et nous voyions passer les morts que la peste venait d'achever, et que deux esclaves nus portaient sur un brancard aux tombes répandues tout autour de nous. Quelquefois un long cortège de Turcs, d'Arabes, d'Arméniens, de Juifs, accompagnaient le mort et défilaient en chantant entre les troncs d'oliviers, puis rentraient à pas lents et silencieux dans la ville; plus souvent les morts étaient seuls, et quand les deux esclaves avaient creusé de quelques palmes le sable ou la terre de la colline, et couché le pestiféré dans son dernier lit, ils s'asseyaient sur le tertre même qu'ils venaient d'élever, se partageaient les vêtements du mort, et, allumant leurs longues pipes, ils fumaient en silence et regardaient la fumée de leurs chibouks monter en légères colonnes bleues et se perdre gracieusement dans l'air limpide, vif et transparent de ces journées d'automne. A mes pieds, la vallée de Josaphat s'étendait comme un vaste sépulcre; le Cédron tari la sillonnait d'une déchirure blanchâtre, toute semée de gros cailloux, et les flancs des deux collines qui la cernent étaient tout blancs de tombes et de turbans sculptés, monument banal des Osmanlis; un peu sur la droite, la colline des Oliviers s'affaissait, et laissait, entre les chaînes éparses des cônes volcaniques des montagnes nues de Jéricho et de Saint-Sabba, l'horizon s'étendre et se prolonger comme une avenue lumineuse entre des cimes de cyprès inégaux; le regard s'y jetait de lui-même, attiré par l'éclat azuré et plombé de la mer Morte, qui luisait au pied des degrés de ces montagnes, et, derrière, la chaîne bleue des montagnes de l'Arabie Pétrée bornait l'horizon. Mais borner n'est pas le mot, car ces montagnes semblaient transparentes comme le cristal, et l'on voyait ou l'on croyait voir au delà un horizon vague et indéfini s'étendre encore, et nager dans les vapeurs ambiantes d'un air teint de pourpre et de céruse.

C'était l'heure de midi, l'heure où le muezzin épie le soleil sur la plus haute galerie du minaret, et chante l'heure et la prière à toutes les heures; voix vivante, *animée, qui sait ce qu'elle dit et ce qu'elle chante, bien supérieure, à mon avis, à la voix machinale et sans conscience de la cloche de nos cathédrales. Mes Arabes avaient donné l'orge dans le sac de poil de chèvre à mes chevaux attachés çà et là autour de ma tente; les pieds enchaînés à des anneaux de fer, ces beaux et doux animaux étaient immobiles, leur tête penchée et ombragée par leur longue crinière éparse, leur poil gris luisant et fumant sous les rayons d'un soleil de plomb. Les hommes s'étaient rassemblés à l'ombre du plus large des oliviers; ils avaient étendu sur la terre leur natte de Damas, et ils fumaient en se contant des histoires du désert, ou en chantant des vers d'Antar, Antar, ce type de l'Arabe errant, à la fois pasteur, guerrier et poëte, qui a écrit le désert tout entier dans ses poésies nationales; épique comme Homère, plaintif comme Job, amoureux comme Théocrite, philosophe comme Salomon. Ses vers, qui endorment ou exaltent l'imagination de l'Arabe autant que la fumée du tombach dans le narghilé*, retentissaient en sons gutturaux dans le groupe animé de mes saïs; et, quand le poëte avait touché plus juste ou plus fort la corde sensible de ces hommes sauvages, mais impressionnables, on entendait un léger murmure de leurs lèvres; ils joignaient leurs mains, les élevaient au-dessus de leurs oreilles, et, inclinant la tête, ils s'écriaient tour à tour : Allah! Allah! Allah! A quelques pas de moi, une jeune femme turque pleurait son*

---

* Pipe où la fumée du tabac passe dans l'eau avant d'arriver à la bouche.

mari sur un de ces petits monuments de pierre blanche dont toutes les collines autour de Jérusalem sont parsemées ; elle paraissait à peine avoir dix-huit à vingt ans, et je ne vis jamais une si ravissante image de la douleur. Son profil, que son voile rejeté en arrière me laissait entrevoir, avait la pureté de lignes des plus belles têtes du Parthénon, mais en même temps la mollesse, la suavité et la gracieuse langueur des femmes de l'Asie, beauté bien plus féminine, bien plus amoureuse, bien plus fascinante pour le cœur que la beauté sévère et mâle des statues grecques. Ses cheveux, d'un blond bronzé et doré comme le cuivre des statues antiques, couleur très estimée dans ce pays du soleil, dont elle est comme un reflet permanent ; ses cheveux, détachés de sa tête, tombaient autour d'elle et balayaient littéralement le sol ; sa poitrine était entièrement découverte, selon la coutume des femmes de cette partie de l'Arabie ; et, quand elle se baissait pour embrasser la pierre du turban ou pour coller son oreille à la tombe, ses deux seins nus touchaient la terre et creusaient leur moule dans la poussière, comme ce moule du beau sein d'Atala ensevelie, que le sable du sépulcre dessinait encore, dans l'admirable épopée de M. de Chateaubriand. Elle avait jonché de toutes sortes de fleurs le tombeau et la terre alentour ; un beau tapis de Damas était étendu sous ses genoux ; sur le tapis il y avait quelques vases de fleurs et une corbeille pleine de figues et de galettes d'orge, car cette femme devait passer la journée entière à pleurer ainsi. Un trou creusé dans la terre, et qui était censé correspondre à l'oreille du mort, lui servait de porte-

voix vers cet autre monde où dormait celui qu'elle venait visiter. Elle se penchait de moment en moment vers cette étroite ouverture; elle y chantait des choses entremêlées de sanglots, elle y collait ensuite l'oreille comme si elle eût entendu la réponse, puis elle se remettait à chanter en pleurant encore ! J'essayais de comprendre les paroles qu'elle murmurait ainsi et qui venaient jusqu'à moi; mais mon drogman arabe ne put les saisir ou les rendre. Combien je les regrette ! que de secrets de l'amour et de la douleur ! que de soupirs animés de toute la vie de deux âmes arrachées l'une à l'autre, ces paroles confuses et noyées de larmes devaient contenir ! Oh ! si quelque chose pouvait jamais réveiller un mort, c'étaient de pareilles paroles murmurées par une pareille bouche !

À deux pas de cette femme, sous un morceau de toile noire soutenue par deux roseaux fichés en terre pour servir de parasol, ses deux petits enfants jouaient avec trois esclaves noires d'Abyssinie, accroupies, comme leur maîtresse, sur le sable que recouvrait un tapis. Ces trois femmes, toutes les trois jeunes et belles aussi, aux formes sveltes et au profil aquilin des nègres de l'Abyssinie, étaient groupées dans des attitudes diverses, comme trois statues tirées d'un seul bloc. L'une avait un genou en terre et tenait sur l'autre genou un des enfants, qui tendait ses bras du côté où pleurait sa mère; l'autre avait ses deux jambes repliées sous elle et ses deux mains jointes, comme la Madeleine de Canova, sur son tablier de toile bleue; la troisième était debout, un peu penchée sur ses deux compagnes, et, se balançant à droite et à gauche, berçait contre son sein à peine dessiné le plus petit des enfants qu'elle essayait en vain d'endormir. Quand les sanglots de la jeune veuve arrivaient jusqu'aux enfants, ceux-ci se prenaient à pleurer; et les trois esclaves noires, après avoir répondu par un sanglot à celui de leur maîtresse, se mettaient à chanter des airs assoupissants et des paroles enfantines de leur pays, pour apaiser les deux enfants.

C'était un dimanche : à deux cents pas de moi, derrière les murailles épaisses et hautes de Jérusalem, j'entendais sortir, par bouffées, de la noire coupole du couvent grec, les échos éloignés et affaiblis de l'office des vêpres. Les hymnes et les psaumes de David s'élevaient, après trois mille ans, rapportés, par des voix étrangères et dans une langue nouvelle, sur ces collines qui les avaient inspirés; et je voyais sur les terrasses du couvent quelques figures de vieux moines de Terre Sainte aller et venir, leur bréviaire à la main, et murmurant ces prières murmurées déjà par tant de siècles dans des langues et dans des rhythmes divers!

Et moi j'étais là aussi, pour chanter toutes ces choses; pour étudier les siècles à leur berceau; pour remonter jusqu'à sa source le cours inconnu d'une civilisation, d'une religion; pour m'inspirer de l'esprit des lieux et du sens caché des histoires et des monuments sur ces bords qui furent le point de départ du monde moderne, et pour nourrir d'une sagesse plus réelle, et d'une philosophie plus vraie, la poésie grave et pensée de l'époque avancée où nous vivons!

Cette scène, jetée par hasard sous mes yeux et recueillie dans un de mes mille souvenirs de voyages, me présenta les destinées et les phases presque complètes de toute poésie : les trois esclaves noires berçant les enfants avec les chansons naïves et sans pensée de leur pays, la poésie pastorale et instinctive de l'enfance des nations; la jeune veuve turque pleurant son mari en chantant ses sanglots à la terre, la poésie élégiaque et passionnée, la poésie du cœur; les soldats et les moukres arabes récitant des fragments belliqueux, amoureux et merveilleux d'Antar, la poésie épique et guerrière des peuples nomades ou conquérants; les moines grecs chantant les psaumes sur leurs terrasses solitaires, la poésie sacrée et lyrique des âges d'enthousiasme et de rénovation religieuse; et moi méditant sous ma tente, et recueillant des vérités historiques ou des pensées sur toute la terre, la poésie de philosophie et de méditation, fille d'une époque où l'humanité s'étudie et se résume elle-même jusque dans les chants dont elle amuse ses loisirs.

Voilà la poésie tout entière dans le passé; mais dans l'avenir que sera-t-elle?

Un autre jour, deux mois plus tard, j'avais traversé les sommets du Sannim, couverts de neiges éternelles, et j'étais redescendu du Liban, couronné de son diadème de cèdres, dans le désert nu et stérile d'Héliopolis. A la fin d'une journée de route pénible et longue, à l'horizon encore éloigné devant nous, sur les derniers degrés des montagnes noires de l'Anti-Liban, un groupe immense de ruines jaunes, dorées par le soleil couchant, se détachaient de l'ombre des montagnes et répercutaient les rayons du soir. Nos guides nous les montraient du doigt, et criaient : « Balbek! Balbek! » C'était en effet la merveille du désert, la fabuleuse Balbek, qui sortait tout éclatante de son sépulcre inconnu, pour nous raconter des âges dont l'histoire a perdu la mémoire. Nous avancions lentement, au pas de nos chevaux fatigués, les yeux attachés sur les murs gigantesques, sur les colonnes éblouissantes et colossales qui semblaient s'étendre, grandir, s'allonger, à mesure que nous en approchions ; un profond silence régnait dans toute notre caravane : chacun aurait craint de perdre une impression de cette scène, en communiquant celle qu'il venait d'avoir ; les Arabes mêmes se taisaient, et semblaient recevoir aussi une forte et grave pensée de ce spectacle qui nivelle toutes les pensées. Enfin, nous touchâmes aux premiers blocs de marbre, aux premiers tronçons de colonnes, que les tremblements de terre ont secoués jusqu'à plus d'un mille des monuments mêmes, comme les feuilles sèches jetées et roulées loin de l'arbre après l'ouragan. Les profondes et larges carrières qui déchirent, comme des gorges de vallées, les flancs noirs de l'Anti-Liban, ouvraient déjà leurs abîmes sous les pas de nos chevaux ; ces vastes bassins de pierre, dont les parois gardent encore les traces profondes du ciseau qui les a creusés pour en tirer d'autres collines de pierres, montraient encore quelques blocs gigantesques à demi détachés de leur base, et d'autres entièrement taillés sur leurs quatre faces, et qui semblent n'attendre que les chars ou les bras de générations de géants pour les mouvoir. Un seul de ces moellons de Balbek avait soixante-deux pieds de long sur vingt-quatre pieds de largeur, et seize pieds d'épaisseur. Un de nos Arabes, descendant de cheval, se laissa glisser dans la *carrière, et, grimpant sur cette pierre en s'accrochant aux entaillures du ciseau et aux mousses qui y ont pris racine, il monta sur ce piédestal, et courut çà et là sur cette plate-forme, en poussant des cris sauvages; mais le piédestal écrasait par sa masse l'homme de nos jours; l'homme disparaissait devant son œuvre. Il faudrait la force réunie de dix mille hommes de notre temps pour soulever seulement cette pierre; et les plates-formes des temples de Balbek en montrent de plus colossales encore, élevées à vingt-cinq ou trente pieds du sol, pour porter des colonnades proportionnées à ces bases!*

Nous suivîmes notre route entre le désert à gauche et les ondulations de l'Anti-Liban à droite, en longeant quelques petits champs cultivés par les Arabes pasteurs, et le lit d'un large torrent qui serpente entre les ruines, et aux bords duquel s'élèvent quelques beaux noyers. L'acropolis, ou la colline artificielle qui porte tous les grands monuments d'Héliopolis, nous apparaissait çà et là entre les rameaux et au-dessus de la tête des grands arbres; enfin nous la découvrîmes tout entière, et toute la caravane s'arrêta comme par un instinct électrique. Aucune plume, aucun pinceau ne pourrait décrire l'impression que ce seul regard donne à l'œil et à l'âme: sous nos pas, dans le lit du torrent, au milieu des champs, autour de tous les troncs d'arbres, des blocs immenses de granit rouge ou gris, de porphyre sanguin, de marbre blanc, de pierre jaune aussi éclatante que le marbre de Paros, tronçons de colonnes, chapiteaux ciselés, architraves, volutes, corniches, entablements, piédestaux, membres épars et qui semblent palpitants, des statues tombées la face contre terre, tout cela confus, groupé en monceaux, disséminé en mille fragments, et ruisselant de toutes parts comme les laves d'un volcan qui vomirait les débris d'un grand empire! A peine un sentier pour se glisser à travers ces balayures des arts qui couvrent toute la terre; et le fer de nos chevaux glissait et se brisait à chaque pas sur l'acanthe polie des corniches, ou sur le sein de neige d'un torse de femme: l'eau seule de la rivière de Balbek se faisant jour parmi ces lits de fragments, et lavant de son écume murmurante les brisures de ces marbres qui font obstacle à son cours.

Au delà de ces écumes de débris qui forment de véritables dunes de marbre, la colline de Balbek, plate-forme de mille pas de long, de sept cents pieds de large, toute bâtie de main d'homme, en pierres de taille, dont quelques-unes ont cinquante à soixante pieds de longueur sur vingt à vingt-deux d'élévation, mais la plupart de quinze à trente; cette colline de granit taillé se présentait à nous par son extrémité orientale, avec ses bases profondes et ses revêtements incommensurables, où trois morceaux de granit forment cent quatre-vingts pieds de développement et près de quatre mille pieds de surface, avec les larges embouchures de ses voûtes souterraines, où l'eau de la rivière s'engouffrait en bondissant, où le vent jetait avec l'eau des murmures semblables aux volées lointaines des grandes cloches de nos cathédrales. Sur cette immense plate-forme, l'extrémité des grands temples se montrait à nous, détachée de l'horizon bleu et rosé, en couleur d'or. Quelques-uns de ces monuments déserts semblaient intacts, et sortis d'hier des mains de l'ouvrier ; d'autres ne présentaient plus que des restes encore debout, des colonnes isolées, des pans de muraille inclinés, et des frontons démantelés ; l'œil se perdait dans les avenues étincelantes des colonnades de ces divers temples, et l'horizon trop élevé nous empêchait de voir où finissait ce peuple de pierre. Les sept colonnes gigantesques du grand temple, portant encore majestueusement leur riche et colossal entablement, dominaient toute cette scène et se perdaient dans le ciel bleu du désert, comme un autel aérien pour les sacrifices des géants.

Nous ne nous arrêtâmes que quelques minutes, pour reconnaître seulement ce que nous venions visiter à travers tant de périls et tant de distances ; et, sûrs enfin de posséder pour le lendemain ce spectacle que les rêves mêmes ne pourraient nous rendre, nous nous remîmes en marche. Le jour baissait, il fallait trouver un asile, ou sous la tente, ou sous quelque voûte de ces ruines, pour passer la nuit et nous reposer d'une marche de quatorze heures. Nous laissâmes à gauche la montagne de ruines et une vaste plage toute blanche de débris, et, traversant quelques champs de gazon brouté par les chèvres et les chameaux, nous nous dirigeâmes vers une fumée qui s'élevait, à quelque cent pas de nous, d'un groupe de ruines entremêlées de masures arabes. Le sol était inégal et montueux, et retentissait sous les fers de nos chevaux, comme si les souterrains que nous foulions allaient s'entr'ouvrir sous leurs pas. Nous arrivâmes à la porte d'une cabane basse et à demi cachée par des pans de marbre dégradés, et dont la porte et les étroites fenêtres, sans vitres et sans volets, étaient construites de débris de marbre et de porphyre mal collés ensemble avec un peu de ciment. Une petite ogive de pierre s'élevait d'un ou deux pieds au-dessus de la plate-forme qui servait de toit à cette masure, et une petite cloche, semblable à celle que l'on peint sur la grotte des ermites, y tremblait aux bouffées du vent. C'était le palais épiscopal de l'évêque arabe de Balbek, qui surveille dans ce désert un petit troupeau de douze ou quinze familles chrétiennes de la communion grecque, perdues au milieu de ces déserts et de la tribu féroce des Arabes indépendants du Békàa. Jusque-là nous n'avions vu aucun être vivant que les chacals, qui couraient entre les colonnes du grand temple, et les petites hirondelles au collier de soie rose, qui bordaient, comme un ornement d'architecture orientale, les corniches de la plate-forme. L'évêque, averti par le bruit de notre caravane, arriva bientôt, et, s'inclinant sur sa porte, m'offrit l'hospitalité. C'était un beau vieillard, aux cheveux et à la barbe d'argent, à la physionomie grave et douce, à la parole noble, suave et cadencée, tout à fait semblable à l'idée du prêtre dans le poëme ou dans le roman, et digne en tout de montrer sa figure de paix, de résignation et de charité, dans cette scène solennelle de ruines et de méditation. Il nous fit entrer dans une petite cour intérieure, pavée aussi d'éclats de statues, de morceaux de mosaïques et de vases antiques, et, nous livrant sa maison, c'està-dire deux petites chambres basses sans meubles et sans portes, il se retira, et nous laissa, suivant la coutume orientale, maîtres absolus de sa demeure. Pendant que nos Arabes plantaient en terre, autour de la maison, les chevilles de fer pour y attacher par des anneaux les jambes de nos chevaux, et que d'autres allumaient un feu dans la cour pour nous préparer le pilau et cuire les galettes d'orge, nous sortîmes pour jeter un second regard sur les monuments qui nous environnaient. Les grands temples étaient devant nous comme des statues sur leur piédestal; le soleil les frappait d'un dernier rayon, qui se retirait lentement d'une colonne à l'autre, comme les lueurs d'une lampe que le prêtre emporte au fond du sanctuaire; les mille ombres des portiques, des piliers, des colonnades, des autels, se répandaient mouvantes sous la vaste forêt de pierre, et remplaçaient peu à peu sur l'acropolis les éclatantes lueurs du marbre et du travertin. Plus loin, dans la plaine, c'était un océan de ruines qui ne se perdait qu'à l'horizon; on eût dit des vagues de pierre brisées contre un écueil, et couvrant une immense plage de leur blancheur et de leur écume. Rien ne s'élevait au-dessus de cette mer de débris, et la nuit, qui tombait des hauteurs déjà grises d'une chaîne de montagnes, les ensevelissait successivement dans son ombre. Nous restâmes quelques moments assis, silencieux et pensifs, devant ce spectacle, sans paroles, et nous rentrâmes à pas lents dans la petite cour de l'évêque, éclairée par le foyer des Arabes.

Assis sur quelques fragments de corniches et de chapiteaux qui servaient de bancs dans la cour, nous mangeâmes rapidement le sobre repas du voyageur dans le désert, et nous restâmes quelque temps à nous entretenir, avant le sommeil, de ce qui remplissait nos pensées. Le foyer s'éteignait, mais la lune se levait pleine et éclatante dans le ciel limpide, et, passant à travers les crénelures d'un grand mur de pierres blanches et les dentelures d'une fenêtre en arabesques qui bornaient la cour du côté du désert, elle éclairait l'enceinte d'une clarté qui rejaillissait sur toutes les pierres. Le silence et la rêverie nous gagnèrent; ce que nous pensions à cette heure, à cette place, si loin du monde vivant, dans ce monde mort, en présence de tant de témoins muets d'un passé inconnu, mais qui bouleverse toutes nos petites théories d'histoire et de philosophie de l'humanité; ce qui se remuait dans nos esprits ou dans nos cœurs, de nos systèmes, de nos idées, hélas! et peut-être aussi de nos souvenirs et de nos sentiments individuels, Dieu seul le sait; et nos langues n'essayaient pas de le dire; elles auraient craint de profaner la solennité de cette heure, de cet astre, de ces pensées mêmes : nous nous taisions. Tout à coup, comme une plainte douce et amoureuse, comme un murmure grave et accentué par la passion, sortit des ruines derrière ce grand mur percé d'ogives arabesques, et dont le toit nous avait paru écroulé sur lui-même; ce murmure vague et confus s'enfla, se prolongea, s'éleva plus fort et plus haut, et nous distinguâmes un chant nourri de plusieurs voix en chœur, un chant monotone, mélancolique et tendre, qui montait, qui baissait, qui mourait, qui renaissait alternativement et qui se répondait à lui-même : c'était la prière du soir que l'évêque arabe faisait, avec son petit troupeau, dans l'enceinte éboulée de ce qui avait été son église, monceau de ruines entassées récemment par une tribu d'Arabes idolâtres. Rien ne nous avait préparés à cette musique de l'âme, dont chaque note est un sentiment ou un soupir du cœur humain, dans cette solitude, au fond des déserts, sortant ainsi des pierres muettes accumulées par les tremblements de terre, par les barbares et par le temps. Nous fûmes frappés de saisissement, et nous accompagnâmes des élans de notre pensée, de notre prière et de toute notre poésie intérieure, les accents de cette poésie sainte, jusqu'à ce que les litanies chantées eussent accompli leur refrain monotone, et que le dernier soupir de ces voix pieuses se fût assoupi dans le silence accoutumé de ces vieux débris.

« Voilà, disions-nous en nous levant, ce que sera sans doute la poésie des derniers âges : soupir et prière sur des tombeaux, aspiration plaintive vers un monde qui ne connaîtra ni mort ni ruines. »

Mais j'en vis une bien plus frappante image quelques mois après dans un voyage au Liban : je demande encore la permission de la peindre.

Je redescendais les dernières sommités de ces alpes; j'étais l'hôte du cheik d'Éden, village arabe maronite suspendu sous la dent la plus aiguë de ces montagnes, aux limites de la végétation, et qui n'est habitable que l'été. Ce noble et respectable vieillard était venu me chercher avec ses fils et quelques-uns de ses serviteurs jusqu'aux environs de Tripoli de Syrie, et m'avait reçu dans son château d'Éden avec la dignité, la grâce de cœur et l'élégance de manières que l'on pourrait imaginer dans un des vieux seigneurs de la cour de

Louis XIV. Les arbres entiers brûlaient dans le large foyer ; les moutons, les chevreaux, les cerfs étaient étalés par piles dans les vastes salles, et les outres séculaires des vins d'or du Liban, apportées de la cave par ses serviteurs, coulaient pour nous et pour notre escorte. Après avoir passé quelques jours à étudier ces belles mœurs homériques, poétiques comme les lieux mêmes où nous les retrouvions, le cheik me donna son fils aîné et un certain nombre de cavaliers arabes pour me conduire aux cèdres de Salomon ; arbres fameux qui consacrent encore la plus haute cime du Liban, et que l'on vient vénérer depuis des siècles, comme les derniers témoins de la gloire de Salomon. Je ne les décrirai point ici ; mais, au retour de cette journée mémorable pour un voyageur, nous nous égarâmes dans les sinuosités de rochers et dans les nombreuses et hautes vallées dont ce groupe du Liban est déchiré de toutes parts, et nous nous trouvâmes tout à coup sur le bord à pic d'une immense muraille de rochers de quelques mille pieds de profondeur, qui cernent la Vallée des Saints. Les parois de ce rempart de granit étaient tellement perpendiculaires, que les chevreuils même de la montagne n'auraient pu y trouver un sentier, et que nos Arabes étaient obligés de se coucher le ventre contre terre et de se pencher sur l'abîme pour découvrir le fond de la vallée. Le soleil baissait, nous avions marché bien des heures, et il nous en aurait fallu plusieurs encore pour retrouver notre sentier perdu et regagner Éden. Nous descendîmes de cheval, et, nous confiant à un de nos guides, qui connaissait non loin de là un escalier de roc vif, taillé jadis par les moines maronites, habitants immémoriaux de cette vallée, nous suivîmes quelque temps les bords de la corniche, et nous descendîmes enfin, par ces marches glissantes, sur une plate-forme détachée du roc, et qui dominait tout cet horizon.

La vallée s'abaissait d'abord par des pentes larges et douces du pied des neiges, et des cèdres qui formaient une tache noire sur ces neiges; là elle se déroulait sur des pelouses d'un vert jaune et tendre comme celui des hautes croupes du Jura ou des Alpes, et une multitude de filets d'eau écumante, sortis çà et là du pied des neiges fondantes, sillonnaient ces pentes gazonnées, et venaient se réunir en une seule masse de flots et d'écume au pied du premier gradin de rochers. Là, la vallée s'enfonçait tout à coup à quatre ou cinq cents pieds de profondeur, et le torrent se précipitait avec elle, et, s'étendant sur une large surface, tantôt couvrait le rocher comme d'un voile liquide et transparent, tantôt s'en détachait en voûtes élancées, et, tombant enfin sur des blocs immenses et aigus de granit arrachés du sommet, s'y brisait en lambeaux flottants, et retentissait comme un tonnerre éternel. Le vent de sa chute arrivait jusqu'à nous en emportant comme de légers brouillards la fumée de l'eau à mille couleurs, la promenait çà et là sur toute la vallée, ou la suspendait en rosée aux branches des arbustes et aux aspérités du roc. En se prolongeant vers le nord, la Vallée des Saints se creusait de plus en plus et s'élargissait davantage; puis, à environ deux milles du point où nous étions placés, deux montagnes nues et couvertes d'ombres se rapprochaient en s'inclinant l'une vers l'autre, laissant à peine une ouverture de quelques toises entre leurs deux extrémités, où la vallée allait se terminer et se perdre avec ses pelouses, ses vignes hautes, ses peupliers, ses cyprès et son torrent de lait. Au-dessus des deux monticules qui l'étranglaient ainsi, on apercevait à l'horizon comme un lac d'un bleu plus sombre que le ciel : c'était un morceau de la mer de Syrie, encadré par un golfe fantastique d'autres montagnes du Liban. Ce golfe était à vingt lieues de nous, mais la transparence de l'air nous le montrait à nos pieds, et nous distinguions même deux navires à la voile qui, suspendus entre le bleu du ciel et celui de la mer, et diminués par la distance, ressemblaient à deux cygnes planant dans notre horizon. Ce spectacle nous saisit tellement d'abord, que nous n'arrêtâmes nos regards sur aucun détail de la vallée; mais quand le premier éblouissement fut passé, et que notre œil put percer à travers la vapeur flottante du soir et des eaux, une scène d'une autre nature se déroula peu à peu devant nous.

A chaque détour du torrent où l'écume laissait un peu de place à la terre, un couvent de moines maronites se dessinait en pierres d'un brun sanguin sur le gris du rocher, et sa fumée s'élevait dans les airs entre des cimes de peupliers et de cyprès. Autour des couvents, de petits champs, conquis sur le roc ou sur le torrent, semblaient cultivés comme les parterres les plus soignés de nos maisons de campagne, et çà et là on apercevait ces maronites, vêtus de leur capuchon noir, qui rentraient du travail des champs, les uns avec la bêche sur l'épaule, les autres conduisant de petits troupeaux de poulains arabes, quelques-uns tenant le manche de la charrue et piquant leurs bœufs entre les mûriers. Plusieurs de ces demeures de prière et de travail étaient suspendues avec leurs chapelles et leurs ermitages sur les caps avancés des deux immenses chaînes de montagnes; un certain nombre étaient creusées comme des grottes de bêtes fauves dans le rocher même. On n'apercevait que la porte, surmontée d'une ogive vide où pendait la cloche, et quelques petites terrasses taillées sous la voûte même du roc, où les moines vieux et infirmes venaient respirer l'air et voir un peu de soleil, partout où le pied de l'homme pouvait atteindre. Sur certains rebords des précipices l'œil ne pouvait apercevoir aucun accès; mais là même un couvent, une croix, une solitude, un oratoire, un ermitage et quelques figures de solitaires circulant parmi les roches ou les arbustes, travaillant, lisant ou priant. Un de ces couvents était une imprimerie arabe pour l'instruction du peuple maronite, et l'on voyait sur la terrasse une foule de moines allant et venant, et étendant sur des claies ou sur des roseaux les feuilles blanches du papier humide. Rien ne peut peindre, si ce n'est le pinceau, la multitude et le pittoresque de ces retraites. Chaque pierre semblait avoir enfanté sa cellule, chaque grotte son ermite; chaque source avait son mouvement et sa vie, chaque arbre son solitaire sous son ombre. Partout où l'œil tombait, il voyait la vallée, la montagne, les précipices s'animer pour ainsi dire sous son regard, et une scène de vie, de prière, de contemplation, se détacher de ces masses éternelles, ou s'y mêler pour les consacrer. Mais bientôt le soleil tomba, les travaux du jour cessèrent, et toutes les figures noires répandues dans la vallée rentrèrent dans les grottes ou dans les monastères. Les cloches sonnèrent de toutes parts l'heure du recueillement et des offices du soir, les unes avec la voix forte et vibrante des grands vents sur la mer, les autres avec les voix légères et argentines des oiseaux dans les champs de blé, celles-ci plaintives et lointaines comme des soupirs dans la nuit et dans le désert : toutes ces cloches se répondaient des deux bords opposés de la vallée, et les mille échos des grottes et des précipices se les renvoyaient en murmures confus et répercutés, mêlés avec le mugissement du torrent, des cèdres, et les mille chutes sonores des sources et des cascades dont les deux flancs des monts sont sillonnés. Puis il se fit un moment de silence, et un nouveau bruit, plus doux, plus mélancolique et plus grave, remplit la vallée : c'était le chant des psaumes, qui, s'élevant à la fois de chaque monastère, de chaque église, de chaque oratoire, de chaque cellule des rochers, se mêlait, se confondait en montant jusqu'à nous comme un vaste murmure, et ressemblait à une seule plainte mélodieuse de la vallée tout entière qui venait de prendre une âme et une voix; puis un nuage d'encens monta de chaque toit, sortit de chaque grotte, et parfuma cet air que les anges auraient pu respirer. Nous restâmes muets et enchantés comme ces esprits célestes, quand, planant pour la première fois sur le globe qu'ils croyaient désert, ils entendirent monter de ces mêmes bords la première prière des hommes; nous comprîmes ce que c'était que la voix de l'homme pour vivifier la nature la plus morte, et ce que ce serait que la poésie à la fin des temps, quand, tous les sentiments du cœur humain éteints et absorbés dans un seul, la poésie ne serait plus ici-bas qu'une adoration et un hymne!

Mais nous ne sommes pas à ces temps : le monde est jeune, car la pensée mesure encore une distance incommensurable entre l'état actuel de l'humanité et le but qu'elle peut atteindre; la poésie aura d'ici là de nouvelles, de hautes destinées à remplir.

Elle ne sera plus lyrique dans le sens où nous prenons ce mot; elle n'a plus assez de jeunesse, de fraîcheur, de spontanéité d'impression, pour chanter comme au premier réveil de la pensée humaine. Elle ne sera plus épique; l'homme a trop vécu, trop réfléchi pour se laisser amuser, intéresser par les longs récits de l'épopée, et l'expérience a détruit sa foi aux merveilles dont le poëme épique enchantait sa crédulité. Elle ne sera plus dramatique, parce que la scène de la vie réelle a, dans nos temps de liberté et d'action politique, un intérêt plus pressant, plus réel et plus intime que la scène du théâtre; parce que les classes élevées de la société ne vont plus au théâtre pour être émues, mais pour juger; parce que la société est devenue critique, de naïve qu'elle était. Il n'y a plus de bonne foi dans ses plaisirs. Le drame va tomber au peuple; il était né du peuple et pour le peuple, il y retourne; il n'y a plus que la classe populaire qui porte son cœur au théâtre. Or le drame populaire, destiné aux classes illettrées, n'aura pas de longtemps une expression assez noble, assez élégante, assez élevée pour attirer la classe lettrée; la classe lettrée abandonnera donc le drame; et, quand le drame populaire aura élevé son parterre jusqu'à la hauteur de la langue d'élite, cet auditoire le quittera encore, et il lui faudra sans cesse redescendre pour être senti. Des hommes de génie tentent, en ce moment même, de faire violence à cette destinée du drame. Je fais des vœux pour leur triomphe; et, dans tous les cas, il restera de glorieux monuments de leur lutte. C'est une question d'aristocratie et de démocratie; le drame est l'image la plus fidèle de la civilisation.

La poésie sera de la raison chantée, voilà sa destinée pour longtemps; elle sera philosophique, religieuse, politique, sociale, comme les époques que le genre humain va traverser; elle sera intime surtout, personnelle, méditative et grave; non plus un jeu de l'esprit, un caprice mélodieux de la pensée légère et superficielle, mais l'écho profond, réel, sincère, des plus hautes conceptions de l'intelligence, des plus mystérieuses impressions de l'âme. Ce sera l'homme lui-même et non plus son image, l'homme sincère et tout entier. Les signes avant-coureurs de cette transformation de la poésie sont visibles depuis plus d'un siècle; ils se multiplient de nos jours. La poésie s'est dépouillée de plus en plus de sa forme artificielle, elle n'a presque plus de forme qu'elle-même. A mesure que tout s'est spiritualisé dans le monde, elle aussi se spiritualise. Elle ne veut plus de mannequin, elle n'invente plus de machine; car la première chose que fait maintenant l'esprit du lecteur, c'est de dépouiller le mannequin, c'est de démonter la machine et de chercher la poésie seule dans l'œuvre poétique, et de chercher aussi l'âme du poëte sous sa poésie. Mais sera-t-elle morte, pour être plus vraie, plus sincère, plus réelle qu'elle ne le fut jamais? Non sans doute; elle aura plus de vie, plus d'intensité, plus d'action qu'elle n'en eut encore! et j'en appelle à ce siècle naissant qui déborde de tout ce qui est la poésie même, amour, religion, liberté, et je me demande s'il y eut jamais dans les époques littéraires un moment aussi remarquable en talents éclos et en promesses qui écloront à leur tour. Je le sais mieux que personne, car j'ai souvent été le confident inconnu de ces mille voix mystérieuses qui chantent dans le monde ou dans la solitude, et qui n'ont pas encore d'écho dans leur renommée. Non, il n'y eut jamais autant de poëtes et plus de poésie qu'il y en a en France et en Europe au moment où j'écris ces lignes, au moment où quelques esprits superficiels ou préoccupés s'écrient que la poésie a accompli ses destinées, et prophétisent la décadence de l'humanité. Je ne vois aucun signe de décadence dans l'intelligence humaine, aucun symptôme de lassitude ni de vieillesse; je vois des institutions vieillies qui s'écroulent, mais des générations rajeunies que le souffle de vie tourmente et pousse en tous sens, et qui reconstruiront sur des plans inconnus cette œuvre infinie que Dieu a donnée à faire et à refaire sans cesse à l'homme, sa propre destinée. Dans cette œuvre, la poésie a sa place, quoique Platon voulût l'en bannir. C'est elle qui plane sur la société et qui la juge, et qui, montrant à l'homme la vulgarité de son œuvre, l'appelle sans cesse en avant, en lui montrant du doigt des utopies, des républiques imaginaires, des cités de Dieu, et lui souffle au cœur le courage de les atteindre.

A côté de cette destinée philosophique, rationnelle, politique, sociale, de la poésie à venir, elle a une destinée nouvelle à accomplir : elle doit suivre la pente des institutions et de la presse; elle doit se faire peuple, et devenir populaire comme la religion, la raison et la philosophie. La presse commence à pressentir cette œuvre, œuvre immense et puissante, qui, en portant sans cesse à tous la pensée de tous, abaissera les montagnes, élèvera les vallées, nivellera les inégalités des intelligences, et ne laissera bientôt plus d'autre puissance sur la terre que celle de la raison universelle, qui aura multiplié sa force par la force de tous. Sublime et incalculable association de toutes les pensées, dont les résultats ne peuvent être appréciés que par Celui qui a permis à l'homme de la concevoir et de la réaliser ! La poésie de nos jours a déjà tenté cette forme, et des talents d'un ordre élevé se sont abaissés pour tendre la main au peuple; la poésie s'est faite chanson, pour courir sur l'aile du refrain dans les camps ou dans les chaumières; elle y a porté quelques nobles souvenirs, quelques généreuses inspirations, quelques sentiments de morale sociale; mais cependant, il faut le déplorer, elle n'a guère popularisé que des passions, des haines ou des envies. C'est à populariser des vérités, de l'amour, de la raison, des sentiments exaltés de religion et d'enthousiasme, que ces génies populaires doivent consacrer leur puissance à l'avenir. Cette poésie est à créer; l'époque la demande, le peuple en a soif; il est plus poëte par l'âme que nous, car il est plus près de la nature : mais il a besoin d'un interprète entre cette nature et lui; c'est à nous de lui en servir, et de lui expliquer, par ces sentiments rendus dans sa langue, ce que Dieu a mis de bonté, de noblesse, de générosité, de patriotisme et de piété enthousiaste dans son cœur. Toutes les époques primitives de l'humanité ont eu leur poésie ou leur spiritualisme chanté: la civilisation avancée serait-elle la seule époque qui fît taire cette voix intime et consolante de l'humanité? Non sans doute; rien ne meurt dans l'ordre éternel des choses, tout se transforme: la poésie est l'ange gardien de l'humanité à tous ses âges.

Il y a un morceau de poésie nationale dans la Calabre, que j'ai entendu chanter souvent aux femmes d'Amalfi en revenant de la fontaine. Je l'ai traduit autrefois en vers, et ces vers me semblent s'appliquer si bien au sujet que je traite, que je ne puis me refuser à les insérer ici. C'est une femme qui parle:

Quand, assise à douze ans à l'angle du verger,
Sous les citrons en fleur ou les amandiers roses,
Le souffle du printemps sortait de toutes choses,
Et faisait sur mon cou mes boucles voltiger,
Une voix me parlait, si douce, au fond de l'âme,
Qu'un frisson de plaisir en courait sur ma peau.
Ce n'était pas le vent, la cloche, le pipeau,
Ce n'était nulle voix d'enfant, d'homme ou de femme:

C'était vous, c'était vous, ô mon Ange gardien,
C'était vous dont le cœur déjà parlait au mien!

Quand, plus tard, mon fiancé venait de me quitter,
Après des soirs d'amour au pied du sycomore,
Quand son dernier baiser retentissait encore
Au cœur qui sous sa main venait de palpiter,

La même voix tintait longtemps dans mes oreilles,
Et sortant de mon cœur m'entretenait tout bas.
Ce n'était pas sa voix ni le bruit de ses pas,
Ni l'écho des amants qui chantaient sous les treilles ;

C'était vous, c'était vous, ô mon Ange gardien,
C'était vous dont le cœur parlait encore au mien !

Quand, jeune et déjà mère, autour de mon foyer
J'assemblais tous les biens que le ciel nous prodigue,
Qu'à ma porte un figuier laissait tomber sa figue
Aux mains de mes garçons qui le faisaient ployer,
Une voix s'élevait de mon sein tendre et vague.
Ce n'était pas le chant du coq ou de l'oiseau,
Ni des souffles d'enfants dormant dans leur berceau,
Ni la voix des pêcheurs qui chantaient sur la vague ;

C'était vous, c'était vous, ô mon Ange gardien,
C'était vous dont le cœur chantait avec le mien !

Maintenant je suis seule, et vieille à cheveux blancs ;
Et le long des buissons abrités de la bise,
Chauffant ma main ridée au foyer que j'attise,
Je garde les chevreaux et les petits enfants :
Cependant dans mon sein la voix intérieure
M'entretient, me console et me chante toujours.
Ce n'est plus cette voix du matin de mes jours,
Ni l'amoureuse voix de celui que je pleure ;

Mais c'est vous, oui, c'est vous, ô mon Ange gardien,
Vous dont le cœur me reste et pleure avec le mien !

Ce que ces femmes de Calabre disaient ainsi de leur ange gardien, l'humanité peut le dire de la poésie. C'est aussi cette voix intérieure qui lui parle à tous les âges, qui aime, chante, prie ou pleure avec elle à toutes les phases de son pèlerinage séculaire ici-bas.

Maintenant, puisque ceci est une préface, il faudrait parler du livre et de moi : eh bien ! je le ferai avec une sincérité entière. Le livre n'est point un livre, ce sont des feuilles détachées et tombées presque au hasard sur la route inégale de ma vie, et recueillies par la bienveillance des âmes tendres, pensives et religieuses. C'est le symbole vague et confus de mes sentiments et de mes idées, à mesure que les vicissitudes de l'existence et le spectacle de la nature et de la société les faisaient surgir dans mon cœur ou les jetaient dans ma pensée : ces sentiments et ces idées ont varié avec ma vie même, tantôt sereines et heureuses comme le matin du cœur, tantôt ardentes et profondes comme les passions de trente ans, tantôt désespérées comme la mort et sceptiques comme le silence du sépulcre, quelquefois rêveuses comme l'espérance, pieuses comme la foi, enflammées comme cet amour divin qui est l'âme cachée de toute la nature. Mais quelle qu'ait été, quelle que puisse être encore la diversité de ces impressions jetées par la nature dans mon âme, et par mon âme dans mes vers, le fond en fut toujours un profond instinct de la Divinité dans toutes choses ; une vive évidence, une intuition plus ou moins éclatante de l'existence et de l'action de Dieu dans la création matérielle et dans l'humanité pensante ; une conviction ferme et inébranlable que Dieu était le dernier mot de tout, et que les philosophies, les religions, les poésies n'étaient que des manifestations plus ou moins complètes de nos rapports avec l'Être infini, des échelons plus ou moins sublimes pour nous rapprocher successivement de Celui qui est! *Les religions sont la poésie de l'âme.*

Ces poésies, auxquelles la soif ardente de cette époque a prêté souvent un prix, une saveur qu'elles n'avaient pas en elles-mêmes, sont bien loin de répondre à mes désirs et d'exprimer ce que j'ai senti; elles sont très imparfaites, très négligées, très incomplètes, et je ne pense pas qu'elles vivent bien longtemps dans la mémoire de ceux dont la poésie est la langue. Je ne me repens cependant pas de les avoir publiées; elles ont été une note au moins de ce grand et magnifique concert d'intelligence que la terre exhale de siècle en siècle vers son Auteur, que le souffle du temps laisse flotter harmonieusement quelques jours sur l'humanité, et qu'il emporte ensuite où vont plus ou moins vite toutes les choses mortelles. Elles auront été le soupir modulé de mon âme en traversant cette vallée d'exil et de larmes, ma prière chantée au grand Être, et aussi quelquefois l'hymne de mon enthousiasme, de mon amitié ou de mon amour pour ce que j'ai vu, connu, admiré ou aimé de bon et de beau parmi les hommes; un souvenir à toutes les vies dont j'ai vécu et que j'ai perdues!

La pensée politique et sociale qui travaille le monde intellectuel, et qui m'a toujours fortement travaillé moi-même, m'arrache pour deux ou trois ans tout au plus aux pensées poétiques et philosophiques, que j'estime à bien plus haut prix que la politique. La poésie, c'est l'idée; la politique, c'est le fait : autant l'idée est au-

dessus du fait, autant la poésie est au-dessus de la politique. Mais l'homme ne vit pas seulement d'idéal ; il faut que cet idéal s'incarne et se résume pour lui dans les institutions sociales ; il y a des époques où ces institutions, qui représentent la pensée de l'humanité, sont organisées et vivantes : la société alors marche toute seule, et la pensée peut s'en séparer, et de son côté vivre seule dans des régions de son choix ; il y en a d'autres où les institutions usées par les siècles tombent en ruine de toutes parts, et où chacun doit apporter sa pierre et son ciment pour reconstruire un abri à l'humanité. Ma conviction est que nous sommes à une de ces grandes époques de reconstruction, de rénovation sociale ; il ne s'agit pas seulement de savoir si le pouvoir passera de telles mains royales dans telles mains populaires ; si ce sera la noblesse, le sacerdoce ou la bourgeoisie qui prendront les rênes des gouvernements nouveaux, si nous nous appellerons empires ou républiques : il s'agit de plus ; il s'agit de décider si l'idée de morale, de religion, de charité évangélique, sera substituée à l'idée d'égoïsme dans la politique ; si Dieu, dans son acception la plus pratique, descendra enfin dans nos lois ; si tous les hommes consentiront à voir enfin dans tous les autres hommes des frères, ou continueront à y voir des ennemis ou des esclaves. L'idée est mûre, les temps sont décisifs ; un petit nombre d'intelligences, appartenant au hasard à toutes les diverses dénominations d'opinions politiques, portent l'idée féconde dans leurs têtes et dans leurs cœurs ; je suis du nombre de ceux qui veulent sans violence, mais avec hardiesse et avec foi, tenter enfin de réaliser cet idéal qui n'a pas en vain travaillé toutes les têtes au-dessus du niveau de l'humanité, depuis la tête incommensurable du Christ jusqu'à celle de Fénelon. Les ignorances, les timidités des gouvernements, nous servent et nous font place; elles dégoûtent successivement dans tous les partis les hommes qui ont de la portée dans le regard et de la générosité dans le cœur: ces hommes, désenchantés tour à tour de ces symboles menteurs qui ne les représentent plus, vont se grouper autour de l'idée seule; et la force des hommes viendra à eux s'ils comprennent la force de Dieu, et s'ils sont dignes qu'elle repose sur eux par leur désintéressement et par leur foi dans l'avenir. C'est pour apporter une conviction, une parole de plus à ce groupe politique, que je renonce momentanément à la solitude, seul asile qui reste à ma pensée souffrante. Dès qu'il sera formé, dès qu'il aura une place dans la presse et dans les institutions, je rentrerai dans la vie poétique. Un monde de poésie roule dans ma tête; je ne désire rien, je n'attends rien de la vie que des peines et des pertes de plus. Je me coucherais dès aujourd'hui avec plaisir dans le lit de mon sépulcre; mais j'ai toujours demandé à Dieu de ne pas mourir sans avoir révélé à lui, au monde, à moi-même, une création de cette poésie qui a été ma seconde vie ici-bas; de laisser après moi un monument quelconque de ma pensée: ce monument, c'est un poëme; je l'ai construit et brisé cent fois dans ma tête, et les vers que j'ai publiés ne sont que des ébauches mutilées, des fragments brisés de ce poëme de mon âme. Serai-je plus heureux maintenant que je touche à la maturité de la vie? Ne laisserai-je ma pensée poétique que par fragments et par ébauches, ou lui donnerai-je enfin la forme, la masse et la vie dans un tout qui la coordonne et la résume, dans une œuvre qui se tienne debout et qui vive quelques années après moi? Dieu seul le sait; et, qu'il me l'accorde ou non, je ne l'en bénirai pas moins. Lui seul sait à quelle destinée il appelle ses créatures, et, pénible ou douce, éclatante ou obscure, cette destinée est toujours parfaite, si elle est acceptée avec résignation et en inclinant la tête!

Maintenant il ne me reste qu'à remercier toutes les âmes tendres et pieuses de mon temps, tous mes frères en poésie, qui ont accueilli avec tant de fraternité et d'indulgence les faibles notes que j'ai chantées jusqu'ici pour eux. Je ne pense pas qu'aucun poëte romain ait reçu plus de marques de sympathie, plus de signes d'intelligence et d'amitié de la jeunesse de son temps que je n'en ai reçu moi-même; moi, si incomplet, si inégal, si peu digne de ce nom de poëte : ce sont des espérances et non des réalités que l'on a saluées et caressées en moi. La Providence me force à tromper toutes ces espérances : mais que ceux qui m'ont ainsi encouragé dans toutes les parties de la France et de l'Europe sachent combien mon cœur a été sensible à cette sympathie qui a été ma plus douce récompense, qui a noué entre nous les liens invisibles d'une amitié intellectuelle. Ils m'ont rendu bien au delà de ce que je leur ai donné. Je ne sais quel poëte disait qu'une critique lui faisait cent fois plus de peine que tous les éloges ne pourraient lui faire de plaisir. Je le plains et je ne le comprends pas : quant à moi, je puis sans peine oublier toutes les critiques, fondées ou non, qui m'ont assailli sur ma route, et d'abord j'ai la conscience d'en avoir mérité beaucoup; mais, fussent-elles toutes injustes et amères, elles auraient été amplement compensées par cette foule innombrable de lettres que j'ai reçues de mes amis inconnus. Une douleur que vos vers ont pu endormir un moment, un enthousiasme que vous avez allumé le premier dans un cœur jeune et pur, une prière confuse de l'âme à laquelle vous avez donné une parole et un accent, un soupir qui a répondu à un de vos soupirs, une larme d'émotion qui est tombée à votre voix de la paupière d'une femme, un nom chéri, symbole de vos affections les plus intimes, et que vous avez consacré dans une langue moins fragile que la langue vulgaire, une mémoire de mère, de femme, d'amie, d'enfant, que vous avez embaumée pour les siècles dans une strophe de sentiment et de poésie; la moindre de ces choses saintes consolerait de toutes les critiques, et vaut cent fois, pour l'âme du poëte, ce que ses faibles vers lui ont coûté de veilles ou d'amertume!

Paris, 11 février 1834.

PREMIÈRES
MÉDITATIONS POÉTIQUES

PREMIÈRES

MÉDITATIONS POÉTIQUES

I

L'ISOLEMENT

Souvent sur la montagne, à l'ombre du vieux chêne,
Au coucher du soleil, tristement je m'assieds ;
Je promène au hasard mes regards sur la plaine,
Dont le tableau changeant se déroule à mes pieds.

Ici gronde le fleuve aux vagues écumantes :
Il serpente, et s'enfonce en un lointain obscur ;
Là le lac immobile étend ses eaux dormantes
Où l'étoile du soir se lève dans l'azur.

Au sommet de ces monts couronnés de bois sombres
Le crépuscule encor jette un dernier rayon ;
Et le char vaporeux de la reine des ombres
Monte, et blanchit déjà les bords de l'horizon.

Cependant, s'élançant de la flèche gothique,
Un son religieux se répand dans les airs :
Le voyageur s'arrête, et la cloche rustique
Aux derniers bruits du jour mêle de saints concerts.

Mais à ces doux tableaux mon âme indifférente
N'éprouve devant eux ni charme ni transports ;
Je contemple la terre ainsi qu'une ombre errante :
Le soleil des vivants n'échauffe plus les morts.

De colline en colline en vain portant ma vue,
Du sud à l'aquilon, de l'aurore au couchant,
Je parcours tous les points de l'immense étendue,
Et je dis : « Nulle part le bonheur ne m'attend. »

Que me font ces vallons, ces palais, ces chaumières,
Vains objets dont pour moi le charme est envolé ?
Fleuves, rochers, forêts, solitudes si chères,
Un seul être vous manque, et tout est dépeuplé !

Que le tour du soleil ou commence ou s'achève,
D'un œil indifférent je le suis dans son cours ;
En un ciel sombre ou pur qu'il se couche ou se lève,
Qu'importe le soleil ? je n'attends rien des jours.

Quand je pourrais le suivre en sa vaste carrière,
Mes yeux verraient partout le vide et les déserts ;
Je ne désire rien de tout ce qu'il éclaire,
Je ne demande rien à l'immense univers.

Mais peut-être, au delà des bornes de sa sphère,
Lieux où le vrai soleil éclaire d'autres cieux,
Si je pouvais laisser ma dépouille à la terre,
Ce que j'ai tant rêvé paraîtrait à mes yeux.

Là je m'enivrerais à la source où j'aspire,
Là je retrouverais et l'espoir et l'amour,
Et ce bien idéal que toute âme désire,
Et qui n'a pas de nom au terrestre séjour.

Que ne puis-je, porté sur le char de l'Aurore,
Vague objet de mes vœux, m'élancer jusqu'à toi!
Sur la terre d'exil pourquoi resté-je encore?
Il n'est rien de commun entre la terre et moi.

Quand la feuille des bois tombe dans la prairie,
Le vent du soir se lève et l'arrache aux vallons;
Et moi, je suis semblable à la feuille flétrie :
Emportez-moi comme elle, orageux aquilons!

COMMENTAIRE

J'écrivis cette première méditation un soir du mois de septembre 1819, au coucher du soleil, sur la montagne qui domine la maison de mon père, à Milly. J'étais isolé depuis plusieurs mois dans cette solitude. Je lisais, je rêvais, j'essayais quelquefois d'écrire, sans rencontrer jamais la note juste et vraie qui répondît à l'état de mon âme; puis je déchirais et je jetais au vent les vers que j'avais ébauchés. J'avais perdu, l'année précédente, par une mort précoce, la personne que j'avais le plus aimée jusque-là. Mon cœur n'était pas guéri de sa première grande blessure, il ne le fut même jamais. Je puis dire que je vivais en ce temps-là avec les morts plus qu'avec les vivants. Ma conversation habituelle, selon l'expression sacrée, était dans le ciel. On a vu dans Raphaël comment j'avais été attaché et détaché soudainement de mon idolâtrie d'ici-bas.

J'avais emporté ce jour-là sur la montagne un volume de Pétrarque, dont je lisais de temps en temps quelques sonnets. Les premiers vers de ces sonnets me ravissaient en extase dans le monde de mes propres pensées. Les derniers vers me sonnaient mélodieusement à l'oreille, mais faux au cœur. Le sentiment y devient l'esprit. L'esprit a toujours, pour moi, neutralisé le génie. C'est un vent froid qui sèche les larmes sur les yeux. Cependant j'adorais et j'adore encore Pétrarque. L'image de Laure, le paysage de Vaucluse, sa retraite dans les collines euganéennes, dans son petit village que je me figurais semblable à Milly, cette vie d'une seule pensée, ce soupir qui se convertit naturellement en vers, ces vers qui ne portent qu'un nom aux siècles, cet amour mêlé à cette prière, qui font ensemble comme un duo dont une voix se plaint sur la terre, dont l'autre voix répond du ciel; enfin cette mort idéale de Pétrarque la tête sur les pages de son livre, les lèvres collées sur le nom de Laure, comme si sa vie se fût exhalée dans un baiser donné à un rêve! tout cela m'attachait alors et m'attache encore aujourd'hui à Pétrarque. C'est incontestablement pour moi le premier poëte de l'Italie moderne, parce qu'il est à la fois le plus élevé et le plus sensible, le plus pieux et le plus amoureux; il est certainement aussi le plus harmonieux : pourquoi n'est-il pas le plus simple ? Mais la simplicité est le chef-d'œuvre de l'art, et l'art commençait. Les vices de la décadence sont aussi les vices de l'enfance des littératures. Les poésies populaires de la Grèce moderne, de l'Arabie et de la Perse sont pleines d'afféteries et de jeux de mots. Les peuples enfants aiment ce qui brille avant d'aimer ce qui luit ; il en est pour eux des poésies comme des couleurs : l'écarlate et la pourpre leur plaisent dans les vêtements avant les couleurs modérées dont se revêtent les peuples plus avancés en civilisation et en vrai goût.

Je rentrai à la nuit tombante, mes vers dans la mémoire, et me les redisant à moi-même avec une douce prédilection. J'étais comme le musicien qui a trouvé un motif, et qui se le chante tout bas avant de le confier à l'instrument. L'instrument pour moi, c'était l'impression. Je brûlais d'essayer l'effet du timbre de ces vers sur le cœur de quelques hommes sensibles. Quant au public, je n'y songeais pas, ou je n'en espérais rien. Il s'était trop endurci le sentiment, le goût et l'oreille aux vers techniques de Delille, d'Esménard et de toute l'école classique de l'Empire, pour trouver du charme à des effusions de l'âme, qui ne ressemblaient à rien, selon l'expression de M. D*** à Raphaël.

Je résolus de tenter le hasard, et de les faire imprimer à vingt exemplaires sur beau papier, en beau caractère, par les soins du grand artiste en typographie, de l'Elzevir moderne, M. Didot. Je les envoyai à un de mes amis à Paris : il me les renvoya imprimés. Je fus aussi ravi, en me lisant pour la première fois, magnifiquement reproduit sur papier vélin, que si j'avais vu dans un miroir magique l'image de mon âme. Je donnai mes vingt exemplaires à mes amis : ils trouvèrent les vers harmonieux et mélancoliques ; ils me présagèrent *l'étonnement d'abord, puis, après, l'émotion du public. Mais j'avais moins de confiance qu'eux dans le goût dépravé, ou plutôt racorni, du temps. Je me contentai de ce public composé de quelques cœurs à l'unisson du mien, et je ne pensai plus à la publicité.*

Ce ne fut que longtemps après, qu'en feuilletant un jour mon volume de Pétrarque, je retrouvai ces vers, intitulés : Méditation, *et que je les recueillis par droit de primogéniture pour en faire la première pièce de mon recueil. Ce souvenir me les a rendus toujours chers depuis, parce qu'ils étaient tombés de ma plume comme une goutte de la rosée du soir sur la colline de mon berceau, et comme une larme sonore de mon cœur sur la page de Pétrarque où je ne voulais pas écrire, mais pleurer.*

II

L'HOMME

A LORD BYRON

Toi dont le monde encore ignore le vrai nom,
Esprit mystérieux, mortel, ange ou démon,
Qui que tu sois, Byron, bon ou fatal génie,
J'aime de tes concerts la sauvage harmonie,
Comme j'aime le bruit de la foudre et des vents
Se mêlant dans l'orage à la voix des torrents!
La nuit est ton séjour, l'horreur est ton domaine :
L'aigle, roi des déserts, dédaigne ainsi la plaine;
Il ne veut, comme toi, que des rocs escarpés
Que l'hiver a blanchis, que la foudre a frappés,
Des rivages couverts des débris du naufrage,
Ou des champs tout noircis des restes de carnage;
Et, tandis que l'oiseau qui chante ses douleurs
Bâtit au bord des eaux son nid parmi les fleurs,
Lui des sommets d'Athos franchit l'horrible cime,
Suspend au flanc des monts son aire sur l'abîme,

Et là, seul, entouré de membres palpitants,
De rochers d'un sang noir sans cesse dégouttants,
Trouvant sa volupté dans les cris de sa proie,
Bercé par la tempête, il s'endort dans sa joie.

Et toi, Byron, semblable à ce brigand des airs,
Les cris du désespoir sont tes plus doux concerts.
Le mal est ton autel, et l'homme est ta victime.
Ton œil, comme Satan, a mesuré l'abime,
Et ton âme, y plongeant loin du jour et de Dieu,
A dit à l'espérance un éternel adieu.
Comme lui, maintenant, régnant dans les ténèbres,
Ton génie invincible éclate en chants funèbres ;
Il triomphe, et ta voix, sur un mode infernal,
Chante l'hymne de gloire au sombre dieu du mal.

Mais que sert de lutter contre sa destinée ?
Que peut contre le sort la raison mutinée ?
Elle n'a, comme l'œil, qu'un étroit horizon.
Ne porte pas plus loin tes yeux ni ta raison :
Hors de là tout nous fuit, tout s'éteint, tout s'efface.
Dans ce cercle borné Dieu t'a marqué ta place :
Comment ? pourquoi ? qui sait ? De ses puissantes mains
Il a laissé tomber le monde et les humains,
Comme il a dans nos champs répandu la poussière,
Ou semé dans les airs la nuit et la lumière.
Il le sait, il suffit : l'univers est à lui,
Et nous n'avons à nous que le jour d'aujourd'hui.

Notre crime est d'être homme et de vouloir connaître :
Ignorer et servir, c'est la loi de notre être.
Byron, ce mot est dur ; longtemps j'en ai douté.
Mais pourquoi reculer devant la vérité ?
Ton titre devant Dieu, c'est d'être son ouvrage,

De sentir, d'adorer ton divin esclavage;
Dans l'ordre universel faible atome emporté,
D'unir à ses desseins ta libre volonté;
D'avoir été conçu par son intelligence,
De le glorifier par ta seule existence :
Voilà, voilà ton sort! Ah! loin de l'accuser,
Baise plutôt le joug que tu voulais briser,
Descends du rang des dieux qu'usurpait ton audace.
Tout est bien, tout est bon, tout est grand à sa place;
Aux regards de Celui qui fit l'immensité
L'insecte vaut un monde : ils ont autant coûté.

Mais cette loi, dis-tu, révolte ta justice;
Elle n'est à tes yeux qu'un bizarre caprice,
Un piège où la raison trébuche à chaque pas.
Confessons-la, Byron, et ne la jugeons pas.
Comme toi, ma raison en ténèbres abonde,
Et ce n'est pas à moi de t'expliquer le monde.
Que celui qui l'a fait t'explique l'univers!
Plus je sonde l'abîme, hélas! plus je m'y perds.
Ici-bas, la douleur à la douleur s'enchaîne,
Le jour succède au jour, et la peine à la peine.
Borné dans sa nature, infini dans ses vœux,
L'homme est un dieu tombé qui se souvient des cieux.
Soit que, déshérité de son antique gloire,
De ses destins perdus il garde la mémoire;
Soit que de ses désirs l'immense profondeur
Lui présage de loin sa future grandeur :
Imparfait ou déchu, l'homme est le grand mystère.
Dans la prison des sens enchaîné sur la terre,
Esclave, il sent un cœur né pour la liberté;
Malheureux, il aspire à la félicité.
Il veut sonder le monde, et son œil est débile;
Il veut aimer toujours, ce qu'il aime est fragile.

Tout mortel est semblable à l'exilé d'Éden :
Lorsque Dieu l'eut banni du céleste jardin,
Mesurant d'un regard les fatales limites,
Il s'assit en pleurant aux portes interdites ;
Il entendit de loin, dans le divin séjour,
L'harmonieux soupir de l'éternel amour,
Les accents du bonheur, les saints concerts des anges
Qui, dans le sein de Dieu, célébraient ses louanges ;
Et, s'arrachant du ciel dans un pénible effort,
Son œil avec effroi retomba sur son sort.

Malheur à qui, du fond de l'exil de la vie,
Entendit ces concerts d'un monde qu'il envie !
Du nectar idéal sitôt qu'elle a goûté,
La nature répugne à la réalité ;
Dans le sein du possible en songe elle s'élance.
Le réel est étroit, le possible est immense :
L'âme avec ses désirs s'y bâtit un séjour
Où l'on puise à jamais la science et l'amour ;
Où, dans des océans de beauté, de lumière,
L'homme, altéré toujours, toujours se désaltère,
Et, de songes si beaux enivrant son sommeil,
Ne se reconnaît plus au moment du réveil.

Hélas ! tel fut ton sort, telle est ma destinée.
J'ai vidé comme toi la coupe empoisonnée ;
Mes yeux, comme les tiens, sans voir se sont ouverts.
J'ai cherché vainement le mot de l'univers,
J'ai demandé sa cause à toute la nature,
J'ai demandé sa fin à toute créature ;
Dans l'abîme sans fond mon regard a plongé ;
De l'atome au soleil j'ai tout interrogé,
J'ai devancé les temps, j'ai remonté les âges.
Tantôt passant les mers pour écouter les sages,

Mais le monde à l'orgueil est un livre fermé!
Tantôt, pour deviner le monde inanimé,
Fuyant avec mon âme au sein de la nature,
J'ai cru trouver un sens à cette langue obscure.
J'étudiai la loi par qui roulent les cieux;
Dans leurs brillants déserts Newton guida mes yeux.
Des empires détruits je méditai la cendre;
Dans ses sacrés tombeaux Rome m'a vu descendre;
Des mânes les plus saints troublant le froid repos,
J'ai pesé dans mes mains la cendre des héros :
J'allais redemander à leur vaine poussière
Cette immortalité que tout mortel espère.
Que dis-je? suspendu sur le lit des mourants,
Mes regards la cherchaient dans des yeux expirants!
Sur ces sommets noircis par d'éternels nuages,
Sur ces flots sillonnés par d'éternels orages,
J'appelais, je bravais le choc des éléments.
Semblable à la sibylle en ses emportements,
J'ai cru que la nature, en ces rares spectacles,
Laissait tomber pour nous quelqu'un de ses oracles;
J'aimais à m'enfoncer dans ces sombres horreurs.
Mais en vain dans son calme, en vain dans ses fureurs,
Cherchant ce grand secret sans pouvoir le surprendre,
J'ai vu partout un Dieu sans jamais le comprendre!
J'ai vu le bien, le mal, sans choix et sans dessein,
Tomber, comme au hasard, échappés de son sein;
J'ai vu partout le mal où le mieux pouvait être,
Et je l'ai blasphémé, ne pouvant le connaître;
Et ma voix, se brisant contre ce ciel d'airain,
N'a pas même eu l'honneur d'irriter le destin.

Mais un jour que, plongé dans ma propre infortune,
J'avais lassé le ciel d'une plainte importune,
Une clarté d'en haut dans mon sein descendit,

Me tenta de bénir ce que j'avais maudit ;
Et, cédant sans combattre au souffle qui m'inspire,
L'hymne de la raison s'élança de ma lyre :

« Gloire à toi, dans les temps et dans l'éternité,
Éternelle raison, suprême volonté !
Toi dont l'immensité reconnaît la présence,
Toi dont chaque matin annonce l'existence !
Ton souffle créateur s'est abaissé sur moi ;
Celui qui n'était pas a paru devant toi.
J'ai reconnu ta voix avant de me connaître,
Je me suis élancé jusqu'aux portes de l'Être :
Me voici ! le néant te salue en naissant ;
Me voici ! mais que suis-je ? un atome pensant.
Qui peut entre nous deux mesurer la distance ?
Moi, qui respire en toi ma rapide existence,
A l'insu de moi-même à ton gré façonné,
Que me dois-tu, Seigneur, quand je ne suis pas né ?
Rien avant, rien après : gloire à la fin suprême !
Qui tira tout de soi se doit tout à soi-même.
Jouis, grand artisan, de l'œuvre de tes mains :
Je suis pour accomplir tes ordres souverains ;
Dispose, ordonne, agis ; dans les temps, dans l'espace,
Marque-moi pour ta gloire et mon jour et ma place ;
Mon être, sans se plaindre et sans t'interroger,
De soi-même, en silence, accourra s'y ranger.
Comme ces globes d'or qui dans les champs du vide
Suivent avec amour ton ombre qui les guide,
Noyé dans la lumière ou perdu dans la nuit,
Je marcherai comme eux où ton doigt me conduit :
Soit que, choisi par toi pour éclairer les mondes,
Réfléchissant sur eux les feux dont tu m'inondes,
Je m'élance entouré d'esclaves radieux,
Et franchisse d'un pas tout l'abîme des cieux ;

Soit que, me reléguant loin, bien loin de ta vue,
Tu ne fasses de moi, créature inconnue,
Qu'un atome oublié sur les bords du néant,
Ou qu'un grain de poussière emporté par le vent,
Glorieux de mon sort, puisqu'il est ton ouvrage,
J'irai, j'irai partout te rendre un même hommage,
Et, d'un égal amour accomplissant ta loi,
Jusqu'aux bords du néant murmurer : « Gloire à toi ! »

« Ni si haut, ni si bas ! simple enfant de la terre,
Mon sort est un problème, et ma fin un mystère.
Je ressemble, Seigneur, au globe de la nuit,
Qui, dans la route obscure où ton doigt le conduit,
Réfléchit d'un côté les clartés éternelles,
Et de l'autre est plongé dans les ombres mortelles.
L'homme est le point fatal où les deux infinis
Par la toute-puissance ont été réunis.
A tout autre degré, moins malheureux peut-être
J'eusse été... Mais je suis ce que je devais être ;
J'adore sans la voir ta suprême raison :
Gloire à toi qui m'as fait ! ce que tu fais est bon.

« Cependant, accablé sous le poids de ma chaîne,
Du néant au tombeau l'adversité m'entraîne :
Je marche dans la nuit par un chemin mauvais,
Ignorant d'où je viens, incertain où je vais,
Et je rappelle en vain ma jeunesse écoulée,
Comme l'eau du torrent dans sa source troublée.
Gloire à toi ! Le malheur en naissant m'a choisi ;
Comme un jouet vivant ta droite m'a saisi ;
J'ai mangé dans les pleurs le pain de ma misère,
Et tu m'as abreuvé des eaux de ta colère.
Gloire à toi ! J'ai crié, tu n'as pas répondu ;
J'ai jeté sur la terre un regard confondu,

J'ai cherché dans le ciel le jour de ta justice :
Il s'est levé, Seigneur, et c'est pour mon supplice !
Gloire à toi ! L'innocence est coupable à tes yeux :
Un seul être, du moins, me restait sous les cieux ;
Toi-même de nos jours avais mêlé la trame,
Sa vie était ma vie, et son âme mon âme.
Comme un fruit encor vert du rameau détaché,
Je l'ai vu de mon sein avant l'âge arraché !
Ce coup, que tu voulais me rendre plus terrible,
La frappa lentement pour m'être plus sensible :
Dans ses traits expirants, où je lisais mon sort,
J'ai vu lutter ensemble et l'amour et la mort ;
J'ai vu dans ses regards la flamme de la vie,
Sous la main du trépas par degrés assoupie,
Se ranimer encore au souffle de l'amour.
Je disais chaque jour : « Soleil, encore un jour ! »
Semblable au criminel qui, plongé dans les ombres,
Et descendu vivant dans les demeures sombres,
Près du dernier flambeau qui doive l'éclairer,
Se penche sur sa lampe et la voit expirer,
Je voulais retenir l'âme qui s'évapore ;
Dans son dernier regard je la cherchais encore !
Ce soupir, ô mon Dieu ! dans ton sein s'exhala ;
Hors du monde avec lui mon espoir s'envola.
Pardonne au désespoir un moment de blasphème,
J'osai... Je me repens : gloire au maître suprême !
Il fit l'eau pour couler, l'aquilon pour courir,
Les soleils pour brûler, et l'homme pour souffrir !

« Que j'ai bien accompli cette loi de mon être !
La nature insensible obéit sans connaître :
Moi seul, te découvrant sous la nécessité,
J'immole avec amour ma propre volonté ;
Moi seul je t'obéis avec intelligence ;

Moi seul je me complais dans cette obéissance;
Je jouis de remplir, en tout temps, en tout lieu,
La loi de ma nature et l'ordre de mon Dieu;
J'adore en mes destins ta sagesse suprême,
J'aime ta volonté dans mes supplices même :
Gloire à toi! gloire à toi! Frappe, anéantis-moi !
Tu n'entendras qu'un cri : « Gloire à jamais à toi ! »

Ainsi ma voix monta vers la voûte céleste.
Je rendis gloire au ciel, et le ciel fit le reste.

Fais silence, ô ma lyre! Et toi, qui dans tes mains
Tiens le cœur palpitant des sensibles humains,
Byron, viens en tirer des torrents d'harmonie :
C'est pour la vérité que Dieu fit le génie.
Jette un cri vers le ciel, ô chantre des enfers !
Le ciel même aux damnés enviera tes concerts.
Peut-être qu'à ta voix, de la vivante flamme
Un rayon descendra dans l'ombre de ton âme;
Peut-être que ton cœur, ému de saints transports,
S'apaisera soi-même à tes propres accords,
Et qu'un éclair d'en haut perçant ta nuit profonde,
Tu verseras sur nous la clarté qui t'inonde.

Ah ! si jamais ton luth, amolli par tes pleurs,
Soupirait sous tes doigts l'hymne de tes douleurs;
Ou si, du sein profond des ombres éternelles,
Comme un ange tombé, tu secouais tes ailes,
Et, prenant vers le jour un lumineux essor,
Parmi les chœurs sacrés tu t'asseyais encor,
Jamais, jamais l'écho de la céleste voûte,
Jamais ces harpes d'or que Dieu lui-même écoute,
Jamais des séraphins les chœurs mélodieux,
De plus divins accords n'auraient ravi les cieux.

Courage ! enfant déchu d'une race divine,
Tu portes sur ton front ta superbe origine ;
Tout homme, en te voyant, reconnaît dans tes yeux
Un rayon éclipsé de la splendeur des cieux !
Roi des chants immortels, reconnais-toi toi-même !
Laisse aux fils de la nuit le doute et le blasphème ;
Dédaigne un faux encens qu'on t'offre de si bas :
La gloire ne peut être où la vertu n'est pas.
Viens reprendre ton rang dans ta splendeur première,
Parmi ces purs enfants de gloire et de lumière
Que d'un souffle choisi Dieu voulut animer,
Et qu'il fit pour chanter, pour croire et pour aimer !

COMMENTAIRE

Je n'ai jamais connu lord Byron. J'avais écrit la plupart de mes Méditations avant d'avoir lu ce grand poète. Ce fut un bonheur pour moi. La puissance sauvage, pittoresque et souvent perverse de ce génie aurait nécessairement entraîné ma jeune imagination hors de sa voie naturelle : j'aurais cessé d'être original, en voulant marcher sur ses traces. Lord Byron est incontestablement à mes yeux la plus grande nature poétique des siècles modernes. Mais le désir de produire plus d'effet sur les esprits blasés de son pays et de son temps l'a jeté dans le paradoxe. Il a voulu être le Lucifer révolté d'un pandémonium humain. Il s'est donné un rôle de fantaisie dans je ne sais quel drame sinistre dont il est à la fois l'auteur et l'acteur. Il s'est fait énigme pour être deviné. On voit qu'il procédait de Gœthe, le Byron allemand; qu'il avait lu Faust, Méphistophélès, Marguerite, *et qu'il s'est efforcé de réaliser en lui un* Faust *poëte, un* Don Juan *lyrique. Plus tard il est descendu plus bas; il s'est ravalé jusqu'à Rabelais, dans un poëme facétieux. Il a voulu faire de la poésie, qui est l'hymne de la terre, la grande raillerie de l'amour, de la vertu, de l'idéal, de Dieu. Il était si grand qu'il n'a pu se rapetisser tout à fait. Ses ailes l'enlevaient malgré lui de cette fange et le reportaient au ciel à chaque instant. C'est qu'en lui le poëte était immense, l'homme incomplet, puéril, ambitieux de néants. Il prenait la vanité pour la gloire, la curiosité qu'il inspirait artificiellement pour le regard de la postérité, la misanthropie pour la vertu.*

Né grand, riche, indépendant et beau, il avait été blessé par quelques feuilles de rose dans le lit tout fait de son aristocratie et de sa jeunesse. Quelques articles critiques contre ses premiers vers lui avaient semblé un crime irrémissible de sa patrie contre lui. Il était entré à la chambre des pairs; deux discours prétentieux et médiocres n'avaient pas été applaudis : il s'était exilé alors en secouant la poussière de ses pieds, et en maudissant sa terre natale. Enfant gâté par la nature, par la fortune et par le génie, les sentiers de la vie réelle, quoique si bien aplanis sous ses pas, lui avaient paru encore trop rudes. Il s'était enfui sur les ailes de son imagination, et livré à tous ses caprices.

J'entendis parler pour la première fois de lui par un de mes anciens amis qui revenait d'Angleterre en 1819. Le seul récit de quelques-uns de ses poëmes m'ébranla l'imagination. Je savais mal l'anglais alors, et on n'avait rien traduit de Byron encore. L'été suivant, me trouvant à Genève, un de mes amis qui y résidait me mon-

tra un soir, sur la grève du lac Léman, un jeune homme qui descendait de bateau, et qui montait à cheval pour rentrer dans une de ces délicieuses villas réfléchies dans les eaux du lac. Mon ami me dit que ce jeune homme était un fameux poëte anglais, appelé lord Byron. Je ne fis qu'entrevoir son visage pâle et fantastique à travers la brume du crépuscule. J'étais alors bien inconnu, bien pauvre, bien errant, bien découragé de la vie. Ce poëte misanthrope, jeune, riche, élégant de figure, illustre de nom, déjà célèbre de génie, voyageant à son gré ou se fixant à son caprice dans les plus ravissantes contrées du globe, ayant des barques à lui sur les vagues, des chevaux sur les grèves, passant l'été sous les ombrages des Alpes, les hivers sous les orangers de Pise, me paraissait le plus favorisé des mortels. Il fallait que ses larmes vinssent de quelque source de l'âme bien profonde et bien mystérieuse pour donner tant d'amertume à ses accents, tant de mélancolie à ses vers. Cette mélancolie même était un attrait de plus pour mon cœur.

Quelques jours après, je lus, dans un recueil périodique de Genève, quelques fragments traduits du Corsaire, *de* Lara, *de* Manfred. *Je devins ivre de cette poésie. J'avais enfin trouvé la fibre sensible d'un poëte à l'unisson de mes voix intérieures. Je n'avais bu que quelques gouttes de cette poésie, mais c'était assez pour me faire comprendre un océan.*

Rentré l'hiver suivant dans la solitude de la maison de mon père à Milly, le souvenir de ces vers et de ce jeune homme me revint un matin à la vue du mont Blanc que j'apercevais de ma fenêtre. Je m'assis au coin d'un petit feu de ceps de vigne, que je laissai souvent éteindre, dans la distraction entraînante de mes pensées ; et j'écrivis au crayon, sur mes genoux, et presque d'une seule haleine, cette méditation à lord Byron. Ma mère, inquiète de ce que je ne descendais ni pour le déjeuner ni pour le dîner de famille, monta plusieurs fois pour m'arracher à mon poëme. Je lui lus plusieurs passages qui l'émurent profondément, surtout pour la piété de sentiments et de résignation qui débordait des vers, et qui n'était qu'un écoulement de sa propre piété. Enfin, désespérant de me faire abandonner mon enthousiasme, elle m'apporta de ses propres mains un morceau de pain et quelques fruits secs, pour que je prisse un peu de nourriture, tout en continuant d'écrire. J'écrivis en effet la méditation tout entière, d'un seul trait, en dix heures. Je descendis à la veillée, le front en sueur, au salon, et je lus le poëme à mon père. Il trouva les vers étranges, mais beaux. Ce fut ainsi qu'il apprit l'existence du poëte anglais, et cette nature de poésie si différente de la poésie de la France.

Je n'adressai point mes vers à lord Byron. Je ne savais de lui que son nom, j'ignorais son séjour. J'ai lu depuis, dans ses Mémoires, qu'il avait entendu parler de cette méditation d'un jeune Français, mais qu'il ne l'avait pas lue. Il ne savait pas notre langue. Ses amis, qui ne la savaient apparemment pas mieux, lui avaient dit que ces vers étaient une longue diatribe contre ses crimes. Cette sottise le réjouissait. Il aimait qu'on prît au sérieux sa nature surnaturelle et infernale; il prétendait à la renommée du crime. C'était là sa faiblesse, une hypocrisie à rebours. Mes vers dormirent longtemps sans être publiés.

Je lus et je relus depuis, avec une admiration toujours plus passionnée, ceux de lord Byron. Ce fut un second Ossian pour moi, l'Ossian d'une société plus civilisée, et presque corrompue par l'excès même de sa civilisation : la poésie de la satiété, du désenchantement et de la caducité de l'âge. Cette poésie me charma, mais elle ne corrompit pas mon bon sens naturel. J'en compris une autre, celle de la vérité, de la raison, de l'adoration et du courage.

Je souffris quand je vis, plus tard, lord Byron se faire le parodiste de l'amour, du génie et de l'humanité, dans son poëme de Don Juan.

Je jouis quand je le vis se relever de son scepticisme et de son épicurisme pour aller de son or et de son bras soutenir en Grèce la liberté renaissante d'une grande race. La mort le cueillit au moment le plus généreux et le plus véritablement épique de sa vie. Dieu semblait attendre son premier acte de vertu publique pour l'absoudre de sa vie par une sublime mort. Il mourut martyr volontaire d'une cause désintéressée. Il y a plus de poésie vraie et impérissable dans la tente où la fièvre le couche à Missolonghi, sous ses armes, que dans toutes ses œuvres. L'homme en lui a grandi ainsi le poëte, et le poëte à son tour immortalisera l'homme.

III

A ELVIRE

Oui, l'Anio murmure encore
Le doux nom de Cynthie aux rochers de Tibur ;
Vaucluse a retenu le nom chéri de Laure ;
    Et Ferrare au siècle futur
Murmurera toujours celui d'Éléonore.
Heureuse la beauté que le poëte adore !
    Heureux le nom qu'il a chanté !
    Toi qu'en secret son culte honore,
Tu peux, tu peux mourir ! dans la postérité
Il lègue à ce qu'il aime une éternelle vie ;
Et l'amante et l'amant, sur l'aile du génie,
Montent d'un vol égal à l'immortalité.
Ah ! si mon frêle esquif, battu par la tempéte,
Grâce à des vents plus doux, pouvait surgir au port ;
Si des soleils plus beaux se levaient sur ma tête ;
Si les pleurs d'une amante, attendrissant le sort,
Écartaient de mon front les ombres de la mort :

Peut-être..., oui, pardonne, ô maître de la lyre !
Peut-être j'oserais (et que n'ose un amant ?)
Égaler mon audace à l'amour qui m'inspire,
Et, dans des chants rivaux célébrant mon délire,
De notre amour aussi laisser un monument !
Ainsi le voyageur qui, dans son court passage,
Se repose un moment à l'abri du vallon,
Sur l'arbre hospitalier dont il goûta l'ombrage,
Avant que de partir, aime à graver son nom.

Vois-tu comme tout change ou meurt dans la nature !
La terre perd ses fruits, les forêts leur parure ;
Le fleuve perd son onde au vaste sein des mers ;
Par un souffle des vents la prairie est fanée ;
Et le char de l'automne, au penchant de l'année,
Roule, déjà poussé par la main des hivers !
Comme un géant armé d'un glaive inévitable,
Atteignant au hasard tous les êtres divers,
Le Temps avec la Mort, d'un vol infatigable,
Renouvelle en fuyant ce mobile univers ;
Dans l'éternel oubli tombe ce qu'il moissonne !
Tel un rapide été voit tomber sa couronne
   Dans la corbeille des glaneurs ;
Tel un pampre jauni voit la féconde automne
Livrer ses fruits dorés au char des vendangeurs.
Vous tomberez ainsi, courtes fleurs de la vie,
Jeunesse, amour, plaisir, fugitive beauté ;
Beauté, présent d'un jour que le ciel nous envie !
Ainsi vous tomberez, si la main du génie
   Ne vous rend l'immortalité !

Vois d'un œil de pitié la vulgaire jeunesse,
Brillante de beauté, s'enivrant de plaisir :
Quand elle aura tari sa coupe enchanteresse,

Que restera-t-il d'elle? à peine un souvenir.
Le tombeau qui l'attend l'engloutit tout entière,
Un silence éternel succède à ses amours ;
Mais les siècles auront passé sur ta poussière,
    Elvire, et tu vivras toujours !

COMMENTAIRE

Cette méditation n'est qu'un fragment d'un morceau de poésie beaucoup plus étendu que j'avais écrit bien avant l'époque où je composai les Méditations véritables. C'étaient des vers d'amour adressés au souvenir d'une jeune fille napolitaine dont j'ai raconté la mort dans les Confidences. *Elle s'appelait Graziella. Ces vers faisaient partie d'un recueil en deux volumes de poésies de ma première jeunesse, que je brûlai en 1820. Mes amis avaient conservé quelques-unes de ces pièces : ils me rendirent celle-ci quand j'imprimai les Méditations. J'en détachai ces vers, et j'écrivis le nom d'Elvire à la place du nom de Graziella. On sent assez que ce n'est pas la même inspiration.*

IV

LE SOIR

Le soir ramène le silence.
Assis sur ces rochers déserts,
Je suis dans le vague des airs
Le char de la nuit qui s'avance.

Vénus se lève à l'horizon ;
A mes pieds l'étoile amoureuse
De sa lueur mystérieuse
Blanchit les tapis de gazon.

De ce hêtre au feuillage sombre
J'entends frissonner les rameaux :
On dirait autour des tombeaux
Qu'on entend voltiger une ombre.

Tout à coup, détaché des cieux,
Un rayon de l'astre nocturne,
Glissant sur mon front taciturne,
Vient mollement toucher mes yeux.

Doux reflet d'un globe de flamme,
Charmant rayon, que me veux-tu?
Viens-tu dans mon sein abattu
Porter la lumière à mon âme?

Descends-tu pour me révéler
Des mondes le divin mystère,
Ces secrets cachés dans la sphère
Où le jour va te rappeler?

Une secrète intelligence
T'adresse-t-elle aux malheureux?
Viens-tu, la nuit, briller sur eux
Comme un rayon de l'espérance?

Viens-tu dévoiler l'avenir
Au cœur fatigué qui l'implore?
Rayon divin, es-tu l'aurore
Du jour qui ne doit pas finir?

Mon cœur à ta clarté s'enflamme,
Je sens des transports inconnus,
Je songe à ceux qui ne sont plus :
Douce lumière, es-tu leur âme?

Peut-être ces mânes heureux
Glissent ainsi sur le bocage.
Enveloppé de leur image,
Je crois me sentir plus près d'eux.

Ah! si c'est vous, ombres chéries,
Loin de la foule et loin du bruit,
Revenez ainsi chaque nuit
Vous mêler à mes rêveries.

Ramenez la paix et l'amour
Au sein de mon âme épuisée,
Comme la nocturne rosée
Qui tombe après les feux du jour.

Venez!... Mais des vapeurs funèbres
Montent des bords de l'horizon :
Elles voilent le doux rayon,
Et tout rentre dans les ténèbres.

COMMENTAIRE

J'avais perdu depuis quelques mois, par la mort, l'objet de mon enthousiasme et de l'amour de ma jeunesse. J'étais venu m'ensevelir dans la solitude chez un de mes oncles, l'abbé de Lamartine, au château d'Urcy, dans les montagnes les plus boisées et les plus sauvages de la haute Bourgogne. J'écrivis ces strophes dans les bois qui entourent ce château, semblable à une vaste et magnifique abbaye. Mon oncle, homme excellent, retiré du monde depuis la Révolution, vivait en solitaire dans cette demeure. Il avait été, dans sa jeunesse, un abbé de cour, dans l'esprit et dans la dissipation du cardinal de Bernis. La Révolution l'avait enchaîné et proscrit. Il l'aimait cependant, parce qu'elle lui avait permis d'abandonner sans scandale le sacerdoce, auquel sa famille l'avait contraint et auquel sa nature répugnait. Il s'était consacré à l'agriculture. Il cultivait ses vastes champs, soignait ses forêts, élevait ses troupeaux. Il m'aimait comme un père. Il me donnait asile toutes les fois que les pénuries ou les lassitudes de la jeunesse me saisissaient. Sa maison était mon port de refuge : j'y passais des saisons entières, tête à tête avec lui. Sa bibliothèque savante et littéraire me nourrissait l'esprit ; ses bois couvraient mes rêveries, mes tristesses, mes contemplations errantes ; sa gaieté tendre, sereine et douce, me consolait de mes peines de cœur. Il planait philosophiquement sur toutes choses, comme s'il n'eût plus appartenu à la vie que par le regard. En mourant, il me légua son château et ses bois. Ils ont passé en d'autres mains. Mes souvenirs les habitent souvent, et cherchent sa tombe pour y couvrir sa mémoire de mes bénédictions.

V

L'IMMORTALITÉ

Le soleil de nos jours pâlit dès son aurore.
Sur nos fronts languissants à peine il jette encore
Quelques rayons tremblants qui combattent la nuit ;
L'ombre croît, le jour meurt, tout s'efface et tout fuit !

Qu'un autre à cet aspect frissonne ou s'attendrisse ;
Qu'il recule en tremblant des bords du précipice !
Qu'il ne puisse de loin entendre sans frémir
Le triste chant des morts tout prêt à retentir,
Les soupirs étouffés d'une amante ou d'un frère
Supendus sur les bords de son lit funéraire,
Ou l'airain gémissant, dont les sons éperdus
Annoncent aux mortels qu'un malheureux n'est plus !

Je te salue, ô mort ! Libérateur céleste,
Tu ne m'apparais point sous cet aspect funeste
Que t'a prêté longtemps l'épouvante ou l'erreur ;
Ton bras n'est point armé d'un glaive destructeur,

Ton front n'est point cruel, ton œil n'est point perfide :
Au secours des douleurs un Dieu clément te guide ;
Tu n'anéantis pas, tu délivres ! ta main,
Céleste messager, porte un flambeau divin ;
Quand mon œil fatigué se ferme à la lumière,
Tu viens d'un jour plus pur inonder ma paupière ;
Et l'espoir près de toi, rêvant sur un tombeau,
Aupuyé sur la foi, m'ouvre un monde plus beau.

Viens donc, viens détacher mes chaînes corporelles !
Viens, ouvre ma prison ! viens, prête-moi tes ailes !
Que tardes-tu ? Parais, que je m'élance enfin
Vers cet être inconnu, mon principe et ma fin !

Qui m'en a détaché ? Qui suis-je, et que dois-je être ?
Je meurs, et ne sais pas ce que c'est que de naître.
Toi qu'en vain j'interroge, esprit, hôte inconnu,
Avant de m'animer, quel ciel habitais-tu ?
Quel pouvoir t'a jeté sur ce globe fragile ?
Quelle main t'enferma dans ta prison d'argile ?
Par quels nœuds étonnants, par quels secrets rapports
Le corps tient-il à toi comme tu tiens au corps ?
Quel jour séparera l'âme de la matière ?
Pour quel nouveau séjour quitteras-tu la terre ?
As-tu tout oublié ? Par delà le tombeau,
Vas-tu renaître encor dans un oubli nouveau ?
Vas-tu recommencer une semblable vie ?
Ou, dans le sein de Dieu, ta source et ta patrie,
Affranchi pour jamais de tes liens mortels,
Vas-tu jouir enfin de tes droits éternels ?

Oui, tel est mon espoir, ô moitié de ma vie !
C'est par lui que déjà mon âme raffermie
A pu voir sans effroi sur tes traits enchanteurs

Se faner du printemps les brillantes couleurs ;
C'est par lui que, percé du trait qui me déchire,
Jeune encore, en mourant vous me verrez sourire,
Et que des pleurs de joie, à nos derniers adieux,
A ton dernier regard, brilleront dans mes yeux.

« Vain espoir ! » s'écriera le troupeau d'Épicure
Et celui dont la main disséquant la nature,
Dans un coin du cerveau nouvellement décrit,
Voit penser la matière et végéter l'esprit.
« Insensé, diront-ils, que trop d'orgueil abuse,
Regarde autour de toi : tout commence et tout s'use,
Tout marche vers un terme et tout naît pour mourir :
Dans ces prés jaunissants tu vois la fleur languir ;
Tu vois dans ces forêts le cèdre au front superbe
Sous le poids de ses ans tomber, ramper sous l'herbe ;
Dans leurs lits desséchés tu vois les mers tarir ;
Les cieux mêmes, les cieux commencent à pâlir !
Cet astre dont le temps a caché la naissance,
Le soleil, comme nous, marche à sa décadence,
Et dans les cieux déserts les mortels éperdus
Le chercheront un jour et ne le verront plus.
Tu vois autour de toi, dans la nature entière,
Les siècles entasser poussière sur poussière,
Et le temps, d'un seul pas confondant ton orgueil,
De tout ce qu'il produit devenir le cercueil.
Et l'homme, et l'homme seul, ô sublime folie !
Au fond de son tombeau croit retrouver la vie,
Et, dans le tourbillon au néant emporté,
Abattu par le temps, rêve l'éternité ! »

Qu'un autre vous réponde, ô sages de la terre !
J'ai maudit votre erreur : j'aime, il faut que j'espère.
Notre faible raison se trouble et se confond.

Oui, la raison se tait ; mais l'instinct vous répond.
Pour moi, quand je verrais dans les célestes plaines
Les astres, s'écartant de leurs routes certaines,
Dans les champs de l'éther l'un par l'autre heurtés,
Parcourir au hasard les cieux épouvantés ;
Quand j'entendrais gémir et se briser la terre ;
Quand je verrais son globe errant et solitaire,
Flottant loin des soleils, pleurant l'homme détruit,
Se perdre dans les champs de l'éternelle nuit ;
Et quand, dernier témoin de ces scènes funèbres,
Entouré du chaos, de la mort, des ténèbres,
Seul je serais debout : seul, malgré mon effroi,
Être infaillible et bon, j'espérerais en toi,
Et, certain du retour de l'éternelle aurore,
Sur les mondes détruits je t'attendrais encore !

Souvent, tu t'en souviens, dans cet heureux séjour
Où naquit d'un regard notre immortel amour,
Tantôt sur les sommets de ces rochers antiques,
Tantôt aux bords déserts des lacs mélancoliques,
Sur l'aile du désir, loin du monde emportés,
Je plongeais avec toi dans ces obscurités.
Les ombres, à longs plis descendant des montagnes,
Un moment à nos yeux dérobaient les campagnes ;
Mais bientôt, s'avançant sans éclat et sans bruit,
Le chœur mystérieux des astres de la nuit,
Nous rendant les objets voilés à notre vue,
De ses molles lueurs revêtait l'étendue.
Telle, en nos temples saints par le jour éclairés,
Quand les rayons du soir pâlissent par degrés,
La lampe, répandant sa pieuse lumière,
D'un jour plus recueilli remplit le sanctuaire.

Dans ton ivresse alors tu ramenais mes yeux

Et des cieux à la terre, et de la terre aux cieux :
« Dieu caché, disais-tu, la nature est ton temple !
L'esprit te voit partout quand notre œil la contemple.
De tes perfections, qu'il cherche à concevoir,
Ce monde est le reflet, l'image, le miroir :
Le jour est ton regard, la beauté ton sourire ;
Partout le cœur t'adore et l'âme te respire.
Éternel, infini, tout puissant et tout bon,
Ces vastes attributs n'achèvent pas ton nom ;
Et l'esprit, accablé sous ta sublime essence,
Célèbre ta grandeur jusque dans son silence.
Et cependant, ô Dieu ! par sa sublime loi,
Cet esprit abattu s'élance encore à toi,
Et, sentant que l'amour est la fin de son être,
Impatient d'aimer, brûle de te connaître ! »

Tu disais, et nos cœurs unissaient leurs soupirs
Vers cet être inconnu qu'attestaient nos désirs.
A genoux devant lui, l'aimant dans ses ouvrages,
Et l'aurore et le soir lui portaient nos hommages,
Et nos yeux enivrés contemplaient tour à tour
La terre notre exil, et le ciel son séjour.

Ah ! si, dans ces instants où l'âme fugitive
S'élance et veut briser le sein qui la captive,
Ce Dieu, du haut du ciel répondant à nos vœux,
D'un trait libérateur nous eût frappés tous deux,
Nos âmes, d'un seul bond remontant vers leur source,
Ensemble auraient franchi les mondes dans leur course ;
A travers l'infini, sur l'aile de l'amour,
Elles auraient monté comme un rayon du jour,
Et, jusqu'à Dieu lui-même arrivant éperdues,
Se seraient dans son sein pour jamais confondues !
Ces vœux nous trompaient-ils ? Au néant destinés,

Est-ce pour le néant que les êtres sont nés ?
Partageant le destin du corps qui la recèle,
Dans la nuit du tombeau l'âme s'engloutit-elle ?
Tombe-t-elle en poussière ? ou, prête à s'envoler,
Comme un son qui n'est plus va-t-elle s'exhaler ?
Après un vain soupir, après l'adieu suprême
De tout ce qui t'aimait, n'est-il plus rien qui t'aime ?...
Ah ! sur ce grand secret n'interroge que toi !
Vois mourir ce qui t'aime, Elvire, et réponds-moi !

COMMENTAIRE

Ces vers ne sont aussi qu'un fragment tronqué d'une longue contemplation sur les destinées de l'homme. Elle était adressée à une femme jeune, malade, découragée de la vie, et dont les espérances d'immortalité étaient voilées dans son cœur par le nuage de ses tristesses. Moi-même j'étais plongé alors dans la nuit de l'âme ; mais la douleur, le doute, le désespoir, ne purent jamais briser tout à fait l'élasticité de mon cœur souvent comprimé, toujours prêt à réagir contre l'incrédulité et à relever mes espérances vers Dieu. Le foyer de piété ardente que notre mère avait allumé et soufflé de son haleine incessante dans nos imaginations d'enfant paraissait s'éteindre quelquefois au vent du siècle et sous les pluies de larmes des passions : la solitude le rallumait toujours. Dès qu'il n'y avait personne entre mes pensées et moi, Dieu s'y montrait, et je m'entretenais pour ainsi dire avec lui. Voilà pourquoi aussi je revenais facilement de l'extrême douleur à la complète résignation. Toute foi est un calmant, car toute foi est une espérance, et toute espérance rend patient. Vivre, c'est attendre.

VI

LE VALLON

Mon cœur, lassé de tout, même de l'espérance,
N'ira plus de ses vœux importuner le sort;
Prêtez-moi seulement, vallon de mon enfance,
Un asile d'un jour pour attendre la mort.

Voici l'étroit sentier de l'obscure vallée :
Du flanc de ces coteaux pendent des bois épais,
Qui, courbant sur mon front leur ombre entremêlée,
Me couvrent tout entier de silence et de paix.

Là, deux ruisseaux cachés sous des ponts de verdure
Tracent en serpentant les contours du vallon;
Ils mêlent un moment leur onde et leur murmure,
Et non loin de leur source ils se perdent sans nom.

La source de mes jours comme eux s'est écoulée;
Elle a passé sans bruit, sans nom et sans retour :
Mais leur onde est limpide, et mon âme troublée
N'aura pas réfléchi les clartés d'un beau jour.

La fraîcheur de leurs lits, l'ombre qui les couronne,
M'enchaînent tout le jour sur les bords des ruisseaux ;
Comme un enfant bercé par un chant monotone,
Mon âme s'assoupit au murmure des eaux.

Ah ! c'est là qu'entouré d'un rempart de verdure,
D'un horizon borné qui suffit à mes yeux,
J'aime à fixer mes pas, et, seul dans la nature,
A n'entendre que l'onde, à ne voir que les cieux.

J'ai trop vu, trop senti, trop aimé dans ma vie.
Je viens chercher vivant le calme du Léthé.
Beaux lieux, soyez pour moi ces bords où l'on oublie :
L'oubli seul désormais est ma félicité.

Mon cœur est en repos, mon âme est en silence ;
Le bruit lointain du monde expire en arrivant,
Comme un son éloigné qu'affaiblit la distance,
A l'oreille incertaine apporté par le vent.

D'ici je vois la vie, à travers un nuage,
S'évanouir pour moi dans l'ombre du passé ;
L'amour seul est resté, comme une grande image
Survit seule au réveil dans un songe effacé.

Repose-toi, mon âme, en ce dernier asile,
Ainsi qu'un voyageur qui, le cœur plein d'espoir,
S'assied, avant d'entrer, aux portes de la ville,
Et respire un moment l'air embaumé du soir.

Comme lui, de nos pieds secouons la poussière ;
L'homme par ce chemin ne repasse jamais.
Comme lui, respirons au bout de la carrière
Ce calme avant-coureur de l'éternelle paix.

Tes jours, sombres et courts comme des jours d'automne,
Déclinent comme l'ombre au penchant des coteaux,
L'amitié te trahit, la pitié t'abandonne,
Et, seule, tu descends le sentier des tombeaux.

Mais la nature est là qui t'invite et qui t'aime ;
Plonge-toi dans son sein qu'elle t'ouvre toujours :
Quand tout change pour toi, la nature est la même,
Et le même soleil se lève sur tes jours.

De lumière et d'ombrage elle t'entoure encore :
Détache ton amour des faux biens que tu perds ;
Adore ici l'écho qu'adorait Pythagore,
Prête avec lui l'oreille aux célestes concerts.

Suis le jour dans le ciel, suis l'ombre sur la terre,
Dans les plaines de l'air vole avec l'aquilon,
Avec les doux rayons de l'astre du mystère
Glisse à travers les bois dans l'ombre du vallon.

Dieu, pour le concevoir, a fait l'intelligence :
Sous la nature enfin découvre son auteur !
Une voix à l'esprit parle dans son silence :
Qui n'a pas entendu cette voix dans son cœur ?

COMMENTAIRE

Ce vallon est situé dans les montagnes du Dauphiné, aux environs du Grand Lemps ; *il se creuse entre deux collines boisées, et son embouchure est fermée par les* ruines d'un vieux manoir qui appartenait à mon ami Aymon de Virieu. Nous allions quelquefois y passer des heures de solitude, à l'ombre des pans de murs abandonnés que mon ami se proposait de relever et d'habiter un jour. Nous y tracions en idée des allées, des pelouses, des étangs, sous les antiques châtaigniers qui se tendaient leurs branches d'une colline à l'autre. Un soir, en revenant au Grand Lemps, demeure de sa famille, nous descendîmes de cheval, nous remîmes la bride à de petits bergers, nous ôtâmes nos habits, et nous nous jetâmes dans l'eau d'un petit lac qui borde la route. Je nageais très bien, et je traversai facilement la nappe d'eau; mais, en croyant prendre pied sur le bord opposé, je plongeai dans une forêt sous-marine d'herbes et de joncs si épaisse, qu'il me fut impossible, malgré les plus vigoureux efforts, de m'en dégager. Je commençais à boire et à perdre le sentiment, quand une main vigoureuse me prit par les cheveux et me ramena sur l'eau, à demi noyé. C'était Virieu, qui connaissait le fond du lac, et qui me traîna évanoui sur la plage. Je repris mes sens aux cris des bergers.

Depuis ce temps, Virieu a rebâti en effet le château de ses pères sur les fondements de l'ancienne masure. Il y a planté des jardins, creusé des réservoirs pour retenir le ruisseau du vallon; il a inscrit une strophe de cette méditation sur un mur, en souvenir de nos jeunesses et de nos amitiés; puis il est mort, jeune encore, entre les berceaux de ses enfants.

VII

LE DÉSESPOIR

Lorsque du Créateur la parole féconde
Dans une heure fatale eut enfanté le monde
  Des germes du chaos,
De son œuvre imparfaite il détourna sa face,
Et, d'un pied dédaigneux le lançant dans l'espace,
  Rentra dans son repos.

« Va, dit-il, je te livre à ta propre misère ;
Trop indigne à mes yeux d'amour ou de colère,
  Tu n'es rien devant moi :
Roule au gré du hasard dans les déserts du vide ;
Qu'à jamais loin de moi le Destin soit ton guide,
  Et le Malheur ton roi ! »

Il dit. Comme un vautour qui plonge sur sa proie,
Le Malheur, à ces maux, pousse, en signe de joie,
  Un long gémissement,
Et, pressant l'univers dans sa serre cruelle,
Embrasse pour jamais de sa rage éternelle
  L'éternel aliment.

Le mal dès lors régna dans son immense empire ;
Dès lors tout ce qui pense et tout ce qui respire
        Commença de souffrir ;
Et la terre, et le ciel, et l'âme, et la matière,
Tout gémit ; et la voix de la nature entière
        Ne fut qu'un long soupir.

Levez donc vos regards vers les célestes plaines,
Cherchez Dieu dans son œuvre, invoquez dans vos peines
        Ce grand consolateur !
Malheureux ! sa bonté de son œuvre est absente ;
Vous cherchez votre appui ? l'univers vous présente
        Votre persécuteur.

De quel nom te nommer, ô fatale puissance ?
Qu'on t'appelle Destin, Nature, Providence,
        Inconcevable loi !
Qu'on tremble sous ta main, ou bien qu'on la blasphème,
Soumis ou révolté, qu'on te craigne ou qu'on t'aime,
        Toujours, c'est toujours toi !

Hélas ! ainsi que vous j'invoquai l'Espérance ;
Mon esprit abusé but avec complaisance
        Son philtre empoisonneur :
C'est elle qui, poussant nos pas dans les abîmes,
De festons et de fleurs couronne les victimes
        Qu'elle livre au Malheur.

Si du moins au hasard il décimait les hommes,
Ou si sa main tombait sur tous tant que nous sommes
        Avec d'égales lois !
Mais les siècles ont vu les âmes magnanimes,
La beauté, le génie, ou les vertus sublimes,
        Victimes de son choix.

Tel, quand des dieux de sang voulaient en sacrifices
Des troupeaux innocents les sanglantes prémices
    Dans leurs temples cruels,
De cent taureaux choisis on formait l'hécatombe,
Et l'agneau sans souillure ou la blanche colombe
    Engraissait leurs autels.

Créateur tout puissant, principe de tout être,
Toi pour qui le possible existe avant de naître,
    Roi de l'immensité,
Tu pouvais cependant, au gré de ton envie,
Puiser pour tes enfants le bonheur et la vie
    Dans ton éternité !

Sans t'épuiser jamais, sur toute la nature
Tu pouvais à longs flots répandre sans mesure
    Un bonheur absolu :
L'espace, le pouvoir, le temps, rien ne te coûte.
Ah ! ma raison frémit ! tu le pouvais sans doute,
    Tu ne l'as pas voulu.

Quel crime avons-nous fait pour mériter de naître ?
L'insensible néant t'a-t-il demandé l'être,
    Ou l'a-t-il accepté ?
Sommes-nous, ô hasard ! l'œuvre de tes caprices ?
Ou plutôt, Dieu cruel, fallait-il nos supplices
    Pour ta félicité ?

Montez donc vers le ciel, montez, encens qu'il aime,
Soupirs, gémissements, larmes, sanglots, blasphème,
    Plaisirs, concerts divins !
Cris du sang, voix des morts, plaintes inextinguibles,
Montez, allez frapper les voûtes insensibles
    Du palais des destins !

Terre, élève ta voix; cieux, répondez; abimes,
Noir séjour où la mort entasse ses victimes,
  Ne formez qu'un soupir!
Qu'une plainte éternelle accuse la nature,
Et que la douleur donne à toute créature
  Une voix pour gémir!

Du jour où la nature, au néant arrachée,
S'échappa de tes mains comme une œuvre ébauchée,
  Qu'as-tu vu cependant?
Aux désordres du mal la matière asservie,
Toute chair gémissant, hélas! et toute vie
  Jalouse du néant;

Des éléments rivaux les luttes intestines;
Le Temps, qui flétrit tout, assis sur les ruines
  Qu'entassèrent ses mains,
Attendant sur le seuil tes œuvres éphémères;
Et la mort étouffant, dès le sein de leurs mères,
  Les germes des humains;

La vertu succombant sous l'audace impunie;
L'imposture en honneur, la vérité bannie;
  L'errante liberté
Aux dieux vivants du monde offerte en sacrifice;
Et la force partout fondant de l'injustice
  Le règne illimité;

La valeur sans les dieux décidant les batailles;
Un Caton, libre encor, déchirant ses entrailles
  Sur la foi de Platon;
Un Brutus qui, mourant pour la vertu qu'il aime,
Doute au dernier moment de cette vertu même,
  Et dit: « Tu n'es qu'un nom!... »

La fortune toujours du parti des grands crimes;
Les forfaits couronnés devenus légitimes;
      La gloire au prix du sang;
Les enfants héritant l'iniquité des pères,
Et le siècle qui meurt racontant ses misères
      Au siècle renaissant!

Eh quoi! tant de tourments, de forfaits, de supplices,
N'ont-ils pas fait fumer d'assez de sacrifices
      Tes lugubres autels?
Ce soleil, vieux témoin des malheurs de la terre,
Ne fera-t-il pas naître un seul jour qui n'éclaire
      L'angoisse des mortels?

Héritiers des douleurs, victimes de la vie,
Non, non, n'espérez pas que sa rage assouvie
      Endorme le Malheur,
Jusqu'à ce que la Mort, ouvrant son aile immense,
Engloutisse à jamais dans l'éternel silence
      L'éternelle douleur!

COMMENTAIRE

Il y a des heures où la sensation de la douleur est si forte dans l'homme jeune et sensible, qu'elle étouffe la raison. Il faut lui permettre alors le cri et presque l'imprécation contre la destinée! L'excessive douleur a son délire, comme l'amour. Passion veut dire souffrance, et souffrance veut dire passion. Je souffrais trop; il fallait crier.

J'étais jeune, et les routes de la vie se fermaient devant moi comme si j'avais été un vieillard. J'étais dévoré d'activité intérieure, et on me condamnait à l'immobilité; j'étais ivre d'amour, et j'étais séparé de ce que j'adorais : les tortures de mon cœur étaient multipliées par celles d'un autre cœur. Je souffrais comme deux, et je n'avais que la force d'un. J'étais enfermé, par les suites de mes dissipations et par l'indigence, dans une retraite forcée à la campagne, loin de tout ce que j'aimais; j'étais malade de cœur, de corps, d'imagination; je n'avais pour toute société que les buis chargés de givre de la montagne en face de ma fenêtre, et les vieux livres d'histoire, cent fois relus, écrits avec les larmes des générations qu'ils racontent, et avec le sang des hommes vertueux que ces générations immolent en récompense de leurs vertus. Une nuit, je me levai, je rallumai ma lampe, et j'écrivis ce gémissement ou plutôt ce rugissement de mon âme. Ce cri me soulagea : je me rendormis. Après, il me sembla que je m'étais vengé du destin par un coup de poignard.

Il y avait bien d'autres strophes plus acerbes, plus insultantes, plus impies. Quand je retrouvai cette méditation, et que je me résolus à l'imprimer, je retranchai ces strophes. L'invective y montait jusqu'au sacrilège. C'était byronien; mais c'était Byron sincère, et non joué.

VIII

LA PROVIDENCE A L'HOMME

Quoi! le fils du néant a maudit l'existence!
Quoi! tu peux m'accuser de mes propres bienfaits,
Tu peux fermer tes yeux à la magnificence
    Des dons que je t'ai faits!

Tu n'étais pas encor, créature insensée,
Déjà de ton bonheur j'enfantais le dessein;
Déjà, comme son fruit, l'éternelle pensée
    Te portait dans son sein.

Oui, ton être futur vivait dans ma mémoire;
Je préparais les temps selon ma volonté.
Enfin ce jour parut; je dis : « Nais pour ma gloire
    Et ta félicité! »

Tu naquis : ma tendresse, invisible et présente,
Ne livra pas mon œuvre aux chances du hasard;
J'échauffai de tes sens la sève languissante
    Des feux de mon regard.

D'un lait mystérieux je remplis la mamelle ;
Tu t'enivras sans peine à ces sources d'amour.
J'affermis les ressorts, j'arrondis la prunelle
      Où se peignit le jour.

Ton âme, quelque temps par les sens éclipsée,
Comme tes yeux au jour, s'ouvrit à la raison :
Tu pensas ; la parole acheva ta pensée,
      Et j'y gravai mon nom.

    En quel éclatant caractère
    Ce grand nom s'offrit à tes yeux !
    Tu vis ma bonté sur la terre,
    Tu lus ma grandeur dans les cieux.
    L'ordre était mon intelligence,
    La nature ma providence,
    L'espace mon immensité ;
    Et, de mon être ombre altérée,
    Le temps te peignit ma durée,
    Et le destin ma volonté !

    Tu m'adoras dans ma puissance,
    Tu me bénis dans ton bonheur,
    Et tu marchas en ma présence
    Dans la simplicité du cœur.
    Mais aujourd'hui que l'infortune
    A couvert d'une ombre importune
    Ces vives clartés du réveil,
    Ta voix m'interroge et me blâme ;
    Le nuage couvre ton âme,
    Et tu ne crois plus au soleil.

    « Non, tu n'es plus qu'un grand problème
    Que le sort offre à la raison ;

Si ce monde était ton emblème,
Ce monde serait juste et bon. »
Arrête, orgueilleuse pensée !
A la loi que je t'ai tracée
Tu prétends comparer ma loi ?
Connais leur différence auguste :
Tu n'as qu'un jour pour être juste,
J'ai l'éternité devant moi !

Quand les voiles de ma sagesse
A tes yeux seront abattus,
Ces mots dont gémit ta faiblesse
Seront transformés en vertus.
De ces obscurités cessantes
Tu verras sortir triomphantes
Ma justice et ta liberté :
C'est la flamme qui purifie
Le creuset divin où la vie
Se change en immortalité !

Mais ton cœur endurci doute et murmure encore :
Ce jour ne suffit pas à tes yeux révoltés,
Et dans la nuit des sens tu voudrais voir éclore
      De l'éternelle aurore
      Les célestes clartés !

Attends ; ce demi-jour, mêlé d'une ombre obscure,
Suffit pour te guider en ce terrestre lieu :
Regarde qui je suis, et marche sans murmure,
      Comme fait la nature
      Sur la foi de son Dieu.

La terre ne sait pas la loi qui la féconde ;
L'Océan, refoulé sous mon bras tout puissant,

Sait-il comment, au gré du nocturne croissant,
>   De sa prison profonde
>   La mer vomit son onde,
>   Et des bords qu'elle inonde
>   Recule en mugissant ?

Ce soleil éclatant, ombre de ma lumière,
Sait-il où le conduit le signe de ma main ?
S'est-il tracé lui-même un glorieux chemin ?
>   Au bout de sa carrière,
>   Quand j'éteins sa lumière,
>   Promet-il à la terre
>   Le soleil de demain ?

Cependant tout subsiste et marche en assurance.
Ma voix chaque matin réveille l'univers ;
J'appelle le soleil du fond de ses déserts :
>   Franchissant la distance,
>   Il monte en ma présence,
>   Me répond, et s'élance
>   Sur le trône des airs !

>   Et toi, dont mon souffle est la vie,
>   Toi sur qui mes yeux sont ouverts,
>   Peux-tu craindre que je t'oublie,
>   Homme, roi de cet univers ?
>   Crois-tu que ma vertu sommeille ?
>   Non, mon regard immense veille
>   Sur tous les mondes à la fois.
>   La mer qui fuit à ma parole,
>   Ou la poussière qui s'envole,
>   Suivent et comprennent mes lois.

>   Marche au flambeau de l'espérance

Jusque dans l'ombre du trépas,
Assuré que ma providence
Ne tend point de piège à tes pas !
Chaque aurore la justifie,
L'univers entier s'y confie,
Et l'homme seul en a douté !
Mais ma vengeance paternelle
Confondra ce doute infidèle
Dans l'abîme de ma bonté.

COMMENTAIRE

Cette méditation ne vaut pas la précédente. Voici pourquoi : la première est d'inspiration, celle-ci est de réflexion. Le repentir a-t-il jamais l'énergie de la passion ?

Ma mère, à qui je montrai ce volume avant de le livrer à l'impression, me reprocha pieusement et tendrement ce cri de désespoir. C'était, disait-elle, une offense à Dieu, un blasphème contre la volonté d'en haut, toujours juste, toujours sage, toujours aimante, jusque dans ses sévérités. Je ne pouvais, disait-elle, imprimer de pareils vers qu'en les réfutant moi-même par une plus haute proclamation à l'éternelle sagesse et à l'éternelle bonté. J'écrivis, pour lui obéir et pour lui complaire, la méditation intitulée La Providence à l'Homme.

IX

SOUVENIR

En vain le jour succède au jour,
Ils glissent sans laisser de trace ;
Dans mon âme rien ne t'efface,
O dernier songe de l'amour !

Je vois mes rapides années
S'accumuler derrière moi,
Comme le chêne autour de soi
Voit tomber ses feuilles fanées.

Mon front est blanchi par le temps ;
Mon sang refroidi coule à peine,
Semblable à cette onde qu'enchaîne
Le souffle glacé des autans.

Mais ta jeune et brillante image,
Que le regret vient embellir,
Dans mon sein ne saurait vieillir :
Comme l'âme, elle n'a point d'âge.

Non, tu n'as pas quitté mes yeux :
Et quand mon regard solitaire
Cessa de te voir sur la terre,
Soudain je te vis dans les cieux.

Là, tu m'apparais telle encore
Que tu fus à ce dernier jour,
Quand vers ton céleste séjour
Tu t'envolas avec l'aurore.

Ta pure et touchante beauté
Dans les cieux même t'a suivie ;
Tes yeux, où s'éteignait la vie,
Rayonnent d'immortalité !

Du zéphyr l'amoureuse haleine
Soulève encor tes longs cheveux ;
Sur ton sein leurs flots onduleux
Retombent en tresses d'ébène.

L'ombre de ce voile incertain
Adoucit encor ton image,
Comme l'aube qui se dégage
Des derniers voiles du matin.

Du soleil la céleste flamme
Avec les jours revient et fuit ;
Mais mon amour n'a pas de nuit,
Et tu luis toujours sur mon âme.

C'est toi que j'entends, que je vois,
Dans le désert, dans le nuage :
L'onde réfléchit ton image,
Le zéphyr m'apporte ta voix.

Tandis que la terre sommeille,
Si j'entends le vent soupirer,
Je crois t'entendre murmurer
Des mots sacrés à mon oreille.

Si j'admire ces feux épars
Qui des nuits parsèment le voile,
Je crois te voir dans chaque étoile
Qui plaît le plus à mes regards.

Et si le souffle du zéphire
M'enivre du parfum des fleurs,
Dans ses plus suaves odeurs
C'est ton souffle que je respire.

C'est ta main qui sèche mes pleurs,
Quand je vais, triste et solitaire,
Répandre en secret ma prière
Près des autels consolateurs.

Quand je dors, tu veilles dans l'ombre,
Tes ailes reposent sur moi;
Tous mes songes viennent de toi,
Doux comme le regard d'une ombre.

Pendant mon sommeil, si ta main
De mes jours déliait la trame,
Céleste moitié de mon âme,
J'irais m'éveiller dans ton sein!

Comme deux rayons de l'aurore,
Comme deux soupirs confondus,
Nos deux âmes ne forment plus
Qu'une âme, et je soupire encore!

COMMENTAIRE

Les grandes douleurs sont muettes, a-t-on dit. Cela est vrai. Je l'éprouvai après la première grande douleur de ma vie. Pendant six ou huit mois, je me renfermai comme dans un linceul avec l'image de ce que j'avais aimé et perdu. Puis, quand je me fus pour ainsi dire apprivoisé avec ma douleur, la nature jeta le voile de la mélancolie sur mon âme, et je me complus à m'entretenir en invocations, en extases, en prières, en poésie même quelquefois, avec l'ombre toujours présente à mes pensées.

Ces strophes sont un de ces entretiens que je me plaisais à cadencer, afin de les rendre plus durables pour moi-même, sans penser alors à les publier jamais. Je les écrivis un soir d'été de 1819, sur le banc de pierre d'une fontaine glacée qu'on appelle la fontaine du Hêtre, *dans les bois qui entourent le château de mon oncle à Urcy. Que de vagues secrètes de mon cœur le murmure de cette fontaine, qui tombe en cascade, n'a-t-il pas assoupies en ce temps-là !*

X

ODE

> Delicta majorum immeritus lues.
>
> HORAT., od. VI, lib. III.

PEUPLE! des crimes de tes pères
Le ciel punissant tes enfants,
De châtiments héréditaires
Accablera leurs descendants,
Jusqu'à ce qu'une main propice
Relève l'auguste édifice
Par qui la terre touche aux cieux,
Et que le zèle et la prière
Dissipent l'indigne poussière
Qui couvre l'image des dieux!

Sortez de vos débris antiques,
Temples que pleurait Israël ;
Relevez-vous, sacrés portiques ;
Lévites, montez à l'autel !
Aux sons des harpes de Solyme,
Que la renaissante victime
S'immole sous vos chastes mains ;
Et qu'avec les pleurs de la terre
Son sang éteigne le tonnerre
Qui gronde encor sur les humains !

Plein d'une superbe folie,
Ce peuple au front audacieux
S'est dit un jour : « Dieu m'humilie ;
Soyons à nous-mêmes nos Dieux !
Notre intelligence sublime
A sondé le ciel et l'abîme
Pour y chercher ce grand esprit ;
Mais ni dans les flancs de la terre,
Mais ni dans les feux de la sphère,
Son nom pour nous ne fut écrit.

« Déjà nous enseignons au monde
A briser le sceptre des rois ;
Déjà notre audace profonde
Se rit du joug usé des lois.
Secouez, malheureux esclaves,
Secouez d'indignes entraves,
Rentrez dans votre liberté !
Mortel, du jour où tu respires,
Ta loi, c'est ce que tu désires ;
Ton devoir, c'est la volupté !

« Ta pensée a franchi l'espace,
Tes calculs précèdent les temps,
La foudre cède à ton audace,
Les cieux roulent tes chars flottants ;
Comme un feu que tout alimente,
Ta raison, sans cesse croissante,
S'étendra sur l'immensité ;
Et ta puissance, qu'elle assure,
N'aura de terme et de mesure
Que l'espace et l'éternité.

« Heureux nos fils ! heureux cet âge
Qui, fécondé par nos leçons,
Viendra recueillir l'héritage
Des dogmes que nous lui laissons !
Pourquoi les jalouses années
Bornent-elles nos destinées
A de si rapides instants?
O loi trop injuste et trop dure !
Pour triompher de la nature
Que nous a-t-il manqué? le temps. »

Eh bien! le temps sur vos poussières
A peine encore a fait un pas :
Sortez, ô mânes de nos pères,
Sortez de la nuit du trépas !
Venez contempler votre ouvrage ;
Venez partager de cet âge
La gloire et la félicité !
O race en promesses féconde,
Paraissez, bienfaiteurs du monde !
Voilà votre postérité !

Que vois-je ? ils détournent la vue,
Et, se cachant sous leurs lambeaux,
Leur foule, de honte éperdue,
Fuit et rentre dans les tombeaux.
Non, non, restez, ombres coupables ;
Auteurs de nos jours déplorables,
Restez ! ce supplice est trop doux.
Le ciel, trop lent à vous poursuivre,
Devait vous condamner à vivre
Dans le siècle enfanté par vous !

Où sont-ils, ces jours où la France,
A la tête des nations,
Se levait comme un astre immense
Inondant tout de ses rayons ?
Parmi nos siècles, siècle unique,
De quel cortège magnifique
La gloire composait ta cour !
Semblable au dieu qui nous éclaire,
Ta grandeur étonnait la terre,
Dont tes clartés étaient l'amour.

Toujours les siècles du génie
Sont donc les siècles des vertus !
Toujours les dieux de l'harmonie
Pour les héros sont descendus !
Près du trône qui les inspire,
Voyez-les déposer la lyre
Dans de pures et chastes mains,
Et les Racine et les Turenne
Enchaîner les grâces d'Athène
Au char triomphant des Romains !

Mais, ô déclin! quel souffle aride
De notre âge a séché les fleurs?
Eh quoi! le lourd compas d'Euclide
Étouffe nos arts enchanteurs!
Élans de l'âme et du génie,
Des calculs la froide manie
Chez nos pères vous remplaça :
Ils posèrent sur la nature
Le doigt glacé qui la mesure,
Et la nature se glaça!

Et toi, prêtresse de la terre,
Vierge du Pinde ou de Sion,
Tu fuis ce globe de matière,
Privé de ton dernier rayon!
Ton souffle divin se retire
De ces cœurs flétris, que la lyre
N'émeut plus de ses sons touchants;
Et pour son Dieu qui le contemple,
Sans toi l'univers est un temple
Qui n'a plus ni parfums ni chants!

Pleurons donc, enfants de nos pères!
Pleurons! de deuil couvrons nos fronts!
Lavons dans nos larmes amères
Tant d'irréparables affronts!
Comme les fils d'Héliodore,
Rassemblons du soir à l'aurore
Les débris du temple abattu;
Et sous ces cendres criminelles
Cherchons encor les étincelles
Du génie et de la vertu!

COMMENTAIRE

Il ne faut pas chercher de philosophie dans les poésies d'un jeune homme de vingt ans. Cette méditation en est une preuve de plus. La poésie pense peu, à cet âge surtout; elle peint et elle chante. Cette méditation est une larme sur le passé. Je venais de lire Le Génie du Christianisme, *de M. de Chateaubriand; j'étais fanatisé des images dont ce livre, illustration de toutes les belles ruines, était étincelant. J'étais de l'opinion de René, de la religion d'Atala, de la foi du P. Aubry. De plus, j'avais eu toujours une indicible horreur du matérialisme, ce squelette de la création, exposé en dérision aux yeux de l'homme par des algébristes sur l'autel du néant, à la place de Dieu. Ces hommes me paraissaient et me paraissent encore aujourd'hui des aveugles-nés, des Œdipes du genre humain, niant l'énigme de Dieu parce qu'ils ne peuvent pas la déchiffrer. Enfin, j'étais né d'une famille royaliste qui avait gémi plus qu'aucune autre sur la chute du trône, sur la mort du vertueux et malheureux roi, sur les crimes de l'anarchie. J'eus un accès d'admiration pour tous les passés, une imprécation contre tous les démolisseurs des vieilles choses. Cet accès produisit ces vers et quelques autres: il ne fut pas très long. Il se transforma par la réflexion en appréciation équitable des vices et des avantages propres à chaque nature de gouvernement, et en spiritualisme religieux plein de vénération pour toutes les fois sincères, et plein d'aspiration pour le rayonnement toujours croissant du nom divin sur la raison de l'homme.*

XI

L'ENTHOUSIASME

Ainsi, quand l'aigle du tonnerre
Enlevait Ganymède aux cieux,
L'enfant, s'attachant à la terre,
Luttait contre l'oiseau des dieux ;
Mais entre ses serres rapides
L'aigle, pressant ses flancs timides,
L'arrachait aux champs paternels ;
Et, sourd à la voix qui l'implore,
Il le jetait, tremblant encore,
Jusques aux pieds des immortels.

Ainsi quand tu fonds sur mon âme,
Enthousiasme, aigle vainqueur,
Au bruit de tes ailes de flamme
Je frémis d'une sainte horreur ;
Je me débats sous ta puissance,
Je fuis, je crains que ta présence

N'anéantisse un cœur mortel,
Comme un feu que la foudre allume,
Qui ne s'éteint plus, et consume
Le bûcher, le temple et l'autel.

Mais à l'essor de la pensée
L'instinct des sens s'oppose en vain :
Sous le dieu mon âme oppressée
Bondit, s'élance, et bat mon sein.
La foudre en mes veines circule ;
Étonné du feu qui me brûle,
Je l'irrite en le combattant,
Et la lave de mon génie
Déborde en torrents d'harmonie,
Et me consume en s'échappant.

Muse, contemple ta victime !
Ce n'est plus ce front inspiré,
Ce n'est plus ce regard sublime
Qui lançait un rayon sacré :
Sous ta dévorante influence,
A peine un reste d'existence
A ma jeunesse est échappé ;
Mon front, que la pâleur efface,
Ne conserve plus que la trace
De la foudre qui m'a frappé.

Heureux le poëte insensible !
Son luth n'est point baigné de pleurs ;
Son enthousiasme paisible
N'a point ces tragiques fureurs.
De sa veine féconde et pure
Coulent, avec nombre et mesure,

Des ruisseaux de lait et de miel,
Et ce pusillanime Icare,
Trahi par l'aile de Pindare,
Ne retombe jamais du ciel.

Mais nous, pour embraser les âmes,
Il faut brûler, il faut ravir
Au ciel jaloux ses triples flammes :
Pour tout peindre, il faut tout sentir.
Foyers brûlants de la lumière,
Nos cœurs de la nature entière
Doivent concentrer les rayons ;
Et l'on accuse notre vie !
Mais ce flambeau qu'on nous envie
S'allume au feu des passions.

Non, jamais un sein pacifique
N'enfanta ces divins élans
Ni ce désordre sympathique
Qui soumet le monde à nos chants.
Non, non ! quand l'Apollon d'Homère,
Pour lancer ses traits sur la terre,
Descendait des sommets d'Érix,
Volant aux rives infernales,
Il trempait ses armes fatales
Dans les eaux bouillantes du Styx.

Descendez de l'auguste cime
Qu'indignent de lâches transports !
Ce n'est que d'un luth magnanime
Que partent les divins accords.
Le cœur des enfants de la lyre
Ressemble au marbre qui soupire

Sur le sépulcre de Memnon :
Pour lui donner la voix et l'âme,
Il faut que de sa chaste flamme
L'œil du jour lui lance un rayon.

Et tu veux qu'éveillant encore
Des feux sous la cendre couverts,
Mon reste d'âme s'évapore
En accents perdus dans les airs !
La gloire est le rêve d'une ombre ;
Elle a trop retranché le nombre
Des jours qu'elle devait charmer.
Tu veux que je lui sacrifie
Ce dernier souffle de ma vie !
Je veux le garder pour aimer.

COMMENTAIRE

Cette ode est du même temps. C'est une goutte de la veine lyrique de mes premières années. Je l'écrivis un matin à Paris, dans une mansarde de l'hôtel du maréchal de Richelieu, rue Neuve-Saint-Augustin, que j'habitais alors. Un de mes amis entra au moment où je terminais la dernière strophe. Je lui lus toute la pièce, il fut ému. Il la copia, il l'emporta, et la lut à quelques poëtes classiques de l'époque, qui encouragèrent de leurs applaudissements le poëte inconnu. Je la dédiai ensuite à cet ami, qui faisait lui-même des vers remarquables. C'est M. Rocher, aujourd'hui une des lumières et une des éloquences de la haute magistrature de son pays. Nos routes dans la vie se sont séparées depuis; il a déserté la poésie avant moi. Il y aurait eu les succès promis à sa belle imagination. Nos vers s'étaient juré amitié : nos cœurs ont tenu la parole de nos vers.

XII

LA RETRAITE

A M. DE C***

Aux bords de ton lac enchanté,
Loin des sots préjugés que l'erreur déifie,
Couvert du bouclier de ta philosophie,
Le temps n'emporte rien de ta félicité;
Ton matin fut brillant, et ma jeunesse envie
L'azur calme et serein du beau soir de ta vie.

    Ce qu'on appelle nos beaux jours
N'est qu'un éclair brillant dans une nuit d'orage;
    Et rien, excepté nos amours,
    N'y mérite un regret du sage.
    Mais que dis-je? on aime à tout âge :
Ce feu durable et doux, dans l'âme renfermé,
Donne plus de chaleur en jetant moins de flamme;
C'est le souffle divin dont tout homme est formé,
    Il ne s'éteint qu'avec son âme.

Étendre son esprit, resserrer ses désirs,
C'est là le grand secret ignoré du vulgaire :
Tu le connais, ami ! cet heureux coin de terre
Renferme tes amours, tes goûts et tes plaisirs ;
Tes vœux ne passent point ton champêtre domaine,
Mais ton esprit plus vaste étend son horizon,
     Et, du monde embrassant la scène,
Le flambeau de l'étude éclaire ta raison.

Tu vois qu'aux bords du Tibre, et du Nil et du Gange,
En tous lieux, en tous temps, sous des masques divers,
L'homme partout est l'homme, et qu'en cet univers
Dans un ordre éternel tout passe et rien ne change ;
Tu vois les nations s'éclipser tour à tour
    Comme les astres dans l'espace ;
    De mains en mains le sceptre passe,
Chaque peuple a son siècle et chaque homme a son jour.

    Sujets à cette loi suprême,
    Empire, gloire, liberté,
    Tout est par le temps emporté :
    Le temps emporta les dieux même
    De la crédule antiquité,
Et ce que les mortels, dans leur orgueil extrême,
    Osaient nommer la vérité !

    Au milieu de ce grand nuage,
    Réponds-moi, que fera le sage,
Toujours entre le doute et l'erreur combattu ?
Content du peu de jours qu'il saisit au passage,
    Il se hâte d'en faire usage
    Pour le bonheur et la vertu.

J'ai vu ce sage heureux; dans ses belles demeures
    J'ai goûté l'hospitalité :
A l'ombre du jardin que ses mains ont planté,
Aux doux sons de sa lyre il endormait les heures
    En chantant sa félicité.

Soyez touché, grand Dieu, de sa reconnaissance!
Il ne vous lasse point d'un inutile vœu;
Gardez-lui seulement sa rustique opulence;
Donnez tout à celui qui vous demande peu!

    Des doux objets de sa tendresse
Qu'à son riant foyer toujours environné,
Sa femme et ses enfants couronnent sa vieillesse,
Comme de ses fruits mûrs un arbre est couronné;
Que sous l'or des épis ses collines jaunissent;
Qu'au pied de son rocher son lac soit toujours pur;
Que de ses beaux jasmins les ombres épaississent;
Que son soleil soit doux, que son ciel soit d'azur,
Et que pour l'étranger toujours ses vins mûrissent!

Pour moi, loin de ce port de la félicité,
Hélas! par la jeunesse et l'espoir emporté,
Je vais tenter encore et les flots et l'orage.
Mais, ballotté par l'onde et fatigué du vent,
    Au pied de ton rocher sauvage,
    Ami, je reviendrai souvent
Rattacher, vers le soir, ma barque à ton rivage.

COMMENTAIRE

Voici à quelle occasion j'écrivis ces vers:
Mes deux amis, MM. de Virieu, de Vignet, et moi,

nous nous embarquâmes, un soir d'orage, dans un petit bateau de pêcheur sur le lac du Bourget. La tempête nous prit, et nous chassa au hasard des vagues à trois ou quatre lieues du point où nous nous étions embarqués. Après avoir été ballottés toute la nuit, les flots nous jetèrent entre les rochers d'une petite île, à l'extrémité du lac. Le sommet de l'île était surmonté d'un vieux château flanqué de tours, et dont les jardins, échelonnés en terrasses unies les unes aux autres par de petits escaliers dans le roc, couvraient toute la surface de l'îlot. Ce château était habité par M. de Châtillon, vieux gentilhomme savoisien. Il nous offrit l'hospitalité; nous passâmes deux ou trois jours dans son manoir, entre ses livres et ses fleurs. M. de Châtillon menait, depuis quinze ou vingt ans, une vie d'ermite dans cette demeure. Il sentait son bonheur, et il le chantait. Il avait écrit un poëme intitulé Mon lac et mon château. *C'était l'Horace rustique de ce Tibur sauvage. Ses vers ne manquaient ni de grâce ni de sentiment; ils réfléchissaient la sérénité d'une âme calmée par le soir de la vie, comme son lac réfléchissait lui-même son donjon festonné de lierre, d'espaliers et de jasmin. Il était loin de se douter qu'un de ses trois jeunes hôtes était lui-même poëte sous ses cheveux blonds. Il fut heureux de trouver en nous des auditeurs et des appréciateurs de sa poésie : en trois séances, après le souper, il nous lut tout son poëme. Quand notre bateau fut radoubé, nous prîmes congé du vieux gentilhomme. Nous étions déjà amis. Quelques jours après, je lui renvoyais pour carte de visite, par un batelier qui allait à Seyssel et qui passait au pied de son île, ces vers.*

XIII

LE LAC

Ainsi toujours poussés vers de nouveaux rivages,
Dans la nuit éternelle emportés sans retour,
Ne pourrons-nous jamais sur l'océan des âges
    Jeter l'ancre un seul jour?

O lac, l'année à peine a fini sa carrière,
Et, près des flots chéris qu'elle devait revoir,
Regarde! je viens seul m'asseoir sur cette pierre
    Où tu la vis s'asseoir!

Tu mugissais ainsi sous ces roches profondes;
Ainsi tu te brisais sur leurs flancs déchirés;
Ainsi le vent jetait l'écume de tes ondes
    Sur ses pieds adorés.

Un soir, t'en souvient-il? nous voguions en silence;
On n'entendait au loin, sur l'onde et sous les cieux,
Que le bruit des rameurs qui frappaient en cadence
    Tes flots harmonieux.

Tout à coup des accents inconnus à la terre
Du rivage charmé frappèrent les échos;
Le flot fut attentif, et la voix qui m'est chère
  Laissa tomber ces mots :

« O temps, suspends ton vol! et vous, heures propices,
  Suspendez votre cours!
Laissez-nous savourer les rapides délices
  Des plus beaux de nos jours!

« Assez de malheureux ici-bas vous implorent :
  Coulez, coulez pour eux;
Prenez avec leurs jours les soins qui les dévorent;
  Oubliez les heureux!

« Mais je demande en vain quelques moments encore,
  Le temps m'échappe et fuit;
Je dis à cette nuit : « Sois plus lente; » et l'aurore
  Va dissiper la nuit.

« Aimons donc, aimons donc! de l'heure fugitive,
  Hâtons-nous, jouissons!
L'homme n'a point de port, le temps n'a point de rive,
  Il coule, et nous passons! »

Temps jaloux, se peut-il que ces moments d'ivresse,
Où l'amour à longs flots nous verse le bonheur,
S'envolent loin de nous de la même vitesse
  Que les jours de malheur?

Eh quoi! n'en pourrons-nous fixer au moins la trace?
Quoi! passés pour jamais? quoi! tout entiers perdus?
Ce temps qui les donna, ce temps qui les efface,
  Ne nous les rendra plus?

Éternité, néant, passé, sombres abîmes,
Que faites-vous des jours que vous engloutissez?
Parlez : nous rendrez-vous ces extases sublimes
      Que vous nous ravissez?

O lac! rochers muets! grottes! forêt obscure!
Vous que le temps épargne ou qu'il peut rajeunir,
Gardez de cette nuit, gardez, belle nature,
      Au moins le souvenir!

Qu'il soit dans ton repos, qu'il soit dans tes orages,
Beau lac, et dans l'aspect de tes riants coteaux,
Et dans ces noirs sapins, et dans ces rocs sauvages,
      Qui pendent sur tes eaux!

Qu'il soit dans le zéphyr qui frémit et qui passe,
Dans les bruits de tes bords par tes bords répétés,
Dans l'astre au front d'argent qui blanchit ta surface
      De ses molles clartés!

Que le vent qui gémit, le roseau qui soupire,
Que les parfums légers de ton air embaumé,
Que tout ce qu'on entend, l'on voit ou l'on respire,
      Tout dise : « Ils ont aimé! »

COMMENTAIRE

Le commentaire de cette méditation se trouve tout entier dans l'histoire de Raphaël, *publiée par moi.*
C'est une de mes poésies qui a eu le plus de retentis-

sement dans l'âme de mes lecteurs, comme elle en avait eu le plus dans la mienne. La réalité est toujours plus poétique que la fiction; car le grand poëte, c'est la nature.

On a essayé mille fois d'ajouter la mélodie plaintive de la musique au gémissement de ces strophes. On a réussi une seule fois. Niedermeyer a fait de cette ode une touchante traduction en notes. J'ai entendu chanter cette romance, et j'ai vu les larmes qu'elle faisait répandre. Néanmoins, j'ai toujours pensé que la musique et la poésie se nuisaient en s'associant. Elles sont l'une et l'autre des arts complets : la musique porte en elle son sentiment, de beaux vers portent en eux leur mélodie.

XIV

LA GLOIRE

A UN POËTE EXILÉ

Généreux favoris des filles de Mémoire,
Deux sentiers différents devant vous vont s'ouvrir :
L'un conduit au bonheur, l'autre mène à la gloire;
    Mortels, il faut choisir.

Ton sort, ô Manoël, suivit la loi commune;
La muse t'enivra de précoces faveurs,
Tes jours furent tissus de gloire et d'infortune,
    Et tu verses des pleurs !

Rougis plutôt, rougis d'envier au vulgaire
Le stérile repos dont son cœur est jaloux :
Les dieux ont fait pour lui tous les biens de la terre,
    Mais la lyre est à nous.

Les siècles sont à toi, le monde est ta patrie.
Quand nous ne sommes plus, notre ombre a des autels
Où le juste avenir prépare à ton génie
    Des honneurs immortels.

Ainsi l'aigle superbe au séjour du tonnerre
S'élance, et, soutenant son vol audacieux,
Semble dire aux mortels : « Je suis né sur la terre,
    Mais je vis dans les cieux. »

Oui, la gloire t'attend ; mais arrête, et contemple
A quel prix on pénètre en ces parvis sacrés ;
Vois : l'Infortune, assise à la porte du temple,
    En garde les degrés.

Ici, c'est un vieillard que l'ingrate Ionie
A vu de mers en mers promener ses malheurs :
Aveugle, il mendiait, au prix de son génie,
    Un pain mouillé de pleurs.

Là, le Tasse, brûlé d'une flamme fatale,
Expiant dans les fers sa gloire et son amour,
Quand il va recueillir la palme triomphale,
    Descend au noir séjour.

Partout des malheureux, des proscrits, des victimes,
Luttant contre le sort ou contre les bourreaux :
On dirait que le ciel aux cœurs plus magnanimes
    Mesure plus de maux.

Impose donc silence aux plaintes de ta lyre :
Des cœurs nés sans vertu l'infortune est l'écueil ;
Mais toi, roi détrôné, que ton malheur t'inspire
    Un généreux orgueil !

Que t'importe, après tout, que cet ordre barbare
T'enchaine loin des bords qui furent ton berceau !
Que t'importe en quels lieux le destin te prépare
      Un glorieux tombeau !

Ni l'exil, ni les fers de ces tyrans du Tage,
N'enchaineront ta gloire aux bords où tu mourras :
Lisbonne la réclame, et voilà l'héritage
      Que tu lui laisseras !

Ceux qui l'ont méconnu pleureront le grand homme :
Athène à des proscrits ouvre son Panthéon ;
Coriolan expire, et les enfants de Rome
      Revendiquent son nom ;

Aux rivages des morts avant que de descendre,
Ovide lève au ciel ses suppliantes mains ;
Aux Sarmates grossiers il a légué sa cendre,
      Et sa gloire aux Romains.

COMMENTAIRE

Cette ode est un des premiers morceaux de poésie que j'aie écrits, dans le temps où j'imitais encore. Elle me fut inspirée à Paris, en 1817, par les infortunes d'un pauvre poëte portugais appelé Manoël. Après avoir été illustre dans son pays, chassé par des réactions politiques, il s'était réfugié à Paris, où il gagnait péniblement le pain de ses vieux jours en enseignant sa langue. Une jeune religieuse, d'une beauté touchante et d'un dévouement absolu, s'était attachée d'enthousiasme à l'exil et à la misère du poëte. Il m'enseignait le portugais, et m'apprenait à admirer Camoëns.

Les poëtes ne sont peut-être pas plus malheureux que le reste des hommes, mais leur célébrité a donné dans tous les temps plus d'éclat à leur malheur : leurs larmes sont immortelles ; leurs infortunes retentissent, comme leurs amours, dans tous les siècles. La pitié s'agenouille, de génération en génération, sur leur tombeau. Le naufrage de Camoëns, sa grotte dans l'île de Macao, sa mort dans l'indigence, loin de sa patrie, sont le pendant des amours, des revers, des prisons du Tasse à Ferrare. Je ne suis pas superstitieux, même pour la gloire ; et cependant j'ai fait deux cents lieues pour aller toucher de ma main les parois de la prison du chantre de La Jérusalem, et pour y écrire mon nom au-dessous du nom de Byron, comme une visite expiatoire. J'ai détaché avec mon couteau un morceau de brique du mur contre lequel sa couche était appuyée ; je l'ai fait enchâsser dans un cachet servant de bague, et j'y ai fait graver les deux mots qui résument la vie de presque tous les grands poëtes : Amour et larmes.

XV

LA NAISSANCE

DU DUC DE BORDEAUX

ODE

Versez du sang, frappez encore !
Plus vous retranchez ses rameaux,
Plus le tronc sacré voit éclore
Ses rejetons toujours nouveaux !
Est-ce un dieu qui trompe le crime ?
Toujours d'une auguste victime
Le sang est fertile en vengeur ;
Toujours, échappé d'Athalie,
Quelque enfant que le fer oublie
Grandit à l'ombre du Seigneur !

Il est né, l'enfant du miracle,
Héritier du sang d'un martyr !
Il est né d'un tardif oracle,
Il est né d'un dernier soupir !
Aux accents du bronze qui tonne
La France s'éveille, et s'étonne
Du fruit que la mort a porté !
Jeux du sort ! merveilles divines !
Ainsi fleurit sur des ruines
Un lis que l'orage a planté.

Il vient quand les peuples, victimes
Du sommeil de leurs conducteurs,
Errent aux penchants des abîmes
Comme des troupeaux sans pasteurs.
Entre un passé qui s'évapore,
Vers un avenir qu'il ignore,
L'homme nage dans un chaos ;
Le doute égare sa boussole,
Le monde attend une parole,
La terre a besoin d'un héros !

Courage ! c'est ainsi qu'ils naissent !
C'est ainsi que dans sa bonté
Un Dieu les sème ; ils apparaissent
Sur des jours de stérilité !
Ainsi, dans une sainte attente,
Quand des pasteurs la troupe errante
Parlait d'un Moïse nouveau,
De la nuit déchirant le voile,
Une mystérieuse étoile
Les conduisit vers un berceau.

Sacré berceau, frêle espérance
Qu'une mère tient dans ses bras,
Déjà tu rassures la France;
Les miracles ne trompent pas !
Confiante dans son délire,
A ce berceau déjà ma lyre
Ouvre un avenir triomphant,
Et, comme ces rois de l'Aurore,
Un instinct que mon âme ignore
Me fait adorer un enfant.

Comme l'orphelin de Pergame,
Il verra près de son berceau
Un roi, des princes, une femme,
Pleurer aussi sur un tombeau.
Bercé sur le sein de sa mère,
S'il vient à demander son père,
Il verra se baisser les yeux ;
Et cette veuve inconsolée,
En lui cachant le mausolée,
Du doigt lui montrera les cieux.

Jeté sur le déclin des âges,
Il verra l'empire sans fin,
Sorti de glorieux orages,
Frémir encor de son déclin.
Mais son glaive aux champs de victoire
Nous rappellera la mémoire
Des destins promis à Clovis,
Tant que le tronçon d'une épée,
D'un rayon de gloire frappée,
Brillerait aux mains de ses fils !

Sourd aux leçons efféminées
Dont le siècle aime à les nourrir,
Il saura que les destinées
Font roi pour régner ou mourir ;
Que des vieux héros de sa race
Le premier titre fut l'audace,
Et le premier trône un pavois ;
Et qu'en vain l'humanité crie,
Le sang versé pour la patrie
Est toujours la pourpre des rois !

Tremblant à la voix de l'histoire,
Ce juge vivant des humains,
Français, il saura que la gloire
Tient deux flambeaux entre ses mains :
L'un, d'une sanglante lumière,
Sillonne l'horrible carrière
Des peuples par le crime heureux,
Semblable aux torches des Furies
Que jadis les fameux impies
Sur leurs pas traînaient après eux ;

L'autre, du sombre oubli des âges,
Tombeau des peuples et des rois,
Ne sauve que les siècles sages
Et les légitimes exploits :
Ses clartés immenses et pures,
Traversant les races futures,
Vont s'unir au jour éternel,
Pareil à ces feux pacifiques,
O Vesta, que des mains pudiques
Entretenaient sur ton autel !

Il saura qu'aux jours où nous sommes,
Pour vieillir au trône des rois,
Il faut montrer aux yeux des hommes
Ses vertus auprès de ses droits ;
Qu'assis à ce degré suprême,
Il faut s'y défendre soi-même,
Comme les dieux sur leurs autels,
Rappeler en tout leur image,
Et faire adorer le nuage
Qui les sépare des mortels.

Au pied du trône séculaire
Où s'assied un autre Nestor,
De la tempête populaire
Le flot calmé murmure encor.
Ce juste, que le ciel contemple,
Lui montrera par son exemple
Comment, sur les écueils jeté,
On élève sur le rivage,
Avec les débris du naufrage,
Un temple à l'immortalité.

Ainsi s'expliquaient sur ma lyre
Les destins présents à mes yeux ;
Et tout secondait mon délire,
Et sur la terre et dans les cieux.
Le doux regard de l'Espérance
Éclairait le deuil de la France :
Comme, après une longue nuit,
Sortant d'un berceau de ténèbres,
L'aube efface les pas funèbres
De l'ombre obscure qui s'enfuit.

COMMENTAIRE

J'étais de famille royaliste; j'avais servi dans les gardes du roi; j'avais accompagné à cheval le duc de Berry, père du duc de Bordeaux, jusqu'à la frontière de France, quand il en sortit pour un second exil. L'assassinat de ce prince, quelques années après, m'avait profondément remué. Le désespoir de sa jeune veuve, qui portait dans son sein le gage de leur amour, avait attendri toute l'Europe. La naissance de cet enfant parut une vengeance du ciel contre l'assassin, une bénédiction miraculeuse du sang des Bourbons. J'étais loin de la France quand j'appris cet événement : il inspira ma jeune imagination autant que mon cœur. J'écrivis sous cette inspiration. Ces vers, je ne les envoyai point à la cour de France, qui ne me connaissait pas; je les adressai à mon père et à ma mère, qui se réjouirent de voir leurs propres sentiments chantés par leur fils. J'ai été, comme la France entière de cette époque, mauvais prophète des destinées de cet enfant. Je n'ai jamais rougi des vœux très désintéressés que je fis alors sur ce berceau. Je ne les ai jamais démentis par un acte ingrat ou par une parole dédaigneuse sur le sort de ces princes. Quand les Bourbons, que je servais, ont été proscrits du trône et du pays en 1830, j'ai donné ma démission au nouveau souverain, pour n'avoir point à maudire ce que j'avais béni. — Depuis, cette seconde branche de la monarchie a été retranchée elle-même. J'ai été plus respectueux envers leur infortune que je ne l'avais été envers leur puissance. Quand le trône s'est définitivement écroulé sous la main libre du peuple, je ne devais rien à celui qui l'avait occupé le dernier. J'ai pu prêter loyalement ma main à ce peuple pour inaugurer la république. Dix-huit ans d'indépendance absolue me séparaient des souvenirs et des devoirs de ma jeunesse envers une autre monarchie. Mon esprit avait grandi, mes idées s'étaient élargies; mon cœur était libre d'engagement, mes devoirs étaient tous envers mon pays. J'ai fait ce que j'ai cru devoir faire pour sauver de grands malheurs, et pour préparer de grandes voies au peuple. Je fais pour lui maintenant les mêmes vœux que je faisais il y a trente ans pour une autre forme de souveraineté. Quant à ceux que j'adressais alors au ciel pour l'enfance du duc de Bordeaux, Dieu les a autrement exaucés; mais il les a mieux exaucés peut-être, pour son bonheur, dans l'exil que dans la patrie, dans la vie privée que sur un trône.

XVI

RESSOUVENIR DU LAC LÉMAN

A M. HUBER-SALADIN

1842

Encor mal éveillé du plus brillant des rêves,
Au bruit lointain du lac qui dentelle tes grèves,
Rentré sous l'horizon de mes modestes cieux,
Pour revoir en dedans je referme les yeux,
Et devant mes regards flottent à l'aventure,
Avec des pans de ciel, des lambeaux de nature.
Si Dieu brisait ce globe en confus éléments,
Devant sa face ainsi passeraient ses fragments...

De grands golfes d'azur, où de rêveuses voiles,
Répercutant le jour sur leurs ailes de toiles,
Passent d'un bord à l'autre avec les blonds troupeaux,
Les foins fauchés d'hier qui trempent dans les eaux,

Des monts aux verts gradins que la colline étage,
Qui portent sur leurs flancs les toits du blanc village,
Ainsi qu'un fort pasteur porte, en montant aux bois,
Un chevreau sous son bras sans en sentir le poids ;
Plus haut, les noirs sapins, mousse des précipices,
Et les grands prés tachés d'éclatantes génisses,
Et les chalets perdus pendant tout un été
Sur les derniers sommets de ce globe habité,
Où le regard, épris des hauteurs qu'il affronte,
S'élève avec l'amour, soupir qui toujours monte !
Désert où l'homme errant, pour leur lait et leur miel,
Trouve la liberté qu'il rapporta du ciel !...
Par-dessus ces sommets la neige blanche ou rose,
Fleur que l'été conserve et que la nue arrose ;
Les glaciers suspendus, océans congelés,
Pour la soif des vallons tour à tour distillés ;
Dans l'abîme assourdi l'avalanche qui plonge ;
Et sous la main de Dieu pressés comme une éponge,
Noyés dans son soleil, fondus à sa lueur,
Ces grands fronts de la terre exprimant sa sueur !...
Je vois blanchir d'ici, dans les sombres vallées,
Des torrents de poussière et des ondes ailées ;
Leur sourd mugissement tonne si loin de moi,
Que je n'entends plus rien du fracas que je voi !

. . . .
. . . .

Flèche d'eau du sommet dans le gouffre lancée,
La cascade en sifflant éblouit ma pensée ;
Comme un lambeau de voile arraché par le vent,
Elle claque au rocher, rejaillit en pleuvant,
Et tombe en pétillant sur le granit qui fume
Comme un feu de bois vert que le pasteur allume.
A peine reste-t-il assez de ses vapeurs

Pour qu'un pâle arc-en-ciel y trempe ses couleurs
Et flotte quelque temps sur cette onde en fumée,
Comme sur un nom mort un peu de renommée !...
. . . .
. . . .

Notre barque s'endort, ô Thoune ! sur ta mer,
Dont l'écume à la main ne laisse rien d'amer ;
De tes flots, bleu miroir, ces Alpes sont la dune.
Il est nuit : sur ta lame on voit nager la lune ;
Elle fait ruisseler sur son sentier changeant
Les mailles de cristal de son filet d'argent,
Et regarde, à l'écart des bords d'un autre monde,
Les étoiles ses sœurs se baigner dans ton onde.
Son disque, épanoui de noyer en noyer,
De l'ondoiement des flots, pour nous, semble ondoyer ;
Chaque arbre tour à tour la dévoile ou la cache.
D'un côté de l'esquif notre ombre étend sa tache,
Et de l'autre les monts, leurs neiges, leurs glaçons,
Plongent dans le sillage avec leurs blancs frissons.
Diamant colossal enchâssé d'émeraudes,
Et le front rayonnant d'auréoles plus chaudes,
La rêveuse Yungfrau, de son vert piédestal,
Déploie au vent des nuits sa robe de cristal.
A ce divin tableau, la rame lente oublie
De frapper sous le bord la vague recueillie ;
On n'entend que le bruit des blanches perles d'eau
Qui retombent au lac des deux flancs du bateau,
Et le doux renflement d'un flot qui se soulève,
Sons inarticulés d'eau qui dort et qui rêve...
O poétique mer ! il est dans cet esquif
Plus d'un cœur qui comprend ton murmure plaintif ;
Qui, sous l'impression dont ta scène l'inonde,
Pour soulever un sein s'enfle comme ton onde,

S'ouvre pour réfléchir, à l'alpestre clarté,
La nature, son Dieu, l'amour, la liberté,
Et, ne pouvant parler sous le poids qui le charme,
Répand le dernier fond de toute âme..., une larme !

Huber ! heureux enfant de ces tribus de Tell,
Que Dieu plaça tout près des Alpes, son autel,
Des splendeurs de ces monts doux et fier interprète,
Ame de citoyen dans un cœur de poëte,
Voilà donc ces sommets et ces lacs étoilés
Devant nos yeux ravis par ta main dévoilés !
Voilà donc ces rochers à qui ton amour crie
Le plus beau nom de l'homme à la terre : « O patrie !... »
Ah ! tu tiens à ce ciel par un double lien :
Qui chérit la nature est deux fois citoyen !

Mais tu dis, dans l'orgueil de ta fière tendresse :
« Ces monts sont trop bornés pour l'amour qui m'oppresse :
On voit la liberté sur leurs flancs resplendir,
Mais, pour l'adorer plus, je voudrais l'agrandir.
N'être qu'un poids léger de l'immense équilibre,
C'est être respecté, ce n'est pas être libre :
Dans sa force tout droit doit porter sa raison.
Un grand peuple à ses pieds veut un grand horizon.
Si la pitié des rois nous épargne l'offense,
Le dédain des tyrans n'est pas l'indépendance ;
Il faut compter par masse et non par fractions,
Pour jouer dans ce siècle au jeu des nations.
La Suisse est l'oasis de mon âme attendrie ;
J'y chéris mon berceau, j'y cherche une patrie !... »

Adore ton pays, et ne l'arpente pas.
Ami, Dieu n'a pas fait les peuples au compas :
L'âme est tout ; quel que soit l'immense flot qui roule,
Un grand peuple sans âme est une vaste foule.

Du sol qui l'enfanta la sainte passion
D'un essaim de pasteurs fait une nation;
Une goutte de sang dont la gloire tient trace
Teint pour l'éternité le drapeau d'une race!
N'en est-il pas assez sur la flèche de Tell
Pour rendre son ciel libre et son peuple immortel?
Sparte vit trois cents ans d'un seul jour d'héroïsme.
La terre se mesure au seul patriotisme.
Un pays? c'est un homme, une gloire, un combat;
Zurich ou Marathon, Salamine ou Morat!
La grandeur de la terre est d'être ainsi chérie:
Le Scythe a des déserts, le Grec une patrie!...
Autour d'un groupe épars de montagnes, d'îlots,
Promontoires noyés dans les brumes des flots,
Avec son sang versé d'une héroïque artère,
Léonidas mourant écrit du doigt sur terre
Des titres de vertu, d'amour, de liberté,
Qui lèguent un pays à l'immortalité.
Qu'importe sa surface? un jour, cette colline
Sera le Parthénon, et ces flots Salamine!
Vous les avez écrits, ces titres et ces droits,
Sur un granit plus sûr que les chartes des rois!

Mais ce n'est plus le glaive, Huber, c'est la pensée,
Par qui des nations la force est balancée.
Le règne de l'esprit est à la fin venu.
Plus d'autres boucliers! l'homme combat à nu.
La conquête brutale est l'erreur de la gloire.
Tu l'as vu, nos exploits font pleurer notre histoire.
De triomphe en triomphe, un ingrat conquérant
A rétréci le sol qui l'avait fait si grand!
Il faut qu'avec l'effort de l'orgueil en souffrance
Le génie et la paix reconquièrent la France,
Et que nos vérités, de leurs plus beaux rayons,

Dérobent notre épée à l'œil des nations,
Ainsi qu'Harmodius sous un faisceau de rose
Cachait le saint poignard altéré d'autre chose !
Les serviteurs du monde en sont seuls les héros :
Où naquit un grand homme, un empire est éclos.
La terre qui l'enfante, illustrée et bénie,
Monte de son niveau, grandit de son génie :
Il conquiert à son nom tout ce qui le comprend.
O Léman, à ce titre es-tu donc trop peu grand ?
Jamais Dieu versa-t-il sur sa terre choisie,
De sa corne de dons, d'amour, de poésie,
Plus de noms immortels, sonores, éclatants,
Que ceux dont tu grossis le bruit lointain du temps ?
L'amour, la liberté, ces alcyons du monde,
Combien de fois ont-ils pris leur vol sur ton onde,
Ou confié leur nid à tes flots transparents ?
Je vois d'ici verdir les pentes de Clarens,
Des rêves de Rousseau fantastiques royaumes,
Plus réels, plus peuplés de ses vivants fantômes
Que si vingt nations sans gloire et sans amour
Avaient creusé mille ans leurs lits dans ce séjour :
Tant l'idée est puissante à créer sa patrie !
Voilà ces prés, ces eaux, ces rocs de Meillerie,
Ces vallons suspendus dans le ciel du Valais,
Ces soleils scintillants sur le bois des chalets,
Où, des simples des champs en cueillant le dictame,
Dans leur plus frais parfum il aspira son âme !
Aussi le souvenir de ces félicités
Le suivit-il toujours dans l'ombre des cités.
Ses pieds rampants gardaient l'odeur des herbes hautes,
Son premier ciel brillait jusqu'au fond de ses fautes,
Comme une eau de cascade, en perdant sa blancheur,
Roule à l'Arve glacé sa première fraîcheur.

. . . .

Voltaire! quel que soit le nom dont on le nomme,
C'est un cycle vivant, c'est un siècle fait homme!
Pour fixer de plus haut le jour de la raison,
Son œil d'aigle et de lynx choisit ton horizon;
Heureux si, sur ces monts où Dieu luit davantage,
Il eût vu plus de ciel à travers le nuage!

. . . .

Byron, comme un lutteur fatigué du combat,
Pour saigner et mourir, sur tes rives s'abat;
On dit que, quand les vents roulent ton onde en poudre,
Sa voix est dans tes cris et son œil dans ta foudre.
Une plume de cygne enlevée à son flanc
Brille sur ta surface à côté du mont Blanc!

. . . .

Mais mon âme, ô Coppet, s'envole sur tes rives,
Où Corinne repose au bruit des eaux plaintives.
En voyant ce tombeau sur le bord du chemin,
Tout front noble s'incline au nom du genre humain.
Colombe de salut pour l'arche du génie,
Seule elle traversa la mer de tyrannie.
Pendant que sous ses fers l'univers avili
Du front césarien étudiait le pli,
Ce petit coin de terre, oasis de vengeance,
Protestait pour le siècle et pour l'intelligence:
Le poids du monde entier ne pouvait assoupir,
Liberté, dans ce cœur ton suprême soupir!
Ce soupir d'une femme alluma le tonnerre
Qui foudroya d'en bas le Titan de la guerre;
Il tomba sur son roc, par la haine emporté.
Vesta de la vengeance et de la liberté,
Sous les débris fumants de l'univers en flamme
On retrouva leurs feux immortels dans ton âme!...

Ah! que d'autres, flatteurs d'un populaire orgueil,
Suivent leur servitude au fond d'un grand cercueil ;
Qu'imitant des Césars l'abjecte idolâtrie,
Pour socle d'une tombe ils couchent la patrie,
Et, changeant un grand peuple en servile troupeau,
Qu'ils lui fassent lécher la *botte* et le *chapeau!*
D'autres tyrans naîtront de ces larmes d'esclaves : .
Diviniser le fer, c'est forger ses entraves !
Avilir les humains, ce n'est pas se grandir :
C'est éteindre le feu dont on veut resplendir,
C'est abaisser sous soi le sommet où l'on monte,
C'est sculpter sa statue avec un bloc de honte !
Si le banal encens qui brûle dans leurs mains
Se mesure au mépris qu'on a fait des humains,
Le colosse de fer dont ils fardent l'histoire . . .
Avec plus de mépris aurait donc plus de gloire ?
Plus bas, Séjans d'une ombre ! admirez à genoux !
Il avait deviné des juges tels que vous.

Mais le temps est seul juge : ami, laissons-les faire ;
Qu'ils pétrissent du sang à ce dieu du vulgaire ;
Que tout rampe à ses pieds de bronze…, excepté moi !
Staël, à lui l'univers…, mais cette larme à toi !
. . . .

Huber, que ce grand nom, que ces ombres si chères
Agrandissent pour vous le pays de vos pères !
Rebandez le vieil arc que son poids détendit :
On resserre le nœud quand le faisceau grandit.
Dans le tronc fédéral concentrez mieux sa sève ;
La tribu devient peuple et l'unité l'achève.
Que Genève à nos pieds ouvre son libre port :
La liberté du faible est la gloire du fort.
Que, sous les mille esquifs dont ses eaux sont ridées,

Palmyre européenne au confluent d'idées,
Elle voit en ses murs l'Ibère et le Germain
Échanger la pensée en se donnant la main !
Nid d'aigles élevé sur toute tyrannie,
Qu'elle soit pour l'exil l'hospice du génie,
Et que ces grands martyrs de l'immortalité
Lui payent d'un rayon son hospitalité !

Pour moi, cygne d'hiver égaré sur tes plages,
Qui retourne affronter son ciel chargé d'orages,
Puissé-je quelquefois, dans ton cristal mouillé,
Retremper, ô Léman, mon plumage souillé !
Puissé-je, comme hier, couché sur le pré sombre
Où les grands châtaigniers d'Évian penchent l'ombre,
Regarder sur ton sein la voile de pêcheur,
Triangle lumineux, découper sa blancheur,
Écouter attendri les gazouillements vagues
Que viennent à mes pieds balbutier tes vagues,
Et voir ta blanche écume, en brodant tes contours,
Monter, briller et fondre, ainsi que font nos jours !...

XVII

LA PRIÈRE

Le roi brillant du jour, se couchant dans sa gloire,
Descend avec lenteur de son char de victoire.
Le nuage éclatant qui le cache à nos yeux
Conserve en sillons d'or sa trace dans les cieux,
Et d'un reflet de pourpre inonde l'étendue.
Comme une lampe d'or dans l'azur suspendue,
La lune se balance au bord de l'horizon ;
Ses rayons affaiblis dorment sur le gazon,
Et le voile des nuits sur les monts se déplie.
C'est l'heure où la nature, un moment recueillie,
Entre la nuit qui tombe et le jour qui s'enfuit,
S'élève au Créateur du jour et de la nuit,
Et semble offrir à Dieu, dans son brillant langage,
De la création le magnifique hommage.

Voilà le sacrifice immense, universel !
L'univers est le temple et la terre est l'autel ;

Les cieux en sont le dôme ; et ses astres sans nombre,
Ces feux demi-voilés, pâle ornement de l'ombre,
Dans la voûte d'azur avec ordre semés,
Sont les sacrés flambeaux pour ce temple allumés ;
Et ces nuages purs qu'un jour mourant colore,
Et qu'un souffle léger, du couchant à l'aurore,
Dans les plaines de l'air repliant mollement,
Roule en flocons de pourpre aux bords du firmament,
Sont les flots de l'encens qui monte et s'évapore
Jusqu'au trône du Dieu que la nature adore.

Mais ce temple est sans voix. Où sont les saints concerts ?
D'où s'élèvera l'hymne au Roi de l'univers ?
Tout se tait : mon cœur seul parle dans ce silence.
La voix de l'univers, c'est mon intelligence.
Sur les rayons du soir, sur les ailes du vent,
Elle s'élève à Dieu comme un parfum vivant,
Et, donnant un langage à toute créature,
Prête, pour l'adorer, mon âme à la nature.
Seul, invoquant ici son regard paternel,
Je remplis le désert du nom de l'Éternel ;
Et Celui qui, du sein de sa gloire infinie,
Des sphères qu'il ordonne écoute l'harmonie,
Écoute aussi la voix de mon humble raison
Qui contemple sa gloire et murmure son nom.

Salut, principe et fin de toi-même et du monde !
Toi qui rends d'un regard l'immensité féconde,
Ame de l'univers, Dieu, père, créateur,
Sous tous ces noms divers je crois en toi, Seigneur ;
Et, sans avoir besoin d'entendre ta parole,
Je lis au front des cieux mon glorieux symbole.
L'étendue à mes yeux révèle ta grandeur,
La terre ta bonté, les astres ta splendeur.

Tu t'es produit toi-même en ton brillant ouvrage ;
L'univers tout entier réfléchit ton image,
Et mon âme à son tour réfléchit l'univers.
Ma pensée, embrassant tes attributs divers,
Partout autour de toi te découvre et t'adore,
Se contemple soi-même et t'y découvre encore.
Ainsi l'astre du jour éclate dans les cieux,
Se réfléchit dans l'onde et se peint à mes yeux.

C'est peu de croire en toi, bonté, beauté suprême :
Je te cherche partout, j'aspire à toi, je t'aime !
Mon âme est un rayon de lumière et d'amour,
Qui, du foyer divin détaché pour un jour,
De désirs dévorants loin de toi consumée,
Brûle de remonter à sa source enflammée.
Je respire, je sens, je pense, j'aime en toi !
Ce monde qui te cache est transparent pour moi ;
C'est toi que je découvre au fond de la nature,
C'est toi que je bénis dans toute créature.
Pour m'approcher de toi, j'ai fui dans ces déserts ;
Là, quand l'aube, agitant son voile dans les airs,
Entr'ouvre l'horizon qu'un jour naissant colore,
Et sème sur les monts les perles de l'aurore,
Pour moi, c'est ton regard qui, du divin séjour,
S'entr'ouvre sur le monde et lui répand le jour ;
Quand l'astre à son midi, suspendant sa carrière,
M'inonde de chaleur, de vie et de lumière,
Dans ses puissants rayons, qui raniment mes sens,
Seigneur, c'est ta vertu, ton souffle que je sens ;
Et quand la nuit, guidant son cortège d'étoiles,
Sur le monde endormi jette ses sombres voiles,
Seul, au sein du désert et de l'obscurité,
Méditant de la nuit la douce majesté,
Enveloppé de calme, et d'ombre, et de silence,

Mon âme de plus près adore ta présence ;
D'un jour intérieur je me sens éclairer,
Et j'entends une voix qui me dit d'espérer.

Oui, j'espère, Seigneur, en ta magnificence :
Partout à pleines mains prodiguant l'existence,
Tu n'auras pas borné le nombre de mes jours
A ces jours d'ici-bas, si troublés et si courts.
Je te vois en tous lieux conserver et produire :
Celui qui peut créer dédaigne de détruire.
Témoin de ta puissance et sûr de ta bonté,
J'attends le jour sans fin de l'immortalité.
La mort m'entoure en vain de ses ombres funèbres,
Ma raison voit le jour à travers ces ténèbres ;
C'est le dernier degré qui m'approche de toi,
C'est le voile qui tombe entre ta face et moi.
Hâte pour moi, Seigneur, ce moment que j'implore,
Ou, si dans tes secrets tu le retiens encore,
Entends du haut du ciel le cri de mes besoins !
L'atome et l'univers sont l'objet de tes soins.
Des dons de ta bonté soutiens mon indigence,
Nourris mon corps de pain, mon âme d'espérance ;
Réchauffe d'un regard de tes yeux tout puissants
Mon esprit éclipsé par l'ombre de mes sens,
Et, comme le soleil aspire la rosée,
Dans ton sein à jamais absorbe ma pensée !

COMMENTAIRE

J'ai toujours pensé que la poésie était surtout la langue des prières, la langue parlée et la révélation de la langue intérieure. Quand l'homme parle au suprême Interlocuteur, il doit nécessairement employer la forme la plus complète et la plus parfaite de ce langage que Dieu a mis en lui. Cette forme relativement parfaite et complète, c'est évidemment la forme poétique. Le vers réunit toutes les conditions de ce qu'on appelle la parole, c'est-à-dire le son, la couleur, l'image, le rhythme, l'harmonie, l'idée, le sentiment, l'enthousiasme : la parole ne mérite véritablement le nom de Verbe ou de Logos, que quand elle réunit toutes ces qualités. Depuis les temps les plus reculés, les hommes l'ont senti par instinct; et tous les cultes ont eu pour langue la poésie, pour premier prophète ou pour premier pontife les poëtes.

J'écrivis cet hymne de l'adoration rationnelle en me promenant sur une des montagnes qui dominent la gracieuse ville de Chambéry, non loin des Charmettes, ce berceau de la sensibilité et du génie de J.-J. Rousseau.

XVIII

INVOCATION

O toi qui m'apparus dans ce désert du monde,
Habitante du ciel, passagère en ces lieux,
O toi qui fis briller dans cette nuit profonde
    Un rayon d'amour à mes yeux,
A mes yeux étonnés montre-toi tout entière ;
Dis-moi quel est ton nom, ton pays, ton destin :
    Ton berceau fut-il sur la terre ?
    Ou n'es-tu qu'un souffle divin ?

Vas-tu revoir demain l'éternelle lumière ?
Ou dans ce lieu d'exil, de deuil et de misère,
Dois-tu poursuivre encor ton pénible chemin ?
Ah ! quel que ce soit ton nom, ton destin, ta patrie,
O fille de la terre ou du divin séjour,
    Ah ! laisse-moi, toute ma vie,
    T'offrir mon culte ou mon amour !

Si tu dois comme nous achever ta carrière,
Sois mon appui, mon guide, et souffre qu'en tous lieux
De tes pas adorés je baise la poussière !
Mais si tu prends ton vol, et si, loin de nos yeux,
Sœur des anges, bientôt tu remontes près d'eux,
Après m'avoir aimé quelques jours sur la terre,
      Souviens-toi de moi dans les cieux !

XIX

LA FOI

O néant! ô seul dieu que je puisse comprendre,
Silencieux abîme où je vais redescendre,
Pourquoi laissas-tu l'homme échapper de ta main?
De quel sommeil profond je dormais dans ton sein!
Dans l'éternel oubli j'y dormirais encore;
Mes yeux n'auraient pas vu ce faux jour que j'abhorre,
Et dans ta longue nuit mon paisible sommeil
N'aurait jamais connu ni songes ni réveil.

— Mais, puisque je naquis, sans doute il fallait naître.
Si l'on m'eût consulté, j'aurais refusé l'être.
Vains regrets! le destin me condamnait au jour,
Et je viens, ô soleil! te maudire à mon tour.

— Cependant, il est vrai, cette première aurore,
Ce réveil incertain d'un être qui s'ignore,
Cet espace infini s'ouvrant devant ses yeux,
Ce long regard de l'homme interrogeant les cieux,
Ce vague enchantement, ces torrents d'espérance,
Éblouissent les yeux au seuil de l'existence.

Salut, nouveau séjour où le temps m'a jeté,
Globe, témoin futur de ma félicité !
Salut, sacré flambeau qui nourris la nature,
Soleil, premier amour de toute créature !
Vastes cieux, qui cachez le Dieu qui vous a faits !
Terre, berceau de l'homme, admirable palais !
Homme semblable à moi, mon compagnon, mon frère !
Toi, plus belle à mes yeux, à mon âme plus chère !
Salut, objets, témoins, instruments de bonheur !
Remplissez vos destins, je vous apporte un cœur...

— Que ce rêve est brillant ! mais, hélas ! c'est un rêve.
Il commençait alors ; maintenant il s'achève.
La douleur lentement m'entr'ouvre le tombeau :
Salut, mon dernier jour ! sois mon jour le plus beau !

J'ai vécu ; j'ai passé ce désert de la vie,
Où toujours sous mes pas chaque fleur s'est flétrie ;
Où toujours l'espérance, abusant ma raison,
Me montrait le bonheur dans un vague horizon ;
Où du vent de la mort les brûlantes haleines
Sous mes lèvres toujours tarissaient les fontaines.
Qu'un autre, s'exhalant en regrets superflus,
Redemande au passé ses jours qui ne sont plus,
Pleure de son printemps l'aurore évanouie,
Et consente à revivre une seconde vie !
Pour moi, quand le destin m'offrirait, à mon choix,
Le sceptre du génie ou le trône des rois,
La gloire, la beauté, les trésors, la sagesse,
Et joindrait à ses dons l'éternelle jeunesse,
J'en jure par la mort, dans un monde pareil,
Non, je ne voudrais pas rajeunir d'un soleil.
Je ne veux pas d'un monde où tout change, où tout passe ;
Où, jusqu'au souvenir, tout s'use et tout s'efface ;

Où tout est fugitif, périssable, incertain ;
Où le jour du bonheur n'a pas de lendemain.

— Combien de fois ainsi, trompé par l'existence,
De mon sein pour jamais j'ai banni l'espérance !
Combien de fois ainsi mon esprit abattu
A cru s'envelopper d'une froide vertu,
Et, rêvant de Zénon la trompeuse sagesse,
Sous un manteau stoïque a caché sa faiblesse !
Dans son indifférence un jour enseveli,
Pour trouver le repos il invoquait l'oubli.
Vain repos, faux sommeil ! — Tel qu'au pied des collines
Où Rome sort du sein de ses propres ruines,
L'œil voit dans ce chaos, confusément épars,
D'antiques monuments, de modernes remparts,
Des théâtres croulants dont les frontons superbes
Dorment dans la poussière ou rampent sous les herbes,
Les palais des héros par les ronces couverts,
Des dieux couchés au seuil de leurs temples déserts,
L'obélisque éternel ombrageant la chaumière,
La colonne portant une image étrangère,
L'herbe dans les forum, les fleurs dans les tombeaux,
Et ces vieux panthéons peuplés de dieux nouveaux ;
Tandis que, s'élevant de distance en distance,
Un faible bruit de vie interrompt ce silence,...
Telle est notre âme après ces longs ébranlements.
Secouant la raison jusqu'en ses fondements,
Le malheur n'en fait plus qu'une immense ruine
Où comme un grand débris le désespoir domine :
De sentiments éteints silencieux chaos,
Éléments opposés, sans vie et sans repos,
Restes de passions par le temps effacées,
Combat désordonné de vœux et de pensées,
Souvenirs expirants, regrets, dégoûts, remord...

Si du moins ces débris nous attestaient sa mort !
Mais sous ce vaste deuil l'âme encore est vivante ;
Ce feu sans aliment soi-même s'alimente ;
Il renaît de sa cendre, et ce fatal flambeau
Craint de brûler encore au delà du tombeau !

Ame, qui donc es-tu ? Flamme qui me dévore,
Dois-tu vivre après moi ? dois-tu souffrir encore ?
Hôte mystérieux, que vas-tu devenir ?
Au grand flambeau du jour vas-tu te réunir ?
Peut-être de ce feu tu n'es qu'une étincelle,
Qu'un rayon égaré que cet astre rappelle ;
Peut-être que, mourant lorsque l'homme est détruit,
Tu n'es qu'un suc plus pur que la terre a produit,
Une fange animée, une argile pensante...
Mais que vois-je ? A ce mot tu frémis d'épouvante :
Redoutant le néant, et lasse de souffrir,
Hélas ! tu crains de vivre et trembles de mourir.

— Qui te révélera, redoutable mystère ?
J'écoute en vain la voix des sages de la terre :
Le doute égare aussi ces sublimes esprits,
Et de la même argile ils ont été pétris.
Rassemblant les rayons de l'antique sagesse,
Socrate te cherchait aux beaux jours de la Grèce ;
Platon à Sunium te cherchait après lui :
Deux mille ans sont passés, je te cherche aujourd'hui ;
Deux mille ans passeront, et les enfants des hommes
S'agiteront encor dans la nuit où nous sommes.
La vérité rebelle échappe à nos regards,
Et Dieu seul réunit tous ses rayons épars.

— Ainsi, prêt à fermer les yeux à la lumière,
Nul espoir ne viendra consoler ma paupière :

Mon âme aura passé, sans guide et sans flambeau,
De la nuit d'ici-bas dans la nuit du tombeau,
Et j'emporte au hasard, au monde où je m'élance,
Ma vertu sans espoir, mes maux sans récompense.
Réponds-moi, Dieu cruel ! S'il est vrai que tu sois,
J'ai donc le droit fatal de maudire tes lois !
Après le poids du jour, du moins le mercenaire
Le soir s'assied à l'ombre et reçoit son salaire ;
Et moi, quand je fléchis sous le fardeau du sort,
Quand mon jour est fini, mon salaire est la mort !

. . . .

— Mais, tandis qu'exhalant le doute et le blasphème,
Les yeux sur mon tombeau, je pleure sur moi-même,
La foi, se réveillant comme un doux souvenir,
Jette un rayon d'espoir sur mon pâle avenir,
Sous l'ombre de la mort me ranime et m'enflamme,
Et rend à mes vieux jours la jeunesse de l'âme.
Je remonte, aux lueurs de ce flambeau divin,
Du couchant de ma vie à son riant matin ;
J'embrasse d'un regard la destinée humaine :
A mes yeux satisfaits tout s'ordonne et s'enchaîne ;
Je lis dans l'avenir la raison du présent ;
L'espoir ferme après moi les portes du néant,
Et, rouvrant l'horizon à mon âme ravie,
M'explique par la mort l'énigme de la vie.

Cette foi qui m'attend au bord de mon tombeau,
Hélas ! il m'en souvient, plana sur mon berceau.
De la terre promise immortel héritage,
Les pères à leurs fils l'ont transmis d'âge en âge.
Notre esprit la reçoit à son premier réveil,
Comme les dons d'en haut, la vie et le soleil ;
Comme le lait de l'âme, en ouvrant la paupière,

Elle a coulé pour nous des lèvres d'une mère ;
Elle a pénétré l'homme en sa tendre saison ;
Son flambeau dans les cœurs précéda la raison.
L'enfant, en essayant sa première parole,
Balbutie au berceau son sublime symbole ;
Et, sous l'œil maternel germant à son insu,
Il la sent dans son cœur croître avec la vertu.

Ah ! si la vérité fut faite pour la terre,
Sans doute elle a reçu ce simple caractère ;
Sans doute, dès l'enfance offerte à nos regards,
Dans l'esprit par les sens entrant de toutes parts,
Comme les purs rayons de la céleste flamme,
Elle a dû dès l'aurore environner notre âme,
De l'esprit par l'amour descendre dans les cœurs,
S'unir au souvenir, se fondre dans les mœurs ;
Ainsi qu'un grain fécond que l'hiver couvre encore,
Dans notre sein longtemps germer avant d'éclore,
Et, quand l'homme a passé son orageux été,
Donner son fruit divin pour l'immortalité.

Soleil mystérieux, flambeau d'une autre sphère,
Prête à mes yeux mourants ta mystique lumière !
Pars du sein du Très-Haut, rayon consolateur !
Astre vivifiant, lève-toi dans mon cœur !
Hélas ! je n'ai que toi : dans mes heures funèbres,
Ma raison qui pâlit m'abandonne aux ténèbres ;
Cette raison superbe, insuffisant flambeau,
S'éteint comme la vie aux portes du tombeau.
Viens donc la remplacer, ô céleste lumière !
Viens d'un jour sans nuage inonder ma paupière ;
Tiens-moi lieu du soleil que je ne dois plus voir,
Et brille à l'horizon comme l'astre du soir !

COMMENTAIRE

Ces vers furent écrits par moi dans cet état de convalescence qui suit les violentes convulsions et les grandes douleurs de l'âme, où l'on se sent renaître à la vie par la puissante sève de la jeunesse, mais où l'on sent encore en soi la faiblesse et la langueur de la maladie et de la mort. Ce sont les moments où l'on cherche à se rattacher, par le souvenir et par l'illusion, aux images de son enfance; c'est alors aussi que la piété de nos premiers jours rentre dans notre âme pour ainsi dire par les sens, avec la mémoire de notre berceau, de notre prière du premier foyer, du premier temps où l'on a appris à épeler le nom que nos parents donnaient à Dieu. — Une femme de l'ancienne cour, amie de Madame Élisabeth, femme d'un esprit très distingué et d'un cœur très maternel pour moi, Mme la marquise de Raigecourt, m'avait accueilli avec beaucoup de bonté à Paris. Très frappée de quelques vers que je lui avais confiés, et de la lecture d'une tragédie sacrée que j'avais écrite alors, elle entretenait une correspondance avec moi. Elle avait rapporté du pied de l'échafaud de son amie, Madame Élisabeth, des cachots de la Terreur et des exils d'une longue émigration, ce sentiment de religion et de pieuse réminiscence des autels de sa jeunesse, que le malheur donne aux exilés. Elle m'entretenait sans cesse de Racine et de Fénelon, ces Homère et ces Euripide du siècle catholique de Louis XIV; elle me disait que j'avais en moi quelques cendres encore chaudes de leur foyer éteint; elle m'encourageait à chercher les mêmes inspirations dans les mêmes croyances. Moi-même, lassé de chercher dans la nature et dans la seule raison les lettres précises de ce symbole que tout homme sensible a besoin de se faire à soi-même, je m'inclinai vers celui que j'avais balbutié, avec mes premières paroles, sur les genoux d'une mère.

J'écrivis ces vers sous cette double impression, et je les envoyai à Mme de Raigecourt : elle me les rendit plus tard, quand je me décidai, sur ses instances, à recueillir et à publier ces Méditations.

XX

LE GÉNIE

A M. DE BONALD

> *Impavidum ferient ruinæ.*
> HORAT., od. v, lib. III.

Ainsi, quand parmi les tempêtes,
Au sommet brûlant du Sina,
Jadis le plus grand des prophètes
Gravait les tables de Juda,
Pendant cet entretien sublime,
Un nuage couvrait la cime
Du mont inaccessible aux yeux;
Et, tremblant aux coups du tonnerre,
Juda, couché dans la poussière,
Vit ses lois descendre des cieux.

Ainsi, des sophistes célèbres
Dissipant les fausses clartés,
Tu tires du sein des ténèbres
D'éblouissantes vérités.
Ce voile, qui des lois premières
Couvrait les augustes mystères,
Se déchire et tombe à ta voix ;
Et tu suis ta route assurée
Jusqu'à cette source sacrée
Où le monde a puisé ses lois.

Assis sur la base immuable
De l'éternelle vérité,
Tu vois d'un œil inaltérable
Les phases de l'humanité.
Secoués de leurs gonds antiques,
Les empires, les républiques,
S'écroulent en débris épars ;
Tu ris des terreurs où nous sommes :
Partout où nous voyons les hommes,
Un Dieu se montre à tes regards !

En vain par quelque faux système
Un système faux est détruit ;
Par le désordre à l'ordre même
L'univers moral est conduit.
Et comme autour d'un astre unique
La terre, dans sa route oblique,
Décrit sa route dans les airs,
Ainsi, par une loi plus belle,
Ainsi la justice éternelle
Est le pivot de l'univers.

Mais quoi! tandis que le génie
Te ravit si loin de nos yeux,
Les lâches clameurs de l'envie
Te suivent jusque dans les cieux!
Crois-moi, dédaigne d'en descendre;
Ne t'abaisse pas pour entendre
Ces bourdonnements détracteurs.
Poursuis ta sublime carrière,
Poursuis : le mépris du vulgaire
Est l'apanage des grands cœurs.

Objet de ses amours frivoles,
Ne l'as-tu pas vu, tour à tour,
Se forger de frêles idoles
Qu'il adore et brise en un jour?
N'as-tu pas vu son inconstance
De l'héréditaire croyance
Éteindre les sacrés flambeaux,
Brûler ce qu'adoraient ses pères,
Et donner le nom de lumières
A l'épaisse nuit des tombeaux?

Secouant ses antiques rênes,
Mais par d'autres tyrans flatté,
Tout meurtri du poids de ses chaînes,
L'entends-tu crier : *Liberté?*
Dans ses sacrilèges caprices,
Le vois-tu, donnant à ses vices
Les noms de toutes les vertus,
Traîner Socrate aux gémonies,
Pour faire en des temples impies
L'apothéose d'Anytus?

Si, pour caresser sa faiblesse,
Sous tes pinceaux adulateurs
Tu parais du nom de sagesse
Les leçons de ses corrupteurs,
Tu verrais ses mains avilies,
Arrachant des palmes flétries
De quelque front déshonoré,
Les répandre sur ton passage,
Et, changeant la gloire en outrage,
T'offrir un triomphe abhorré.

Mais, loin d'abandonner la lice
Où ta jeunesse a combattu,
Tu sais que l'estime du vice
Est un outrage à la vertu.
Tu t'honores de tant de haine ;
Tu plains ces faibles cœurs qu'entraîne
Le cours de leur siècle égaré ;
Et, seul contre le flot rapide,
Tu marches d'un pas intrépide
Au but que la gloire a montré !

Tel un torrent, fils de l'orage,
En roulant du sommet des monts,
S'il rencontre sur son passage
Un chêne, l'orgueil des vallons,
Il s'irrite, il écume, il gronde,
Il presse des plis de son onde
L'arbre vainement menacé ;
Mais, debout parmi les ruines,
Le chêne aux profondes racines
Demeure, et le fleuve a passé.

Toi donc, des mépris de ton âge
Sans être jamais rebuté,
Retrempe ton mâle courage
Dans les flots de l'adversité !
Pour cette lutte qui s'achève,
Que la vérité soit ton glaive,
La justice ton bouclier !
Va, dédaigne d'autres armures !
Et si tu reçois des blessures,
Nous les couvrirons de laurier.

Vois-tu dans la carrière antique,
Autour des coursiers et des chars,
Jaillir la poussière olympique
Qui les dérobe à nos regards ?
Dans sa course ainsi le génie
Par les nuages de l'envie
Marche longtemps environné ;
Mais, au terme de la carrière,
Des flots de l'indigne poussière
Il sort vainqueur et couronné.

COMMENTAIRE

Je ne connaissais M. de Bonald que de nom : je n'avais rien lu de lui. On en parlait à Chambéry, où j'étais alors, comme d'un sage proscrit de sa patrie par la Révolution, et conduisant ses petits-enfants par la main sur les grandes routes de l'Allemagne. Cette image d'un Solon moderne m'avait frappé ; de plus, j'avais un culte idéal et passionné pour une jeune femme dont j'ai parlé dans Raphaël, *et qui était amie de M. de Bonald. En sortant de chez elle, un soir d'été, je gravis, au clair de la lune, les pentes boisées des montagnes qui s'élèvent derrière la jolie petite ville d'Aix en Savoie, et j'écrivis au crayon les strophes qu'on vient de lire. Peu m'importait que M. de Bonald connût ou non ces vers : ma récompense était dans le sourire que j'obtiendrais, le lendemain, de mon idole. Mon inspiration n'était pas la politique, mais l'amour. Je lus, en effet, cette ode le lendemain à l'amie de ce grand écrivain. Elle ne me soupçonnait pas capable d'un tel coup d'aile : elle vit bien que j'avais été soutenu par un autre enthousiasme que par l'enthousiasme d'une métaphysique inconnue. Elle m'en sut gré, elle fut fière de moi ; elle envoya ces vers à M. de Bonald, qui fut bon, indulgent, comme il l'était toujours, et qui m'adressa l'édition complète de ses œuvres. Je les lus avec cet élan de la poésie vers le passé, et avec cette piété du cœur pour les ruines, qui se change si facilement en dogme et en système dans l'imagination des enfants. Je m'efforçai de croire pendant quelques mois aux gouvernements révélés, sur la foi de M. de Chateaubriand et de M. de Bonald. Puis le courant du temps et de la raison humaine m'arracha, comme tout le monde, à ces douces illusions ; et je compris que Dieu ne révélait à l'homme que ses instincts sociaux, et que les natures diverses des gouvernements étaient la révélation de l'âge, des situations, du siècle, des vices ou des vertus de l'espèce humaine.*

XXI

PHILOSOPHIE

AU MARQUIS DE LA MAISONFORT

Oh! qui m'emportera vers les tièdes rivages
Où l'Arno, couronné de ses pâles ombrages,
Aux murs de Médicis en sa course arrêté,
Réfléchit le palais par un sage habité,
Et semble, au bruit flatteur de son onde plus lente,
Murmurer les grands noms de Pétrarque et du Dante !
Ou plutôt que ne puis-je, au doux tomber du jour,
Quand, le front soulagé du fardeau de la cour,
Tu vas sous tes bosquets chercher ton Égérie,
Suivre, en rêvant, tes pas de prairie en prairie,
Jusqu'au modeste toit par tes mains embelli,
Où tu cours adorer le silence et l'oubli !
J'adore aussi ces dieux : depuis que la sagesse
Aux rayons du malheur a mûri ma jeunesse,

Pour nourrir ma raison des seuls fruits immortels,
J'y cherche en soupirant l'ombre de leurs autels;
Et, s'il est au sommet de la verte colline,
S'il est sur le penchant du coteau qui s'incline,
S'il est aux bords déserts du torrent ignoré
Quelque rustique abri, de verdure entouré,
Dont le pampre arrondi sur le seuil domestique
Dessine en serpentant le flexible portique,
Semblable à la colombe errante sur les eaux,
Qui, des cèdres d'Arar découvrant les rameaux,
Vola sur leur sommet poser ses pieds de rose,
Soudain mon âme errante y vole et s'y repose.
Aussi, pendant qu'admis dans les conseils des rois,
Représentant d'un maître, honoré par son choix,
Tu tiens un des grands fils de la trame du monde,
Moi, parmi les pasteurs, assis aux bords de l'onde,
Je suis d'un œil rêveur les barques sur les eaux,
J'écoute les soupirs du vent dans les roseaux.
Nonchalamment couché près du lit des fontaines,
Je suis l'ombre qui tourne autour du tronc des chênes,
Ou je grave un vain nom sur l'écorce des bois,
Ou je parle à l'écho qui répond à ma voix,
Ou, dans le vague azur contemplant les nuages,
Je laisse errer comme eux mes flottantes images.
La nuit tombe, et le Temps, de son doigt redouté,
Me marque un jour de plus que je n'ai pas compté.

Quelquefois seulement, quand mon âme oppressée
Sent en rhythmes nombreux déborder ma pensée,
Au souffle inspirateur du soir dans les déserts,
Ma lyre abandonnée exhale encor des vers.
J'aime à sentir ces fruits d'une sève plus mûre
Tomber, sans qu'on les cueille, au gré de la nature,
Comme le sauvageon, secoué par les vents,

Sur les gazons flétris, de ses rameaux mouvants
Laisse tomber ses fruits que la branche abandonne,
Et qui meurent au pied de l'arbre qui les donne.
Il fut un temps peut-être où mes jours mieux remplis,
Par la gloire éclairés, par l'amour embellis,
Et fuyant loin de moi sur des ailes rapides,
Dans la nuit du passé ne tombaient pas si vides.
Aux douteuses clartés de l'humaine raison,
Égaré dans les cieux sur les pas de Platon,
Par ma propre vertu je cherchais à connaître
Si l'âme est en effet un souffle du grand Être;
Si ce rayon divin, dans l'argile enfermé,
Doit être par la mort éteint ou rallumé;
S'il doit après mille ans revivre sur la terre;
Ou si, changeant sept fois de destins et de sphère,
Et montant d'astre en astre à son centre divin,
D'un but qui fuit toujours il s'approche sans fin;
Si dans ces changements nos souvenirs survivent;
Si nos soins, nos amours, si nos vertus nous suivent;
S'il est un juge assis aux portes des enfers,
Qui sépare à jamais les justes des pervers;
S'il est de saintes lois qui, du ciel émanées,
Des empires mortels prolongent les années,
Jettent un frein au peuple indocile à leur voix,
Et placent l'équité sous la garde des rois;
Ou si d'un dieu qui dort l'aveugle nonchalance
Laisse au gré du destin trébucher sa balance,
Et livre, en détournant ses yeux indifférents,
La nature au hasard et la terre aux tyrans.
Mais, ainsi que des cieux où son vol se déploie,
L'aigle souvent trompé redescend sans sa proie,
Dans ces vastes hauteurs où mon œil s'est porté
Je n'ai rien découvert que doute et vanité;
Et, las d'errer sans fin dans des champs sans limite,

Au seul jour où je vis, au seul bord que j'habite,
J'ai borné désormais ma pensée et mes soins.
Pourvu qu'un dieu caché fournisse à mes besoins ;
Pourvu que dans les bras d'une épouse chérie
Je goûte obscurément les doux fruits de ma vie ;
Que le rustique enclos par mes pères planté
Me donne un toit l'hiver, et de l'ombre l'été ;
Et que d'heureux enfants ma table couronnée
D'un convive de plus se peuple chaque année,
Ami, je n'irai plus ravir si loin de moi,
Dans les secrets de Dieu, ces comment, ces pourquoi,
Ni du risible effort de mon faible génie
Aider péniblement la sagesse infinie.
Vivre est assez pour nous ; un plus sage l'a dit :
Le soin de chaque jour à chaque jour suffit.
Humble, et du saint des saints respectant les mystères,
J'héritai l'innocence et le dieu de mes pères ;
En inclinant mon front, j'élève à lui mes bras ;
Car la terre l'adore et ne le comprend pas.
Semblable à l'alcyon, que la mer dorme ou gronde,
Qui dans son nid flottant s'endort en paix sur l'onde,
Me reposant sur Dieu du soin de me guider
A ce port invisible où tout doit aborder,
Je laisse mon esprit, libre d'inquiétude,
D'un facile bonheur faisant sa seule étude,
Et prêtant sans orgueil la voile à tous les vents,
Les yeux tournés vers lui, suivre le cours du temps.

Toi qui, longtemps battu des vents et de l'orage,
Jouissant aujourd'hui de ce ciel sans nuage,
Du sein de ton repos contemples du même œil
Nos revers sans dédain, nos erreurs sans orgueil ;
Dont la raison facile, et chaste sans rudesse,
Des sages de ton temps n'a pris que la sagesse,

Et qui reçus d'en haut ce don mystérieux
De parler aux mortels dans la langue des dieux ;
De ces bords enchanteurs où ta voix me convie,
Où s'écoule à flots purs l'automne de ta vie,
Où les eaux et les fleurs, et l'ombre et l'amitié,
De tes jours nonchalants usurpent la moitié,
Dans ces vers inégaux que ta muse entrelace,
Dis-nous, comme autrefois nous l'aurait dit Horace,
Si l'homme doit combattre ou suivre son destin ;
Si je me suis trompé de but ou de chemin ;
S'il est vers la sagesse une autre route à suivre,
Et si l'art d'être heureux n'est pas tout l'art de vivre.

COMMENTAIRE

Le marquis de La Maisonfort était un de ces émigrés français qui avaient suivi la cour sur la terre étrangère, et qui avaient ébloui, pendant dix ans, l'Europe de leur insouciance et de leur esprit. Il avait été l'ami de Rivarol, de Champcenetz, et de tous ces jeunes et brillants écrivains des Actes des Apôtres, Satire Ménippée *de 89, journal à peu près semblable au* Charivari *d'aujourd'hui, dans lequel ils décochaient à la Révolution des flèches légères, pendant qu'elle combattait le trône avec la sape, et bientôt avec la hache.*

Après le retour des Bourbons en 1814, le marquis de La Maisonfort avait été nommé, par Louis XVIII, ministre plénipotentiaire à Florence. En 1825, je fus nommé secrétaire de légation dans la même cour. Le marquis de La Maisonfort était poëte : il m'accueillit comme un père, et m'ouvrit plus de portefeuilles de vers que de portefeuilles de dépêches. Il vivait nonchalamment et voluptueusement dans ce doux exil des bords de l'Arno. C'était le plus naïf et le plus piquant mélange de philosophie voltairienne, épicurienne et sceptique, de l'ancien régime, avec les théories officielles, et le langage assaisonné de trône et d'autel, de légitimité et de culte monarchique, dont il avait pris l'habitude à la cour d'Hartwell ; un Voltaire charmant, converti par l'exil, le malheur, la situation à la cour, mais conservant, sous son habit de diplomate et d'homme d'État, la sève, la grâce et l'incrédulité railleuse de sa première vie.

Il me priait souvent d'encadrer son nom dans mes vers, qui avaient, disait-il, plus d'ailes que les siens pour le porter au delà de sa vie. Je lui adressai ceux-ci, écrits, un soir d'automne, sous les châtaigniers de la sauvage colline de Tresserves, qui domine le lac du Bourget en Savoie.

Le marquis de La Maisonfort mourut l'année suivante à Lyon, en revenant de Paris à Florence. Je le remplaçai en Toscane. Sa mémoire me resta chère, douce comme ces souvenirs d'un entretien semi-sérieux qui font encore sourire, le lendemain, du plaisir d'esprit qu'on a eu la veille.

Cette race charmante de l'émigré français n'existe plus : elle s'est éteinte avec celle des abbés de cour, que j'ai encore entrevus dans ma jeunesse, et qu'on ne retrouve plus qu'en Italie. Les émigrés étaient les conteurs arabes de nos jours. Le marquis de La Maisonfort fut un des plus spirituels et des plus intéressants.

XXII

LE GOLFE DE BAÏA

Vois-tu comme le flot paisible
Sur le rivage vient mourir?
Vois-tu le volage zéphyr
Rider, d'une haleine insensible,
L'onde qu'il aime à parcourir?
Montons sur la barque légère
Que ma main guide sans efforts,
Et de ce golfe solitaire
Rasons timidement les bords.

Loin de nous déjà fuit la rive :
Tandis que d'une main craintive
Tu tiens le docile aviron,
Courbé sur la rame bruyante,
Au sein de l'onde frémissante
Je trace un rapide sillon.

Dieu ! quelle fraîcheur on respire !
Plongé dans le sein de Téthys,
Le soleil a cédé l'empire
A la pâle reine des nuits.
Le sein des fleurs demi-fermées
S'ouvre, et de vapeurs embaumées
En ce moment remplit les airs ;
Et du soir la brise légère
Des plus doux parfums de la terre
A son tour embaume les mers.

Quels chants sur ces flots retentissent ?
Quels chants éclatent sur ces bords ?
De ces deux concerts qui s'unissent
L'écho prolonge les accords.
N'osant se fier aux étoiles,
Le pêcheur, repliant ses voiles,
Salue en chantant son séjour,
Tandis qu'une folle jeunesse
Pousse au ciel des cris d'allégresse
Et fête son heureux retour.

Mais déjà l'ombre plus épaisse
Tombe et brunit les vastes mers ;
Le bord s'efface, le bruit cesse,
Le silence occupe les airs.
C'est l'heure où la Mélancolie
S'assied pensive et recueillie
Aux bords silencieux des mers,
Et, méditant sur les ruines,
Contemple au penchant des collines
Ce palais, ces temples déserts.

O de la liberté vieille et sainte patrie,
Terre autrefois féconde en sublimes vertus,
Sous d'indignes Césars * maintenant asservie,
Ton empire est tombé, tes héros ne sont plus !
      Mais dans ton sein l'âme agrandie
Croit sur leurs monuments respirer leur génie,
Comme on respire encor dans un temple aboli
La majesté du Dieu dont il était rempli.
Mais n'interrogeons pas vos cendres généreuses,
Vieux Romains, fiers Catons, mânes des deux Brutus !
Allons redemander à ces murs abattus
Des souvenirs plus doux, des ombres plus heureuses.

      Horace, dans ce frais séjour,
      Dans une retraite embellie
      Par le plaisir et le génie,
      Fuyait les pompes de la cour ;
      Properce y visitait Cynthie,
      Et sous les regards de Délie
Tibulle y modulait les soupirs de l'amour.
Plus loin, voici l'asile où vint chanter le Tasse,
Quand, victime à la fois du génie et du sort,
Errant dans l'univers, sans refuge et sans port,
La pitié recueillit son illustre disgrâce.
Non loin des mêmes bords plus tard il vint mourir ;
La gloire l'appelait, il arrive, il succombe :
La palme qui l'attend devant lui semble fuir,
Et son laurier tardif n'ombrage que sa tombe.

Colline de Baïa, poétique séjour,
Voluptueux vallon qu'habita tour à tour

---

* Ceci était écrit en 1813.

Tout ce qui fut grand dans le monde,
Tu ne retentis plus de gloire ni d'amour.
Pas une voix qui me réponde,
Que le bruit plaintif de cette onde,
Ou l'écho réveillé des débris d'alentour !

Ainsi tout change, ainsi tout passe ;
Ainsi nous-mêmes nous passons,
Hélas ! sans laisser plus de trace
Que cette barque où nous glissons
Sur cette mer où tout s'efface.

COMMENTAIRE

Ainsi que le dit la note au bas de la page 191, ces vers, qui faisaient partie d'un recueil que je jetai au feu, avaient été écrits à Naples en 1813. J'allais souvent alors passer mes journées, avec le père de Graziella et Graziella elle-même, dans le golfe de Baïa, où le pêcheur jetait ses filets (voir les Confidences, *épisode de* Graziella). *J'écrivais la côte, les monuments, les impressions de la rive et des flots, en vers, pendant que mon ami Aymon de Virieu les notait au crayon et au pinceau sur ses albums. Il avait, par hasard, conservé une copie de cette élégie, et il me la remit au moment où je faisais imprimer les* Méditations. *Je la recueillis comme un coquillage des bords de la mer qu'on retrouve dans une valise de voyage oubliée depuis longtemps, et je l'enfilai, avec ses sœurs plus graves, dans ce chapelet de mes poésies.*

XXIII

LE TEMPLE

Qu'il est doux, quand du soir l'étoile solitaire,
Précédant de la nuit le char silencieux,
S'élève lentement dans la voûte des cieux,
Et que l'ombre et le jour se disputent la terre,
Qu'il est doux de porter ses pas religieux,
Dans le fond du vallon, vers ce temple rustique
Dont la mousse a couvert le modeste portique,
Mais où le ciel encor parle à des cœurs pieux!

Salut, bois consacré! Salut, champ funéraire,
Des tombeaux du village humble dépositaire!
Je bénis en passant tes simples monuments.
Malheur à qui des morts profane la poussière!
J'ai fléchi le genou devant leur humble pierre,
Et la nef a reçu mes pas retentissants.

Quelle nuit ! quel silence ! Au fond du sanctuaire
A peine on aperçoit la tremblante lumière
De la lampe qui brûle auprès des saints autels.
Seule elle luit encor quand l'univers sommeille,
Emblème consolant de la bonté qui veille
Pour recueillir ici les soupirs des mortels.

Avançons. Aucun bruit n'a frappé mon oreille ;
Le parvis frémit seul sous mes pas mesurés :
Du sanctuaire enfin j'ai franchi les degrés.
Murs sacrés, saints autels ! je suis seul, et mon âme
Peut verser devant vous ses douleurs et sa flamme,
Et confier au ciel des accents ignorés,
Que lui seul connaîtra, que vous seuls entendrez.

Mais quoi ! de ces autels j'ose approcher sans crainte !
J'ose apporter, grand Dieu, dans cette auguste enceinte
Un cœur encor brûlant de douleur et d'amour !
Et je ne tremble pas que ta majesté sainte
Ne venge le respect qu'on doit à son séjour !
Non, je ne rougis plus du feu qui me consume :
L'amour est innocent quand la vertu l'allume.
Aussi pur que l'objet à qui je l'ai juré,
Le mien brûle mon cœur, mais c'est d'un feu sacré ;
La constance l'honore et le malheur l'épure.
Je l'ai dit à la terre, à toute la nature ;
Devant tes saints autels je l'ai dit sans effroi :
J'oserais, Dieu puissant, la nommer devant toi.
Oui, malgré la terreur que ton temple m'inspire,
Ma bouche a murmuré tout bas le nom d'Elvire ;
Et ce nom, répété de tombeaux en tombeaux,
Comme l'accent plaintif d'une ombre qui soupire,
De l'enceinte funèbre a troublé le repos.

Adieu, froids monuments ! adieu, saintes demeures !
Deux fois l'écho nocturne a répété les heures,
Depuis que devant vous mes larmes ont coulé :
Le ciel a vu ces pleurs, et je sors consolé.
Peut-être au même instant, sur un autre rivage,
Elvire veille aussi, seule avec mon image,
Et dans un temple obscur, les yeux baignés de pleurs,
Vient aux autels déserts confier ses douleurs.

COMMENTAIRE

Cette méditation n'est qu'un cri de l'âme jeté devant Dieu dans une petite église de village, où j'aperçus un soir la lueur d'une lampe, et où j'entrai, plein de la pensée qui me poursuivait partout. Une image se plaçait toujours entre Dieu et moi : j'éprouvai le besoin de la consacrer. En sortant de ce recueillement dans ces murs humides de soupirs, j'écrivis cette méditation. Elle était beaucoup plus longue : j'en retranchai la moitié à l'impression. La piété amoureuse a deux pudeurs : celle de l'amour et celle de la religion. Je n'osai pas les profaner.

XXIV

CHANTS LYRIQUES DE SAÜL

IMITATION

DES PSAUMES DE DAVID

Je répandrai mon âme au seuil du sanctuaire,
Seigneur ; dans ton nom seul je mettrai mon espoir ;
Mes cris t'éveilleront, et mon humble prière
S'élèvera vers toi comme l'encens du soir !

Dans quel abaissement ma gloire s'est perdue !
J'erre sur la montagne ainsi qu'un passereau ;
Et par tant de rigueurs mon âme confondue,
Mon âme est devant toi comme un désert sans eau.

*Pour mes fiers ennemis ce deuil est une fête ;
Ils se montrent, Seigneur, ton Christ humilié.
« Le voilà, disent-ils ; ses dieux l'ont oublié ;
Et Moloch en passant a secoué la tête
   Et souri de pitié ! »*

. . . .
. . . .
. . . .
. . . .

Seigneur, tendez votre arc ; levez-vous, jugez-moi !
Remplissez mon carquois de vos flèches brûlantes !
Que des hauteurs du ciel vos foudres dévorantes
Portent sur eux la mort qu'ils appelaient sur moi !

Dieu se lève, il s'élance : il abaisse la voûte
De ces cieux éternels ébranlés sous ses pas ;
Le soleil et la foudre ont éclairé sa route ;
Ses anges devant lui font voler le trépas.

Le feu de son courroux fait monter la fumée,
Son éclat a fendu les nuages des cieux ;
  La terre est consumée
  D'un regard de ses yeux.

  Il parle : sa voix foudroyante
  A fait chanceler d'épouvante
Les cèdres du Liban, les rochers des déserts ;
Le Jourdain montre à nu sa source reculée ;
  De la terre ébranlée
  Les os sont découverts.

Le Seigneur m'a livré la race criminelle
      Des superbes enfants d'Ammon.
Levez-vous, ô Saül ! et que l'ombre éternelle
      Engloutisse jusqu'à leur nom !

. . . .
. . . .
. . . .
. . . .

Que vois-je ? vous tremblez, orgueilleux oppresseurs !
      Le héros prend sa lance,
      Il l'agite, il s'élance ;
      A sa seule présence,
La terreur de ses yeux a passé dans vos cœurs.

Fuyez !... Il est trop tard : sa redoutable épée
Décrit autour de vous un cercle menaçant,
En tout lieu vous poursuit, en tout lieu vous attend,
Et, déjà mille fois dans votre sang trempée,
      S'enivre encor de votre sang.

      Son coursier superbe
      Foule comme l'herbe
      Les corps des mourants ;
      Le héros l'excite,
      Et le précipite
      A travers les rangs ;
      Les feux l'environnent,
      Les casques résonnent
      Sous ses pieds sanglants.

Devant sa carrière
Cette foule altière
Tombe tout entière
Sous ses traits brûlants,
Comme la poussière
Qu'emportent les vents.

Où sont ces fiers Ismaélites,
Ces enfants de Moab, cette race d'Édom,
Iduméens, guerriers d'Ammon,
Et vous, superbes fils de Tyr et de Sidon,
Et vous, cruels Amalécites?

Les voilà devant moi comme un fleuve tari,
Et leur mémoire même avec eux a péri!...
. . . .
. . . .
. . . .
. . . .

Que de biens le Seigneur m'apprête!
Qu'il couronne d'honneurs la vieillesse du roi!
Éphraïm, Manassé, Galaad, sont à moi;
Jacob, mon bouclier, est l'appui de ma tête.
Que de biens le Seigneur m'apprête!
Qu'il couronne d'honneurs la vieillesse du roi!

Des bords où l'aurore se lève
Aux bords où le soleil achève
Son cours tracé par l'Éternel,
L'opulente Saba, la grasse Éthiopie,
La riche mer de Tyr, les déserts d'Arabie,
Adorent le roi d'Israël.

Peuples, frappez des mains! le Roi des rois s'avance!
Il monte, il s'est assis sur son trône éclatant;
Il pose de Sion l'éternel fondement;
La montagne frémit de joie et d'espérance.
Peuples, frappez des mains! le Roi des rois s'avance,
Il pose de Sion l'éternel fondement.

    De sa main pleine de justice
Il verse aux nations l'abondance et la paix.
Réjouis-toi, Sion! sous ton ombre propice,
Ainsi que le palmier qui parfume Cadès,
La paix et l'équité florissent à jamais.
    De sa main pleine de justice
Il verse aux nations l'abondance et la paix.

Dieu chérit de Sion les sacrés tabernacles
    Plus que les tentes d'Israël;
Il y fait sa demeure, il y rend ses oracles,
Il y fait éclater sa gloire et ses miracles:
Sion, ainsi que lui ton nom est immortel.
Dieu chérit de Sion les sacrés tabernacles
    Plus que les tentes d'Israël.

    C'est là qu'un jour vaut mieux que mille;
C'est là qu'environné de la troupe docile
De ses nombreux enfants, sa gloire et son appui,
Le roi vieillit, semblable à l'olivier fertile
Qui voit ses rejetons fleurir autour de lui.

COMMENTAIRE

Cette méditation est tirée des chœurs de ma tragédie de Saül, *qui n'a jamais été ni représentée ni imprimée. J'avais écrit ce drame en 1818, pour Mme de Raigecourt, qui m'engageait à faire pour Louis XVIII ce que Racine avait fait pour Louis XIV. Mais il manquait un Racine et un Louis XIV.*

Les chœurs de Racine, dans Esther *et dans* Athalie, *furent mon modèle. On voit combien je restai loin de ce grand maître en harmonie et en images.*

XXV

HYMNE AU SOLEIL

1825

Vous avez pris pitié de sa longue douleur ;
Vous me rendez le jour, Dieu que l'amour implore !
Déjà mon front, couvert d'une molle pâleur,
Des teintes de la vie à ses yeux se colore,
Déjà dans tout mon être une douce chaleur
Circule avec mon sang, remonte dans mon cœur :
    Je renais pour aimer encore !

Mais la nature aussi se réveille en ce jour ;
Au doux soleil de mai nous la voyons renaître :
Les oiseaux de Vénus, autour de ma fenêtre,
Du plus chéri des mois proclament le retour.
Guide mes premiers pas dans nos vertes campagnes,
Conduis-moi, chère Elvire, et soutiens ton amant.

Je veux voir le soleil s'élever lentement,
Précipiter son char du haut de nos montagnes,
Jusqu'à l'heure où dans l'onde il ira s'engloutir,
Et cédera les airs au nocturne zéphyr.
Viens! que crains-tu pour moi? le ciel est sans nuage,
Ce plus beau de nos jours passera sans orage;
Et c'est l'heure où déjà, sur les gazons en fleurs,
Dorment près des troupeaux les paisibles pasteurs.

Dieu, que les airs sont doux! que la lumière est pure!
Tu règnes en vainqueur sur toute la nature,
O soleil! et des cieux, où ton char est porté,
Tu lui verses la vie et la fécondité.
Le jour où, séparant la nuit de la lumière,
L'Éternel te lança dans ta vaste carrière,
L'univers tout entier te reconnut pour roi;
Et l'homme, en t'adorant, s'inclina devant toi.
De ce jour, poursuivant ta carrière enflammée,
Tu décris sans repos ta route accoutumée;
L'éclat de tes rayons ne s'est point affaibli,
Et sous la main des temps ton front n'a point pâli!

Quand la voix du matin vient réveiller l'aurore,
L'Indien prosterné te bénit et t'adore;
Et moi, quand le midi de ses feux bienfaisants
Ranime par degrés mes membres languissants,
Il me semble qu'un Dieu, dans tes rayons de flamme,
En échauffant mon sein, pénètre dans mon âme,
Et je sens de ses fers mon esprit détaché,
Comme si du Très-Haut le bras m'avait touché.
Mais..., ton sublime Auteur défend-il de le croire?
N'es-tu point, ô soleil, un rayon de sa gloire?
Quand tu vas mesurant l'immensité des cieux,
O soleil, n'es-tu point un regard de ses yeux?

Ah ! si j'ai quelquefois, au jour de l'infortune,
Blasphémé du soleil la lumière importune,
Si j'ai maudit les dons que j'ai reçus de toi,
Dieu, qui lis dans les cœurs, ô Dieu, pardonne-moi !
Je n'avais pas goûté la volupté suprême
De revoir la nature auprès de ce que j'aime,
De sentir dans mon cœur, aux rayons d'un beau jour,
Redescendre à la fois et la vie et l'amour !
Insensé ! j'ignorais tout le prix de la vie ;
Mais ce jour me l'apprend, et je te glorifie !

COMMENTAIRE

Ces vers sont postdatés. Ils sont de mon premier temps. Je les écrivis à l'âge de dix-huit ans, sous un beau rayon de soleil, après une légère maladie qui me faisait mieux sentir le prix de l'existence et la volupté d'être. Plus tard, je les retrouvai dans le portefeuille de ma mère, qui les avait conservés. J'y fis deux ou trois corrections, et je les insérai dans le volume des Méditations.

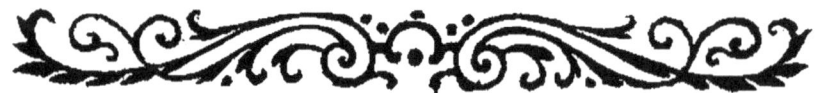

XXVI

ADIEU

Oui, j'ai quitté ce port tranquille,
Ce port si longtemps appelé,
Où, loin des ennuis de la ville,
Dans un loisir doux et facile,
Sans bruit mes jours auraient coulé.
J'ai quitté l'obscure vallée,
Le toit champêtre d'un ami;
Loin des bocages de Bissy,
Ma muse, à regret exilée,
S'éloigne, triste et désolée,
Du séjour qu'elle avait choisi.
Nous n'irons plus dans les prairies,
Au premier rayon du matin,
Égarer, d'un pas incertain,
Nos poétiques rêveries.

Nous ne verrons plus le soleil,
Du haut des cimes d'Italie
Précipitant son char vermeil,
Semblable au père de la vie,
Rendre à la nature assoupie
Le premier éclat du réveil.
Nous ne goûterons plus votre ombre,
Vieux pins, l'honneur de ces forêts;
Vous n'entendrez plus nos secrets;
Sous cette grotte humide et sombre
Nous ne chercherons plus le frais;
Et le soir, au temple rustique,
Quand la cloche mélancolique
Appellera tout le hameau,
Nous n'irons plus, à la prière,
Nous courber sur la simple pierre
Qui couvre un rustique tombeau.
Adieu, vallons! adieu, bocages!
Lac azuré, rochers sauvages,
Bois touffus, tranquille séjour,
Séjour des heureux et des sages,
Je vous ai quittés sans retour!

Déjà ma barque fugitive,
Au souffle des zéphyrs trompeurs,
S'éloigne à regret de la rive
Que m'offraient des dieux protecteurs.
J'affronte de nouveaux orages;
Sans doute à de nouveaux naufrages
Mon frêle esquif est dévoué;
Et pourtant, à la fleur de l'âge,
Sur quels écueils, sur quel rivage
Déjà n'ai-je pas échoué?
Mais d'une plainte téméraire

Pourquoi fatiguer le destin?
A peine au milieu du chemin,
Faut-il regarder en arrière?
Mes lèvres à peine ont goûté
Le calice amer de la vie,
Loin de moi je l'ai rejeté;
Mais l'arrêt cruel est porté,
Il faut boire jusqu'à la lie!
Lorsque mes pas auront franchi
Les deux tiers de notre carrière,
Sous le poids d'une vie entière
Quand mes cheveux auront blanchi,
Je reviendrai du vieux Bissy
Visiter le toit solitaire
Où le ciel me garde un ami.
Dans quelque retraite profonde,
Sous les arbres par lui plantés,
Nous verrons couler comme l'onde
La fin de nos jours agités.
Là, sans crainte et sans espérance,
Sur notre orageuse existence
Ramenés par le souvenir,
Jetant nos regards en arrière,
Nous mesurerons la carrière
Qu'il aura fallu parcourir:
Tel un pilote octogénaire,
Du haut d'un rocher solitaire,
Le soir, tranquillement assis,
Laisse au loin égarer sa vue,
Et contemple encor l'étendue
Des mers qu'il sillonna jadis.

COMMENTAIRE

Cette pièce est de 1815. En revenant de la Suisse après les Cent-Jours, je m'arrêtai dans la vallée de Chambéry, chez l'oncle d'un de mes plus chers amis, le comte de Maistre. Le comte de Maistre était le frère cadet du fameux écrivain qui a laissé un si grand nom dans la philosophie et dans les lettres. Je passai quelques jours heureux dans cette charmante retraite de Bissy, enseveli sous l'ombre des noyers et des sapins du mont du Chat. Je voyais de ma fenêtre la nappe bleue de ce beau lac où je devais aimer et chanter plus tard. Je commençais à peine à crayonner de temps en temps quelques vers à l'ombre de ces sapins, au bruit monotone de ces eaux.

La vie que l'on menait chez mes hôtes était une vie presque espagnole : une douce oisiveté, des entretiens rêveurs, des promenades nonchalantes entre les hautes vignes et les hêtres des collines de Savoie, des lectures, des chapelets. A la nuit tombante, aux sons de l'angelus, on s'acheminait en famille vers la petite église du hameau, cachée sous les arbres avec son toit de chaume et son clocher de bois noirci par la pluie. On y faisait la prière du soir. Ces habitudes régulières et saintes de cette maison m'attendrissaient et me charmaient, bien que je fusse alors dans les premiers bouillonnements et dans les dissipations de l'adolescence. Je suivais la famille dans tous ses actes de piété. L'esprit éminent et original, la bonté, la sérénité de caractère de toute cette maison de Maistre, me captivaient. Des jeunes personnes simples, vertueuses, charmantes, nièces de Mme de Maistre, répandaient leur rayonnement sur cette gravité de la famille. Je quittai avec peine cette oasis de paix, d'amitié, de poésie, pour revenir à Beauvais reprendre l'uniforme, le sabre, le cheval, le tumulte de la garnison. En arrivant à mon corps, j'écrivis ces adieux, et je les envoyai à mon ami Louis de Vignet, neveu du comte de Maistre.

XXVII

LA SEMAINE SAINTE

A LA ROCHE-GUYON

Ici viennent mourir les derniers bruits du monde;
Nautoniers sans étoile, abordez, c'est le port!
Ici l'âme se plonge en une paix profonde,
    Et cette paix n'est pas la mort.

Ici jamais le ciel n'est orageux ni sombre;
Un jour égal et pur y repose les yeux :
C'est ce vivant soleil, dont le soleil est l'ombre,
    Qui le répand du haut des cieux.

Comme un homme éveillé longtemps avant l'aurore,
Jeunes, nous avons fui dans cet heureux séjour;
Notre rêve est fini, le vôtre dure encore :
    Éveillez-vous, voilà le jour!

Cœurs tendres, approchez! Ici l'on aime encore;
Mais l'amour, épuré, s'allume sur l'autel :
Tout ce qu'il a d'humain à ce feu s'évapore;
    Tout ce qui reste est immortel!

La prière, qui veille en ces saintes demeures,
De l'astre matinal nous annonce le cours,
Et, conduisant pour nous le char pieux des heures,
    Remplit et mesure nos jours.

L'airain religieux s'éveille avec l'aurore;
Il mêle notre hommage à la voix des zéphyrs,
Et les airs, ébranlés sous le marteau sonore,
    Prennent l'accent de nos soupirs.

Dans le creux du rocher, sous une voûte obscure,
S'élève un simple autel : Roi du ciel, est-ce toi?
Oui, contraint par l'amour, le Dieu de la nature
    Y descend, visible à la foi.

Que ma raison se taise, et que mon cœur adore!
La croix à mes regards révèle un nouveau jour;
Aux pieds d'un Dieu mourant puis-je douter encore?
    Non, l'amour m'explique l'amour.

Tous ces fronts prosternés, ce feu qui les embrase,
Ces parfums, ces soupirs s'exhalant du saint lieu,
Ces élans enflammés, ces larmes de l'extase,
    Tout me répond que c'est un Dieu.

Favoris du Seigneur, souffrez qu'à votre exemple,
Ainsi qu'un mendiant aux portes d'un palais,
J'adore aussi de loin, sur le seuil de son temple,
    Le dieu qui vous donne la paix!

Ah ! laissez-moi mêler mon hymne à vos louanges !
Que mon encens souillé monte avec votre encens !
Jadis les fils de l'homme aux saints concerts des anges
    Ne mêlaient-ils pas leurs accents ?

Du nombre des vivants chaque aurore m'efface ;
Je suis rempli de jours, de douleurs, de remords.
Sous le portique obscur venez marquer ma place,
    Ici, près du séjour des morts !

Souffrez qu'un étranger veille auprès de leur cendre,
Brûlant sur un cercueil comme ces saints flambeaux !
La mort m'a tout ravi, la mort doit tout me rendre ;
    J'attends le réveil des tombeaux.

Ah ! puissé-je près d'eux, au gré de mon envie,
A l'ombre de l'autel, et non loin de ce port,
Seul, achever ainsi les restes de ma vie
    Entre l'espérance et la mort !

COMMENTAIRE

C'était en 1819.

Je vis un jour entrer dans ma chambre haute du grand et bel hôtel de Richelieu, rue Neuve-Saint-Augustin, que j'habitais pendant mon séjour à Paris, un jeune homme d'une figure belle, gracieuse, noble, un peu féminine. Il était introduit par le duc Mathieu de Montmorency, depuis ministre, et gouverneur du duc de

Bordeaux. M. Mathieu de Montmorency, célèbre par son rôle dans la révolution de 1789, puis par son amitié pour Mme de Staël, enfin par son dévouement à la maison de Bourbon, m'honorait d'une bienveillance qui ne coûtait rien à son caractère surabondant de tendresse d'âme et de grâce aristocratique : égalité qu'il voulait bien établir de si haut et de si loin entre lui et moi, la plus charmante des égalités, parce qu'elle est un don du cœur, et non une exigence de l'infériorité sociale.

Ce jeune homme était le duc de Rohan, depuis archevêque de Besançon et cardinal.

Le duc de Rohan était alors un brillant officier des Mousquetaires rouges, admiré et envié pour l'élégance de sa personne, pour l'éclat de ses uniformes, pour la beauté de ses chevaux, pour la magnificence de ses palais et de ses jardins aux environs de Paris, et surtout pour la splendeur de son nom. Il aimait les vers : M. Mathieu de Montmorency lui avait récité quelques strophes de moi, retenues dans sa mémoire. Il avait désiré me connaître : il me plut au premier coup d'œil. Nous nous liâmes d'amitié, sans qu'il me fît sentir jamais, et sans que je me permisse d'oublier moi-même, par ce tact naturel qui est l'étiquette de la nature, la distance qu'il voulait bien franchir, mais qui existait néanmoins entre deux noms que la poésie seule pouvait un moment rapprocher.

Le duc de Rohan rêvait déjà le sacerdoce : il était né pour l'autel comme d'autres naissent pour le champ de bataille, pour la tribune ou pour la mer. Il aspirait au moment de consacrer à Dieu son âme, sa jeunesse, son grand nom. Il possédait à la Roche-Guyon, sur le rivage escarpé de la Seine, une résidence presque royale de sa famille. Le principal ornement du château était une chapelle creusée dans le roc, véritable catacombe affectant, dans les circonvolutions caverneuses de la montagne, la forme des nefs, des chœurs, des piliers, des jubés d'une cathédrale. Il m'engagea à y aller passer la semaine sainte avec lui. Il m'y conduisit lui-même. J'y trouvai une réunion de jeunes gens distingués qui sont devenus, pour la plupart, des hommes éminents dans le clergé, dans la diplomatie, ou des hommes célèbres dans les lettres, depuis cette époque. Le service religieux, volupté pieuse du duc de Rohan, se faisait tous les jours dans cette église souterraine avec une pompe, un luxe et des enchantements sacrés qui enivraient de jeunes imaginations. J'étais très religieux d'instinct, mais très indépendant d'esprit. Seul, de toute cette jeunesse, je n'avais aucun goût pour les délices mystiques de la sacristie. Le duc de Rohan et ses amis me pardonnaient mon indépendance de foi en faveur de mes ardentes aspirations vers l'infini et vers la nature. J'étais à leurs yeux une sorte d'instrument lyrique, sur les cordes duquel ne résonnaient encore que des hymnes profanes, mais qu'on pouvait porter dans le temple pour y chanter les gloires de Dieu et les douleurs de l'homme.

C'est au retour de cette hospitalité du duc de Rohan à la Roche-Guyon que j'écrivis ces vers.

Depuis, nous suivîmes, chacun de notre côté, la route diverse que la destinée trace à chaque existence : lui, vers le sanctuaire et vers le ciel, où il se réfugia jeune, aux premiers orages de la révolution de 1830; moi, vers l'inconnu.

XXVIII

LE CHRÉTIEN MOURANT

Qu'entends-je ? autour de moi l'airain sacré résonne !
Quelle foule pieuse en pleurant m'environne ?
Pour qui ce chant funèbre et ce pâle flambeau ?
O mort, est-ce ta voix qui frappe mon oreille ?
Pour la dernière fois, eh quoi ! je me réveille
      Sur le bord du tombeau !

O toi, d'un feu divin précieuse étincelle,
De ce corps périssable habitante immortelle,
Dissipe ces terreurs : la mort vient t'affranchir !
Prends ton vol, ô mon âme, et dépouille tes chaînes !
Déposer le fardeau des misères humaines,
      Est-ce donc là mourir ?

Oui, le temps a cessé de mesurer mes heures.
Messagers rayonnants des célestes demeures,
Dans quels palais nouveaux allez-vous me ravir ?
Déjà, déjà je nage en des flots de lumière,
L'espace devant moi s'agrandit, et la terre
      Sous mes pieds semble fuir !

Mais qu'entends-je ? Au moment où mon âme s'éveille,
Des soupirs, des sanglots ont frappé mon oreille !
Compagnons de l'exil, quoi ! vous pleurez ma mort !
Vous pleurez ! et déjà dans la coupe sacrée
J'ai bu l'oubli des maux, et mon âme enivrée
      Entre au céleste port.

COMMENTAIRE

Ces strophes jaillirent de mon cœur et furent écrites un matin, au pied de mon lit, par un de mes amis, M. de Montchalin, qui me soignait comme un frère dans une longue et dangereuse maladie dont je fus atteint à Paris en 1819.

M. de Montchalin vit encore, et je l'aime toujours de la même amitié. J'aurais dû lui dédier ces vers.

XXIX

DIEU

A M. L'ABBÉ F. DE LAMENNAIS

Oui, mon âme se plait à secouer ses chaînes :
Déposant le fardeau des misères humaines,
Laissant errer mes sens dans ce monde des corps,
Au monde des esprits je monte sans efforts.
Là, foulant à mes pieds cet univers visible,
Je plane en liberté dans les champs du possible.
Mon âme est à l'étroit dans sa vaste prison :
Il me faut un séjour qui n'ait pas d'horizon.

Comme une goutte d'eau dans l'Océan versée,
L'infini dans son sein absorbe ma pensée ;
Là, reine de l'espace et de l'éternité,
Elle ose mesurer le temps, l'immensité,

Aborder le néant, parcourir l'existence,
Et concevoir de Dieu l'inconcevable essence.
Mais, sitôt que je veux peindre ce que je sens,
Toute parole expire en efforts impuissants ;
Mon âme croit parler, ma langue embarrassée
Frappe l'air de vains sons, ombre de ma pensée.

Dieu fit pour les esprits deux langages divers :
En sons articulés l'un vole dans les airs ;
Ce langage borné s'apprend parmi les hommes,
Il suffit au besoin de l'exil où nous sommes,
Et, suivant des mortels les destins inconstants,
Change avec les climats ou passe avec les temps.
L'autre, éternel, sublime, universel, immense,
Est le langage inné de toute intelligence :
Ce n'est point un son mort dans les airs répandu,
C'est un verbe vivant dans le cœur entendu ;
On l'entend, on l'explique, on le parle avec l'âme ;
Ce langage senti touche, illumine, enflamme ;
De ce que l'âme éprouve interprètes brûlants,
Il n'a que des soupirs, des ardeurs, des élans ;
C'est la langue du ciel que parle la prière,
Et que le tendre amour comprend seul sur la terre.

Aux pures régions où j'aime à m'envoler
L'enthousiasme aussi vient me la révéler ;
Lui seul est mon flambeau dans cette nuit profonde,
Et mieux que la raison il m'explique le monde.
Viens donc ! il est mon guide, et je veux t'en servir ;
A ses ailes de feu, viens, laisse-toi ravir !
Déjà l'ombre du monde à nos regards s'efface,
Nous échappons au temps, nous franchissons l'espace,
Et, dans l'ordre éternel de la réalité,
Nous voilà face à face avec la vérité !

Cet astre universel, sans déclin, sans aurore,
C'est Dieu, c'est ce grand Tout, qui soi-même s'adore.
Il est; tout est en lui : l'immensité, les temps,
De son être infini sont les purs éléments;
L'espace est son séjour, l'éternité son âge;
Le jour est son regard, le monde est son image;
Tout l'univers subsiste à l'ombre de sa main;
L'être, à flots éternels découlant de son sein,
Comme un fleuve nourri par cette source immense,
S'en échappe et revient finir où tout commence.
Sans bornes comme lui, ses ouvrages parfaits
Bénissent en naissant la main qui les a faits.
Il peuple l'infini chaque fois qu'il respire;
Pour lui, vouloir c'est faire, exister c'est produire.
Tirant tout de soi seul, rapportant tout à soi,
Sa volonté suprême est sa suprême loi.
Mais cette volonté, sans ombre et sans faiblesse,
Est à la fois puissance, ordre, équité, sagesse.
Sur tout ce qui peut être il l'exerce à son gré;
Le néant jusqu'à lui s'élève par degré :
Intelligence, amour, force, beauté, jeunesse,
Sans s'épuiser jamais, il peut donner sans cesse,
Et, comblant le néant de ses dons précieux,
Des derniers rangs de l'être il peut tirer des dieux !
Mais ces dieux de sa main, ces fils de sa puissance,
Mesurent d'eux à lui l'éternelle distance,
Tendant par leur nature à l'être qui les fit :
Il est leur fin à tous, et lui seul se suffit !

Voilà, voilà le Dieu que tout esprit adore,
Qu'Abraham a servi, que rêvait Pythagore,
Que Socrate annonçait, qu'entrevoyait Platon;
Ce Dieu que l'univers révèle à la raison,

Que la justice attend, que l'infortune espère,
Et que le Christ enfin vint montrer à la terre !
Ce n'est plus là ce Dieu par l'homme fabriqué,
Ce Dieu par l'imposture à l'erreur expliqué,
Ce Dieu, défiguré par la main des faux prêtres,
Qu'adoraient en tremblant nos crédules ancêtres :
Il est seul, il est un, il est juste, il est bon ;
La terre voit son œuvre, et le ciel sait son nom !

Heureux qui le connaît ! plus heureux qui l'adore,
Qui, tandis que le monde ou l'outrage ou l'ignore,
Seul, au rayon pieux des lampes de la nuit,
S'élève au sanctuaire où la foi l'introduit,
Et, consumé d'amour et de reconnaissance,
Brûle, comme l'encens, son âme en sa présence !
Mais, pour monter à lui, notre esprit abattu
Doit emprunter d'en haut sa force et sa vertu ;
Il faut voler au ciel sur des ailes de flamme :
Le désir et l'amour sont les ailes de l'âme.

Ah ! que ne suis-je né dans l'âge où les humains,
Jeunes, à peine encore échappés de ses mains,
Près de Dieu par le temps, plus près par l'innocence,
Conversaient avec lui, marchaient en sa présence !
Que n'ai-je vu le monde à son premier soleil !
Que n'ai-je entendu l'homme à son premier réveil !
Tout lui parlait de toi, tu lui parlais toi-même ;
L'univers respirait ta majesté suprême ;
La nature, sortant des mains du Créateur,
Étalait en tous sens le nom de son Auteur :
Ce nom, caché depuis sous la rouille des âges,
En traits plus éclatants brillait sur tes ouvrages ;
L'homme dans le passé ne remontait qu'à toi ;
Il invoquait son père, et tu disais : « C'est moi. »

Longtemps comme un enfant ta voix daigna l'instruire,
Et par la main longtemps tu voulus le conduire.
Que de fois dans ta gloire à lui tu t'es montré,
Aux vallons de Sennar, aux chênes de Membré,
Dans le buisson d'Horeb, ou sur l'auguste cime
Où Moïse aux Hébreux dictait sa loi sublime !
Ces enfants de Jacob, premiers-nés des humains,
Reçurent quarante ans la manne de tes mains :
Tu frappais leur esprit par tes vivants oracles ;
Tu parlais à leurs yeux par la voix des miracles ;
Et, lorsqu'ils t'oubliaient, tes anges descendus
Rappelaient ta mémoire à leurs cœurs éperdus.
Mais enfin, comme un fleuve éloigné de sa source,
Ce souvenir si pur s'altéra dans sa course ;
De cet astre vieilli la sombre nuit des temps
Éclipsa par degrés les rayons éclatants.
Tu cessas de parler : l'oubli, la main des âges,
Usèrent ce grand nom empreint dans tes ouvrages ;
Les siècles en passant firent pâlir la foi ;
L'homme plaça le doute entre le monde et toi.

Oui, ce monde, Seigneur, est vieilli pour ta gloire ;
Il a perdu ton nom, ta trace et ta mémoire,
Et pour les retrouver il nous faut, dans son cours,
Remonter flots à flots le long fleuve des jours.
Nature, firmament, l'œil en vain vous contemple :
Hélas ! sans voir le Dieu, l'homme admire le temple !
Il voit, il suit en vain, dans les déserts des cieux,
De leurs mille soleils le cours mystérieux ;
Il ne reconnaît plus la main qui les dirige :
Un prodige éternel cesse d'être un prodige.
Comme ils brillaient hier, ils brilleront demain !
Qui sait où commença leur glorieux chemin ?

Qui sait si ce flambeau, qui luit et qui féconde,
Une première fois s'est levé sur le monde?
Nos pères n'ont point vu briller son premier tour,
Et les jours éternels n'ont point de premier jour.
Sur le monde moral en vain ta providence
Dans ces grands changements révèle ta présence :
C'est en vain qu'en tes jeux l'empire des humains
Passe d'un sceptre à l'autre, errant de mains en mains ;
Nos yeux, accoutumés à sa vicissitude,
Se sont fait de la gloire une froide habitude.
Les siècles ont tant vu de ces grands coups du sort !
Le spectacle est usé, l'homme engourdi s'endort.

Réveille-nous, grand Dieu ! parle, et change le monde.
Fais entendre au néant la parole féconde :
Il est temps ! lève-toi ! sors de ce long repos ;
Tire un autre univers de cet autre chaos !
A nos yeux assoupis il faut d'autres spectacles ;
A nos esprits flottants il faut d'autres miracles.
Change l'ordre des cieux qui ne nous parle plus ;
Lance un nouveau soleil à nos yeux éperdus ;
Détruis ce vieux palais, indigne de ta gloire ;
Viens ! montre-toi toi-même, et force-nous de croire !

Mais peut-être, avant l'heure où dans les cieux déserts
Le soleil cessera d'éclairer l'univers,
De ce soleil moral la lumière éclipsée
Cessera par degrés d'éclairer la pensée,
Et le jour qui verra ce grand flambeau détruit
Plongera l'univers dans l'éternelle nuit.

Alors tu briseras ton inutile ouvrage ;
Ses débris foudroyés rediront d'âge en âge :

« Seul je suis ! hors de moi rien ne peut subsister !
L'homme cessa de croire, il cessa d'exister ! »

COMMENTAIRE

J'avais connu M. de Lamennais par son Essai sur l'indifférence. *Il m'avait connu par quelques vers de moi que lui avait récités M. de Genoude, alors son ami et le mien. L'*Essai sur l'indifférence *m'avait frappé comme une page de J.-J. Rousseau retrouvée dans le* XIXe *siècle. Je m'attachais peu aux arguments, qui me paraissaient faibles; mais l'argumentation me ravissait. Ce style réalisait la grandeur, la vigueur et la couleur que je portais dans mon idéal de jeune homme. J'avais besoin d'épancher mon admiration. Je ne pouvais le faire qu'en m'élevant au sujet le plus haut de la pensée humaine, Dieu. J'écrivis ces vers en retournant seul à cheval de Paris à Chambéry, par de belles et longues journées du mois de mai. Je n'avais ni papier, ni crayon, ni plume. Tout se gravait dans ma mémoire à mesure que tout sortait de mon cœur et de mon imagination. La solitude et le silence des grandes routes à une certaine distance de Paris, l'aspect de la nature et du ciel, la splendeur de la saison, ce sentiment de voluptueux frisson que j'ai toujours éprouvé en quittant le tumulte d'une grande capitale pour me replonger dans l'air muet, profond et limpide des grands horizons, tout semblable, pour mon âme, à ce frisson qui saisit et raf-*

fermit les nerfs quand on se plonge pour nager dans les vagues bleues et fraîches de la Méditerranée; enfin, le pas cadencé de mon cheval, qui berçait ma pensée comme mon corps, tout cela m'aidait à rêver, à contempler, à penser, à chanter. En arrivant, le soir, au cabaret de village où je m'arrêtais ordinairement pour passer la nuit, et après avoir donné l'avoine, le seau d'eau du puits et étendu la paille de sa litière à mon cheval, que j'aimais mieux encore que mes vers, je demandais une plume et du papier à mon hôtesse, et j'écrivais ce que j'avais composé dans la journée. En arrivant à Urcy, dans les bois de la haute Bourgogne, au château de mon oncle, l'abbé de Lamartine, mes vers étaient terminés.

XXX

L'AUTOMNE

Salut, bois couronnés d'un reste de verdure !
Feuillages jaunissants sur les gazons épars !
Salut, derniers beaux jours ! le deuil de la nature
Convient à la douleur et plaît à mes regards.

Je suis d'un pas rêveur le sentier solitaire ;
J'aime à revoir encor, pour la dernière fois,
Ce soleil pâlissant, dont la faible lumière
Perce à peine à mes pieds l'obscurité des bois.

Oui, dans ces jours d'automne où la nature expire,
A ses regards voilés je trouve plus d'attraits :
C'est l'adieu d'un ami, c'est le dernier sourire
Des lèvres que la mort va fermer pour jamais.

Ainsi, prêt à quitter l'horizon de la vie,
Pleurant de mes longs jours l'espoir évanoui,
Je me retourne encore et d'un regard d'envie
Je contemple ces biens dont je n'ai pas joui.

Terre, soleil, vallons, belle et douce nature,
Je vous dois une larme au bord de mon tombeau ;
L'air est si parfumé ! la lumière est si pure !
Aux regards d'un mourant le soleil est si beau !

Je voudrais maintenant vider jusqu'à la lie
Ce calice mêlé de nectar et de fiel :
Au fond de cette coupe où je buvais la vie,
Peut-être restait-il une goutte de miel !

Peut-être l'avenir me gardait-il encore
Un retour de bonheur dont l'espoir est perdu !
Peut-être, dans la foule, une âme que j'ignore
Aurait compris mon âme, et m'aurait répondu !...

La fleur tombe en livrant ses parfums au zéphire ;
A la vie, au soleil, ce sont là ses adieux :
Moi, je meurs ; et mon âme, au moment qu'elle expire,
S'exhale comme un son triste et mélodieux.

COMMENTAIRE

Cette pièce ne comporte aucun commentaire. Il n'y a pas une âme contemplative et sensible qui n'ait, à certains moments de ses premières amertumes, détourné la lèvre de la coupe de la vie, et embrassé la mort souriante sous ce ravissant aspect d'une automne expirante dans la sérénité des derniers jours d'octobre; et puis qui, prête à mourir, n'ait repris à l'existence par le regret, et voulu confondre au moins un dernier murmure d'adieu avec les derniers soupirs du vent du soir dans les pampres, ou avec la lueur du dernier rayon de l'année sur les sommets rosés de neige des montagnes.

Ces vers sont cette lutte entre l'instinct de tristesse qui fait accepter la mort, et l'instinct de bonheur qui fait regretter la vie. Ils furent écrits en 1819, après les premiers désenchantements de la première adolescence. Mais ils font déjà allusion à l'attachement sérieux que le poëte avait conçu pour une jeune Anglaise qui fut depuis la compagne de sa vie.

XXXI

LA POÉSIE SACRÉE

DITHYRAMBE

A M. EUGÈNE DE GENOUDE *

Son front est couronné de palmes et d'étoiles;
Son regard immortel, que rien ne peut ternir,
Traversant tous les temps, soulevant tous les voiles,
Réveille le passé, plonge dans l'avenir.

---

* M. de Genoude, à qui ce dithyrambe est adressé, est le premier qui ait fait passer dans la langue française la sublime poésie des Hébreux. Jusqu'à présent nous ne connaissions que le sens des livres de Job, d'Isaïe, de David; grâce à lui, l'expression, la couleur, le mouvement, l'énergie, vivent aujourd'hui dans notre langue. Ce dithyrambe est un témoignage de la reconnaissance de l'auteur pour la manière nouvelle dont M. de Genoude lui a fait envisager la poésie sacrée.

Du monde sous ses yeux les fastes se déroulent,
Les siècles à ses pieds comme un torrent s'écoulent;
A son gré descendant ou remontant leur cours,
Elle sonne aux tombeaux l'heure, l'heure fatale,
  Ou sur sa lyre virginale
Chante au monde vieilli ce jour, père des jours.

  Écoutez! — Jéhovah s'élance
  Du sein de son éternité.
Le chaos endormi s'éveille en sa présence,
Sa vertu le féconde, et sa toute-puissance
  Repose sur l'immensité.

Dieu dit, et le jour fut; Dieu dit, et les étoiles
De la nuit éternelle éclaircirent les voiles;
  Tous les éléments divers
  A sa voix se séparèrent;
  Les eaux soudain s'écoulèrent
  Dans le lit creusé des mers;
  Les montagnes s'élevèrent,
  Et les aquilons volèrent
  Dans les libres champs des airs.

Sept fois de Jéhovah la parole féconde
  Se fit entendre au monde,
Et sept fois le néant à sa voix répondit.
Et Dieu dit: « Faisons l'homme à ma vivante image. »
Il dit, l'homme naquit; à ce dernier ouvrage
Le Verbe créateur s'arrête et s'applaudit.

Mais ce n'est plus un Dieu ! — c'est l'homme qui soupire :
Éden a fui... Voilà le travail et la mort.
      Dans les larmes sa voix expire ;
La corde du bonheur se brise sur sa lyre,
Et Job en tire un son triste comme le sort.

« Ah ! périsse à jamais le jour qui m'a vu naître !
Ah ! périsse à jamais la nuit qui m'a conçu,
      Et le sein qui m'a donné l'être,
      Et les genoux qui m'ont reçu !

« Que du nombre des jours Dieu pour jamais l'efface !
Que, toujours obscurci des ombres du trépas,
Ce jour parmi les jours ne trouve plus sa place !
      Qu'il soit comme s'il n'était pas !

« Maintenant dans l'oubli je dormirais encore,
      Et j'achèverais mon sommeil
Dans cette longue nuit qui n'aura point d'aurore,
Avec ces conquérants que la terre dévore,
Avec le fruit conçu qui meurt avant d'éclore
      Et qui n'a pas vu le soleil.

    « Mes jours déclinent comme l'ombre ;
    Je voudrais les précipiter.
    O mon Dieu ! retranchez le nombre
    Des soleils que je dois compter !
    L'aspect de ma longue infortune
    Éloigne, repousse, importune
    Mes frères lassés de mes maux ;
    En vain je m'adresse à leur foule,
    Leur pitié m'échappe et s'écoule
    Comme l'onde au flanc des coteaux.

« Ainsi qu'un nuage qui passe,
Mon printemps s'est évanoui;
Mes yeux ne verront plus la trace
De tous ces biens dont j'ai joui.
Par le souffle de la colère,
Hélas! arraché de la terre,
Je vais d'où l'on ne revient pas :
Mes vallons, ma propre demeure,
Et cet œil même qui me pleure,
Ne reverront jamais mes pas !

« L'homme vit un jour sur la terre
Entre la mort et la douleur ;
Rassasié de sa misère,
Il tombe enfin comme la fleur.
Il tombe! Au moins par la rosée
La racine fertilisée
Peut-elle un moment refleurir ;
Mais l'homme, hélas! après la vie,
C'est un lac dont l'eau s'est enfuie :
On le cherche, il vient de tarir.

« Mes jours fondent comme la neige
Au souffle du courroux divin ;
Mon espérance, qu'il abrège,
S'enfuit comme l'eau de ma main.
Ouvrez-moi mon dernier asile :
Là, j'ai dans l'ombre un lit tranquille,
Lit préparé pour mes douleurs.
O tombeau, vous êtes mon père !
Et je dis aux vers de la terre :
« Vous êtes ma mère et mes sœurs! »

« Mais les jours heureux de l'impie
Ne s'éclipsent pas au matin ;

Tranquille, il prolonge sa vie
Avec le sang de l'orphelin.
Il étend au loin ses racines ;
Comme un troupeau sur les collines,
Sa famille couvre Ségor ;
Puis dans un riche mausolée
Il est couché dans la vallée,
Et l'on dirait qu'il vit encor.

« C'est le secret de Dieu. Je me tais et j'adore.
C'est sa main qui traça les sentiers de l'aurore,
Qui pesa l'Océan, qui suspendit les cieux.
Pour lui l'abime est nu, l'enfer même est sans voiles.
Il a fondé la terre et semé les étoiles :
  Et que suis-je à ses yeux ? »

Mais la harpe a frémi sous les doigts d'Isaïe ;
De son sein bouillonnant la menace à longs flots
S'échappe ; un Dieu l'appelle, il s'élance, il s'écrie :
« Cieux et terre, écoutez ! silence au fils d'Amos !

« Osias n'était plus : Dieu m'apparut ; je vis
Adonaï vêtu de gloire et d'épouvante ;
Les bords éblouissants de sa robe flottante
  Remplissaient le sacré parvis.

« Des séraphins, debout sur des marches d'ivoire,
Se voilaient devant lui de six ailes de feux ;
Volant de l'un à l'autre, ils se disaient entre eux :
« Saint, saint, saint, le Seigneur, le Dieu, le roi des dieux !
 Toute la terre est pleine de sa gloire ! »

« Du temple à ces accents la voûte s'ébranla,
Adonaï s'enfuit sous la nue enflammée :
Le saint lieu fut rempli de torrents de fumée,
    La terre sous mes pieds trembla.

« Et moi, je resterais dans un lâche silence !
Moi qui t'ai vu, Seigneur, je n'oserais parler !
    A ce peuple impur qui t'offense
    Je craindrais de te révéler !

« Qui marchera pour nous ? » dit le Dieu des armées.
« Qui parlera pour moi ? » dit Dieu. — Qui ? moi, Seigneur ;
    Touche mes lèvres enflammées :
    Me voilà ! je suis prêt !... Malheur,

    « Malheur à vous qui dès l'aurore
    Respirez les parfums du vin,
    Et que le soir retrouve encore
    Chancelants aux bords du festin !
    Malheur à vous qui par l'usure
    Étendez sans fin ni mesure
    La borne immense de vos champs !
    Voulez-vous donc, mortels avides,
    Habiter dans vos champs arides,
    Seuls, sur la terre des vivants ?

    « Malheur à vous, race insensée,
    Enfants d'un siècle audacieux,
    Qui dites dans votre pensée :
    « Nous sommes sages à nos yeux ! »
    Vous changez la nuit en lumière
    Et le jour en ombre grossière
    Où se cachent vos voluptés ;
    Mais, comme un taureau dans la plaine,

Vous traînez après vous la chaine
De vos longues iniquités.

« Malheur à vous, filles de l'onde,
Iles de Sidon et de Tyr !
Tyrans, qui trafiquez du monde
Avec la pourpre et l'or d'Ophir,
Malheur à vous ! votre heure sonne ;
En vain l'Océan vous couronne !
Malheur à toi, reine des eaux,
A toi qui, sur des mers nouvelles,
Fais retentir comme des ailes
Les voiles de mille vaisseaux !

« Ils sont enfin venus, les jours de ma justice ;
Ma colère, dit Dieu, se déborde sur vous !
    Plus d'encens, plus de sacrifice
    Qui puisse éteindre mon courroux !

« Je livrerai ce peuple à la mort, au carnage ;
Le fer moissonnera comme l'herbe sauvage
    Ses bataillons entiers.
— Seigneur, épargnez-nous ! Seigneur ! — Non, point de trêve
Et je ferai sur lui ruisseler de mon glaive
    Le sang de ses guerriers !

« Ses torrents sécheront sous ma brûlante haleine ;
Ma main nivellera, comme une vaste plaine,
    Ses murs et ses palais :
Le feu les brûlera comme il brûle le chaume.
Là, plus de nation, de ville, de royaume ;
    Le silence à jamais !

« Ses murs se couvriront de ronces et d'épines;
L'hyène et le serpent peupleront ses ruines;
    Les hiboux, les vautours,
L'un l'autre s'appelant durant la nuit obscure,
Viendront à leurs petits porter la nourriture
    Au sommet de ses tours. »

Mais Dieu ferme à ces mots les lèvres d'Isaïe.
    Le sombre Ézéchiel
Sur le tronc desséché de l'ingrat Israël
Fait descendre à son tour la parole de vie.

« L'Éternel emporta mon esprit au désert.
D'ossements desséchés le sol était couvert;
J'approche en frissonnant; mais Jéhovah me crie:
« Si je parle à ces os, reprendront-ils la vie?
— Éternel, tu le sais. — Eh bien! dit le Seigneur,
Écoute mes accents; retiens-les, et dis-leur:
« Ossements desséchés, insensible poussière,
Levez-vous! recevez l'esprit et la lumière!
Que vos membres épars s'assemblent à ma voix!
Que l'esprit vous anime une seconde fois!
Qu'entre vos os flétris vos muscles se replacent!
Que votre sang circule et vos nerfs s'entrelacent!
Levez-vous et vivez, et voyez qui je suis! »
J'écoutai le Seigneur, j'obéis, et je dis:
« Esprit, soufflez sur eux du couchant, de l'aurore;
Soufflez de l'aquilon, soufflez!... » Pressés d'éclore,
Ces restes du tombeau, réveillés par mes cris,
Entre-choquent soudain leurs ossements flétris;

Aux clartés du soleil leur paupière se rouvre,
Leurs os sont rassemblés, et la chair les recouvre !
Et ce champ de la mort tout entier se leva,
Redevint un grand peuple, et connut Jéhovah ! »

Mais Dieu de ses enfants a perdu la mémoire ;
La fille de Sion, méditant ses malheurs,
S'assied en soupirant, et, veuve de sa gloire,
Écoute Jérémie, et retrouve des pleurs.

« Le Seigneur, m'accablant du poids de sa colère,
Retire tour à tour et ramène sa main.
  Vous qui passez par le chemin,
Est-il une misère égale à ma misère ?

« En vain ma voix s'élève, il n'entend plus ma voix.
Il m'a choisi pour but de ses flèches de flamme,
  Et tout le jour contre mon âme
Sa fureur a lancé les fils de son carquois.

« Sur mes os consumés ma peau s'est desséchée ;
Les enfants m'ont chanté dans leurs dérisions ;
  Seul, au milieu des nations,
Le Seigneur m'a jeté comme une herbe arrachée.

« Il s'est enveloppé de son divin courroux ;
Il a fermé ma route, il a troublé ma voie ;
  Mon sein n'a plus connu la joie,
Et j'ai dit au Seigneur : « Seigneur, souvenez-vous,

« Souvenez-vous, Seigneur, de ces jours de colère ;
Souvenez-vous du fiel dont vous m'avez nourri !
    Non, votre amour n'est point tari :
Vous me frappez, Seigneur, et c'est pourquoi j'espère.

« Je repasse en pleurant ces misérables jours ;
J'ai connu le Seigneur dès ma plus tendre aurore :
    Quand il punit, il aime encore ;
Il ne s'est pas, mon âme, éloigné pour toujours.

« Heureux qui le connaît ! heureux qui, dès l'enfance,
Porta le joug d'un Dieu clément dans sa rigueur !
    Il croit au salut du Seigneur,
S'assied au bord du fleuve, et l'attend en silence.

« Il sent peser sur lui ce joug de votre amour ;
Il répand dans la nuit ses pleurs et sa prière,
    Et, la bouche dans la poussière,
Il invoque, il espère, il attend votre jour. »

Silence, ô lyre ! et vous, silence,
Prophètes, voix de l'avenir !
Tout l'univers se tait d'avance
Devant celui qui doit venir.
Fermez-vous, lèvres inspirées ;
Reposez-vous, harpes sacrées,
Jusqu'au jour où, sur les hauts lieux,
Une voix au monde inconnue
Fera retentir dans la nue :
« Paix à la terre et gloire aux cieux ! »

COMMENTAIRE

J'avais peu lu la Bible. J'avais parcouru seulement, comme tout le monde, les strophes des psaumes de David ou des prophètes, dans les livres d'heures de ma mère. Ces langues de feu m'avaient ébloui. Mais cela me paraissait si peu en rapport avec le genre de poésie adapté à nos civilisations et à nos sentiments d'aujourd'hui, que je n'avais jamais pensé à lire de suite ces feuilles détachées des sibylles bibliques.

Il y avait en ce temps à Paris un jeune homme d'une figure spirituelle, fine et douce, qu'on appelait M. de Genoude. Je l'avais rencontré chez son ami le duc de Rohan. Il cultivait aussi M. de Lamennais, M. de Montmorency, M. de Chateaubriand. Il me témoigna un des premiers une tendre admiration pour mes poésies, dont il ne connaissait que quelques pages. Nous nous liâmes d'une certaine amitié. Ce jeune homme traduisait alors la Bible. Il arrivait souvent chez moi le matin, les épreuves de sa traduction à la main, et je lui faisais lire des fragments qui me révélaient une région plus haute et plus merveilleuse de poésie.

Ces entretiens et ces lectures m'inspirèrent l'idée de rassembler dans un seul chant les différents caractères et les principales images des divers poëtes sacrés. J'écrivis ceci en cinq ou six matinées, au bruit des causeries de mes amis, dans ma petite chambre de l'hôtel de Richelieu. J'en fis hommage à M. de Genoude, par reconnaissance de son affection pour moi.

Il m'aida, quelque temps après, à trouver un éditeur

pour mon premier volume des Méditations. *Il fut constamment plein d'obligeance et de grâce amicale pour moi. Il se destinait alors à l'état ecclésiastique. Quelques années plus tard, il renonça à cette pensée, rencontra dans le monde une jeune personne d'une grâce noble et d'une âme plus noble encore: il l'épousa; elle lui laissa des fils. Le veuvage et la tristesse le ramenèrent à ses premières vocations. Il entra au séminaire et se fit prêtre; mais il voulut, et je m'en affligeai pour lui, avoir un pied dans le sanctuaire, un pied dans le monde politique. Fausse attitude. Dieu est jaloux, et le monde est logique. Le prêtre, dans aucune religion, ne peut combattre. M. de Genoude resta journaliste, et devint député. La politique ne rompit pas notre ancienne amitié, mais elle rompit nos opinions et nos rapports. Il mourut les armes à la main. J'aurais voulu qu'il les déposât au pied de l'autel avant l'heure du tombeau. N'importe! Nous nous trompons tous: quelle est donc la vie qui n'ait pas de fausses routes? Une larme les efface, une intention droite les redresse: Dieu est grand! — Il reste de M. de Genoude une mémoire sans tache, d'immenses travaux qui ont vulgarisé le sentiment de la liberté en greffant ce sentiment sur des idées ou sur des préjugés monarchiques, et de l'estime dans tous les partis. Sa mort laisse un vide dans mes souvenirs. Je le voyais peu dans le présent, mais je l'aimais dans son passé.*

LE PASTEUR ET LE PÊCHEUR*

FRAGMENT D'ÉGLOGUE MARINE

1826

C'était l'heure chantante où, plus doux que l'aurore,
Le jour en expirant semble sourire encore
Et laisse le zéphyr dormant sous les rameaux
En descendre avec l'ombre et flotter sur les eaux ;
La cloche dans la tour, lentement ébranlée,
Roulait ses longs soupirs de vallée en vallée,
Comme une voix du soir qui, mourant sur les flots,
Rappelle avant la nuit la nature au repos.
Les villageois, épars autour de leurs chaumières,
Cadençaient à ses sons leurs rustiques prières,
Rallumaient en chantant la flamme des foyers,
Suspendaient les filets aux troncs des peupliers,

---

* Cette pièce et les suivantes ont été ajoutées dans l'édition dite des Souscripteurs, publiée par l'auteur, en 1849. *(Note des Éditeurs.)*

Ou, déliant le joug de leurs taureaux superbes,
Répandaient devant eux l'or savoureux des gerbes ;
Puis, assis en silence au seuil de leurs séjours,
Attendaient le sommeil, ce doux prix de leurs jours.

Deux enfants du hameau, l'un pasteur du bocage,
L'autre jeune pêcheur de l'orageuse plage,
Consacrant à l'amour l'heure oisive du soir,
A l'ombre du même arbre étaient venus s'asseoir ;
Là, pour goûter le frais au pied du sycomore,
Chacun avait conduit la vierge qu'il adore :
Néære et Næala, deux jeunes sœurs, deux lis
Que sur la même tige un seul souffle a cueillis.
Les deux amants, couchés aux genoux des bergères,
Les regardaient tresser les tiges des fougères.
Un tertre de gazon, d'anémones semé,
Étendait sous la pente un tapis parfumé ;
La mer le caressait de ses vagues plaintives ;
Douze chênes, courbant leurs vieux troncs sur ses rives,
Ne laissaient sous leur feuille entrevoir qu'à demi
Le bleu du firmament dans son flot endormi.
Un arbre dont la vigne enlaçait le feuillage
Leur versait la fraîcheur de son mobile ombrage ;
Et non loin derrière eux, dans un champ déjà mûr,
Où le pampre et l'érable entrelaçaient leur mur,
Ils entendaient le bruit de la brise inégale
Tomber, se relever, gémir par intervalle,
Et, ranimant les airs par le jour assoupis,
Glisser en bruissant entre l'or des épis.

Ils disputaient entre eux des doux soins de leur vie ;
Chacun trouvait son sort le plus digne d'envie :
L'humble berger vantait les doux soins des troupeaux,
Le pêcheur sa nacelle et le charme des eaux ;

Quand un vieillard leur dit avec un doux sourire :
« Chantez ce que les champs ou l'onde vous inspire !
Chantez ! Celui des deux dont la touchante voix
Saura mieux faire aimer les vagues ou les bois,
Des mains de la maîtresse à qui sa voix est chère
Recevra le doux prix de ses accords : Néære,
Offrant à son amant le prix des moissonneurs,
A sa dernière gerbe attachera des fleurs ;
Et Næala, tressant les roses qu'elle noue,
De l'esquif du pêcheur couronnera la proue,
Et son mât tout le jour, aux yeux des matelots,
De ses bouquets flottants parfumera les flots. »
Ainsi dit le vieillard. On consent en silence :
Le beau pêcheur médite, et le pasteur commence.

LE PASTEUR.

Quand l'astre du printemps, au berceau d'un jour pur,
Lève à moitié son front dans le changeant azur ;
Quand l'aurore, exhalant sa matinale haleine,
Épand les doux parfums dont la vallée est pleine,
Et, faisant incliner le calice des fleurs,
De la nuit sur les prés laisse épancher les pleurs ;
Alors que du matin la vive messagère,
L'alouette, quittant son nid dans la fougère,
Et modulant des airs gais comme le réveil,
Monte, plane et gazouille au-devant du soleil :
Saisissant mes taureaux par leur corne glissante,
Je courbe sous le joug leur tête mugissante ;
Par des nœuds douze fois sur leurs fronts redoublés,
J'attache au bois poli leurs membres accouplés ;
L'anneau brillant d'acier au timon les enchaîne ;

J'entrelace à leur joug de longs festons de chêne,
Dont la feuille mobile et les flottants rameaux
De l'ardeur du midi protègent leurs naseaux.

. . . .

A UNE FLEUR

SÉCHÉE DANS UN ALBUM

1827

Il m'en souvient, c'était aux plages
Où m'attire un ciel du Midi,
Ciel sans souillure et sans orages,
Où j'aspirais sous les feuillages
Les parfums d'un air attiédi.

Une mer qu'aucun bord n'arrête
S'étendait bleue à l'horizon ;
L'oranger, cet arbre de fête,
Neigeait par moments sur ma tête ;
Des odeurs montaient du gazon.

Tu croissais près d'une colonne
D'un temple écrasé par le temps ;
Tu lui faisais une couronne,
Tu parais son tronc monotone
Avec tes chapiteaux flottants.

Fleur qui décores la ruine
Sans un regard pour t'admirer,
Je cueillis ta blanche étamine,
Et j'emportai sur ma poitrine
Tes parfums pour les respirer !

Aujourd'hui, ciel, temple, rivage,
Tout a disparu sans retour :
Ton parfum est dans le nuage,
Et je trouve, en tournant la page,
La trace morte d'un beau jour !

A UNE ENFANT, FILLE DU POËTE

1831

Céleste fille du poëte,
La vie est un hymne à deux voix.
Son front sur le tien se reflète,
Sa lyre chante sous tes doigts.

Sur tes yeux quand sa bouche pose
Le baiser calme et sans frisson,
Sur ta paupière blanche et rose
Le doux baiser a plus de son.

Dans ses bras quand il te soulève
Pour te montrer au ciel jaloux,
On croit voir son plus divin rêve
Qu'il caresse sur ses genoux !

Quand son doigt te permet de lire
Les vers qu'il vient de soupirer,
On dirait l'âme de sa lyre
Qui se penche pour l'inspirer.

Il récite; une larme brille
Dans tes yeux attachés sur lui.
Dans cette larme de sa fille
Son cœur nage, sa gloire a lui !

Du chant que ta bouche répéte
Son cœur ému jouit deux fois.
Céleste fille du poëte,
La vie est un hymne à deux voix.

LES FLEURS

1837

O terre, vil monceau de boue
Où germent d'épineuses fleurs,
Rendons grâce à Dieu, qui secoue
Sur ton sein ses fraîches couleurs !

Sans ces urnes où goutte à goutte
Le ciel rend la force à nos pas,
Tout serait désert, et la route
Au ciel ne s'achèverait pas.

Nous dirions : « A quoi bon poursuivre
Ce sentier qui mène au cercueil ?
Puisqu'on se lasse en vain à vivre,
Mieux vaut s'arrêter sur le seuil. »

Mais pour nous cacher les distances,
Sur le chemin de nos douleurs
Tu sèmes le sol d'espérances,
Comme on borde un linceul de fleurs !

Et toi, mon cœur, cœur triste et tendre,
Où chantaient de si fraîches voix ;
Toi qui n'es plus qu'un bloc de cendre
Couvert de charbons noirs et froids,

Ah ! laisse refleurir encore
Ces lueurs d'arrière-saison !
Le soir d'été qui s'évapore
Laisse une pourpre à l'horizon.

Oui, meurs en brûlant, ô mon âme,
Sur ton bûcher d'illusions,
Comme l'astre éteignant sa flamme
S'ensevelit dans ses rayons !

LE
LIS DU GOLFE DE SANTA RESTITUTA

DANS L'ILE D'ISCHIA

1842

Des pêcheurs, un matin, virent un corps de femme
Que la vague nocturne au bord avait roulé;
Même à travers la mort sa beauté touchait l'âme.
Ces fleurs, depuis ce jour, naissent, près de la lame,
    Du sable qu'elle avait foulé.

D'où venait cependant cette vierge inconnue
Demander une tombe aux pauvres matelots?
Nulle nef en péril sur ces mers n'était vue;
Nulle bague à ses doigts : elle était morte et nue,
    Sans autre robe que les flots.

Ils allèrent chercher dans toutes les familles
Le plus beau des linceuls dont on pût la parer;
Pour lui faire un bouquet, des lis et des jonquilles;
Pour lui chanter l'adieu, des chœurs de jeunes filles,
    Et des mères pour la pleurer.

Ils lui firent un lit de sable où rien ne pousse,
Symbole d'amertume et de stérilité ;
Mais les fleurs de pitié rendirent la mer douce,
Le sable de ses bords se revêtit de mousse,
    Et cette fleur s'ouvre l'été.

Vierges, venez cueillir ce beau lis solitaire,
Abeilles de nos cœurs dont l'amour est le miel !
Les anges ont semé sa graine sur la terre ;
Son sol est le tombeau, son nom est un mystère ;
    Son parfum fait rêver du ciel.

LES OISEAUX

1842

Orchestre du Très-Haut, bardes de ses louanges,
Ils chantent à l'été des notes de bonheur;
Ils parcourent les airs avec des ailes d'anges
Échappés tout joyeux des jardins du Seigneur.

Tant que durent les fleurs, tant que l'épi qu'on coupe
Laisse tomber un grain sur les sillons jaunis,
Tant que le rude hiver 'n'a pas gelé la coupe
Où leurs pieds vont poser comme au bord de leurs nids,

Ils remplissent le ciel de musique et de joie :
La jeune fille embaume et verdit leur prison,
L'enfant passe la main sur leur duvet de soie,
Le vieillard les nourrit au seuil de sa maison.

Mais dans les mois d'hiver, quand la neige et le givre
Ont remplacé la feuille et le fruit, où vont-ils?
Ont-ils cessé d'aimer? Ont-ils cessé de vivre?
Nul ne sait le secret de leurs lointains exils.

On trouve au pied de l'arbre une plume souillée,
Comme une feuille morte où rampe un ver rongeur,
Que la brume des nuits a jaunie et mouillée,
Et qui n'a plus, hélas! ni parfum ni couleur.

On voit pendre à la branche un nid rempli d'écailles,
Dont le vent pluvieux balance un noir débris;
Pauvre maison en deuil et vieux pan de murailles
Que les petits, hier, réjouissaient de cris.

O mes charmants oiseaux, vous si joyeux d'éclore!
La vie est donc un piège où le bon Dieu vous prend?
Hélas! c'est comme nous. Et nous chantons encore!
Que Dieu serait cruel, s'il n'était pas si grand!

LE

COQUILLAGE AU BORD DE LA MER

A UNE JEUNE ÉTRANGÈRE

Quand tes beaux pieds distraits errent, ô jeune fille,
Sur ce sable mouillé, frange d'or de la mer,
Baisse-toi, mon amour, vers la blonde coquille
Que Vénus fait, dit-on, polir au flot amer.

L'écrin de l'Océan n'en a point de pareille ;
Les roses de ta joue ont peine à l'égaler ;
Et quand de sa volute on approche l'oreille,
On entend mille voix qu'on ne peut démêler :

Tantôt c'est la tempête avec ses lourdes vagues
Qui viennent en tonnant se briser sur tes pas,
Tantôt c'est la forêt avec ses frissons vagues,
Tantôt ce sont des voix qui chuchotent tout bas.

Oh! ne dirais-tu pas, à ce confus murmure
Que rend le coquillage aux lèvres de carmin,
Un écho merveilleux où l'immense nature
Résume tous ses bruits dans le creux de ta main?

Emporte-la, mon ange! Et quand ton esprit joue
Avec lui-même, oisif, pour charmer tes ennuis,
Sur ce bijou des mers penche en riant ta joue,
Et, fermant tes beaux yeux, recueilles-en les bruits.

Si dans ces mille accents dont sa conque fourmille
Il en est un plus doux qui vienne te frapper,
Et qui s'élève à peine aux bords de la coquille,
Comme un aveu d'amour qui n'ose s'échapper;

S'il a pour ta candeur des terreurs et des charmes;
S'il renaît en mourant presque éternellement;
S'il semble au fond d'un cœur rouler avec des larmes;
S'il tient de l'espérance et du gémissement:

Ne te consume pas à chercher ce mystère!
Ce mélodieux souffle, ô mon ange, c'est moi!
Quel bruit plus éternel et plus doux sur la terre,
Qu'un écho de mon cœur qui m'entretient de toi?

FERRARE

IMPROVISÉ EN SORTANT DU CACHOT
DU TASSE

1844

Que l'on soit homme ou Dieu, tout génie est martyre :
Du supplice plus tard on baise l'instrument ;
L'homme adore la croix où sa victime expire,
Et du cachot du Tasse enchâsse le ciment.

Prison du Tasse ici, de Galilée à Rome,
Échafaud de Sidney, bûchers, croix ou tombeaux,
Ah ! vous donnez le droit de bien mépriser l'homme,
Qui veut que Dieu l'éclaire, et qui hait ses flambeaux !

Grand parmi les petits, libre chez les serviles,
Si le génie expire, il l'a bien mérité ;
Car nous dressons partout aux portes de nos villes
Ces gibets de la gloire et de la vérité.

Loin de nous amollir, que ce sort nous retrempe !
Sachons le prix du don, mais ouvrons notre main.
Nos pleurs et notre sang sont l'huile de la lampe
Que Dieu nous fait porter devant le genre humain !

LA CHARITÉ

HYMNE ORIENTAL

1846

Dieu dit un jour à son soleil :
« Toi par qui mon nom luit, toi que ma droite envoie
Porter à l'univers ma splendeur et ma joie,
Pour que l'immensité me loue à son réveil ;
De ces dons merveilleux que répand ta lumière,
De ces pas de géant que tu fais dans les cieux,
De ces rayons vivants que boit chaque paupière,
Lequel te rend, dis-moi, dans toute ta carrière,
Plus semblable à moi-même et plus grand à tes yeux ? »

Le soleil répondit en se voilant la face :
« Ce n'est pas d'éclairer l'immensurable espace,
De faire étinceler les sables des déserts,
De fondre du Liban la couronne de glace,
Ni de me contempler dans le miroir des mers,
Ni d'écumer de feu sur les vagues des airs;
Mais c'est de me glisser aux fentes de la pierre
Du cachot où languit le captif dans sa tour,
Et d'y sécher des pleurs au bord d'une paupière
Que réjouit dans l'ombre un seul rayon du jour!
— Bien! reprit Jéhovah; c'est comme mon amour! »

Ce que dit le rayon au Bienfaiteur suprême,
Moi, l'insecte chantant, je le dis à moi-même.
Ce qui donne à ma lyre un frisson de bonheur,
Ce n'est pas de frémir au vain souffle de gloire,
Ni de jeter au temps un nom pour sa mémoire,
Ni de monter au ciel dans un hymne vainqueur;
Mais c'est de résonner, dans la nuit du mystère,
Pour l'âme sans écho d'un pauvre solitaire
Qui n'a qu'un son lointain pour tout bruit sur la terre,
Et d'y glisser ma voix par les fentes du cœur.

LES PAVOTS

1847

Lorsque vient le soir de la vie,
Le printemps attriste le cœur;
De sa corbeille épanouie
Il s'exhale un parfum moqueur.
De toutes ces fleurs qu'il étale,
Dont l'amour ouvre le pétale,
Dont les prés éblouissent l'œil,
Hélas! il suffit que l'on cueille
De quoi parfumer d'une feuille
L'oreiller du lit d'un cercueil.

Cueillez-moi ce pavot sauvage
Qui croît à l'ombre de ces blés :
On dit qu'il en coule un breuvage
Qui ferme les yeux accablés.
J'ai trop veillé; mon âme est lasse
De ces rêves qu'un rêve chasse.
Que me veux-tu, printemps vermeil?
Loin de moi ces lis et ces roses!
Que faut-il aux paupières closes?
La fleur qui garde le sommeil!

LA
MORT DE SOCRATE

AVERTISSEMENT

*S*I *la poésie n'est pas un vain assemblage de sons, elle est sans doute la forme la plus sublime que puisse revêtir la pensée humaine; elle emprunte à la musique cette qualité indéfinissable de l'harmonie qu'on a appelée céleste, faute de pouvoir lui trouver un autre nom : parlant aux sens par la cadence des sons, et à l'âme par l'élévation et l'énergie du sens, elle saisit à la fois tout l'homme; elle le charme, le ravit, l'enivre; elle exalte en lui le principe divin; elle lui fait sentir pour un moment ce quelque chose de plus qu'humain qui l'a fait nommer la langue des dieux.*

C'est du moins la langue des philosophes, si la philo-

sophie est ce qu'elle doit être, le plus haut degré d'élévation donné à la pensée humaine, la raison divinisée. La métaphysique et la poésie sont donc sœurs, ou plutôt ne sont qu'une : l'une étant le beau idéal dans la pensée, l'autre le beau idéal dans l'expression. Pourquoi les séparer ? pourquoi dessécher l'une et avilir l'autre ? l'homme a-t-il trop de ses dons célestes pour s'en dépouiller à plaisir ? a-t-il peur de donner trop d'énergie à son âme en réunissant ces deux puissances ? Hélas ! il retombera toujours assez tôt dans les formes et dans les pensées vulgaires ! La sublime philosophie, la poésie digne d'elle, ne sont que des révélations rapides qui viennent interrompre trop rarement la triste monotonie des siècles : ce qui est beau dans tous les genres n'est pas de tous les jours ici-bas ; c'est un éclair de cet autre monde où l'âme s'élève quelquefois, mais où elle ne séjourne pas.

Ces réflexions nous semblent propres à excuser du moins l'auteur de ce fragment d'avoir tenté de fondre ensemble la poésie et la métaphysique de ces belles doctrines du sage des sages. Quoique ce morceau porte le nom de Socrate, on y sent cependant déjà une philosophie plus avancée, et comme un avant-goût du christianisme près d'éclore : si un homme méritait sans doute qu'on lui en supposât d'avance les sublimes inspirations, cet homme était Socrate.

Il avait combattu toute sa vie cet empire des sens que le Christ venait renverser ; sa philosophie était toute religieuse : elle était humble, car il la sentait inspirée ; elle était douce ; elle était tolérante ; elle était résignée ; elle avait deviné l'unité de Dieu, l'immortalité de l'âme, plus encore, s'il faut en croire les commentateurs de Platon et quelques mots étranges échappés de ces deux bouches sublimes. L'homme était allé jusqu'où l'homme pouvait aller ; il fallait une révélation pour lui faire *franchir encore un pas immense. Socrate, lui, en sentait le besoin ; il l'indiquait ; il la préparait par ses discours, par sa vie et par sa mort. Il était digne de l'entrevoir à ses derniers moments; en un mot, il était inspiré; il nous le dit, il nous le répète, et pourquoi refuserions-nous de croire sur parole l'homme qui donnait sa vie pour l'amour de la vérité ? Y a-t-il beaucoup de témoignages qui vaillent la parole de Socrate mourant ? Oui, sans doute, il était inspiré; il était un précurseur de cette révélation définitive que Dieu préparait de temps en temps par des révélations partielles. Car la vérité et la sagesse ne sont point de nous : elles descendent du ciel dans des cœurs choisis qui sont suscités de Dieu selon les besoins des temps. Il les semait çà et là; il les répandait goutte à goutte, pour en donner seulement la connaissance et le désir, jusqu'au moment où il devait nous en rassasier avec plénitude.*

Indépendamment de la sublimité des doctrines qu'il annonçait, la mort de Socrate était un tableau digne des regards des hommes et du ciel; il mourait sans haine pour ses persécuteurs, victime de ses vertus, s'offrant en holocauste pour la vérité. Il pouvait se défendre, il pouvait se renier lui-même; il ne le voulut pas : c'eût été mentir au Dieu qui parlait en lui, et rien n'annonce qu'un sentiment d'orgueil soit venu altérer la pureté, la beauté de ce sublime dévouement. Ses paroles rapportées par Platon sont aussi simples à la fin de son dernier jour qu'au milieu de sa vie; la solennité de ce grand moment de la mort ne donne à ses expressions ni tension ni faiblesse; obéissant avec amour à la volonté des dieux qu'il aime à reconnaître en tout, son dernier jour ne diffère en rien de ses autres jours, si ce n'est qu'il n'aura pas de lendemain ! Il continue avec ses amis le sujet de conversation commencé la veille; il boit la ciguë comme un breuvage ordinaire; il se couche pour mourir, comme il aurait fait pour dormir : tant il est sûr que les dieux sont là, avant, après, partout, et qu'il va se réveiller dans leur sein !

Le poëte n'a pas interrompu son chant par les détails assez connus du jugement, et par les longues dissertations de Socrate et de ses amis; il n'a chanté que les dernières heures et les dernières paroles du philosophe, ou du moins les paroles qu'il lui suppose. Nous l'imiterons; nous nous contenterons de rappeler l'avant-scène aux lecteurs.

Socrate, condamné à mourir pour ses opinions religieuses, attendait la mort depuis plusieurs jours; mais il ne devait boire la ciguë qu'au moment où le vaisseau envoyé tous les ans à Délos en l'honneur de Thésée serait de retour dans le port d'Athènes. C'est ce vaisseau que l'on nommait Théorie, et qu'on apercevait dans le lointain au moment où le poëme commence. Le serviteur des Onze était un esclave de ce tribunal, destiné au service des prisonniers en attendant l'exécution des sentences.

Ce fragment est imprimé comme il a été écrit par l'auteur, dans une forme inusitée, par couplets d'inégale longueur; après chaque couplet, nous avons placé un fleuron qui indique la suspension du sens, et l'auteur passe souvent, sans autre transition, d'une pensée à une autre.

Nous nous servirons pour les notes, toutes tirées de Platon, de l'admirable traduction de Platon par M. Cousin. Ce jeune philosophe, digne d'expliquer un pareil maître, pour faire rougir notre siècle de ses honteux et dégradants sophismes, après l'avoir rappelé lui-même aux plus nobles théories du spiritualisme, a eu l'heureuse pensée de lui révéler la sagesse antique dans toute sa grâce et toute sa beauté. Trouvant la philosophie de nos jours encore toute souillée des lambeaux du matérialisme, il lui montre Socrate, et semble lui dire : « Voilà ce que tu es, et voilà ce que tu as été ! » Espérons qu'en achevant son bel ouvrage, il la dégagera aussi des nuages dont Kant et quelques-uns de ses disciples l'ont enveloppée, et nous la fera apparaître enfin toute resplendissante de la pure lumière du christianisme.

LA
MORT DE SOCRATE

La vérité, c'est Dieu.

Le soleil, se levant aux sommets de l'Hymette,
Du temple de Thésée illuminait le faîte,
Et, frappant de ses feux les murs du Parthénon,
Comme un furtif adieu, glissait dans la prison.
On voyait sur les mers une poupe dorée[1],
Au bruit des hymnes saints, voguer vers le Pirée,
Et c'était ce vaisseau dont le fatal retour
Devait aux condamnés marquer leur dernier jour;
Mais la loi défendait qu'on leur ôtât la vie
Tant que le doux soleil éclairait l'Ionie,
De peur que ses rayons, aux vivants destinés,
Par des yeux sans regard ne fussent profanés,

Ou que le malheureux, en fermant sa paupière,
N'eût à pleurer deux fois la vie et la lumière !
Ainsi l'homme exilé du champ de ses aïeux
Part avant que l'aurore ait éclairé les cieux.

Attendant le réveil du fils de Sophronique,
Quelques amis en deuil erraient sous le portique[2] ;
Et sa femme, portant son fils sur ses genoux,
Tendre enfant dont la main joue avec les verrous,
Accusant la lenteur des geôliers insensibles,
Frappait du front l'airain des portes inflexibles.
La foule, inattentive au cri de ses douleurs,
Demandait en passant le sujet de ses pleurs,
Et, reprenant bientôt sa course suspendue,
Et dans les longs parvis par groupes répandue,
Recueillait ces vains bruits dans le peuple semés,
Parlait d'autels détruits et des dieux blasphémés,
Et d'un culte nouveau corrompant la jeunesse,
Et de ce Dieu sans nom, étranger dans la Grèce !
C'était quelque insensé, quelque monstre odieux,
Quelque nouvel Oreste aveuglé par les dieux,
Qu'atteignait à la fin la tardive justice,
Et que la terre au ciel devait en sacrifice ;
Socrate ! et c'était toi qui, dans les fers jeté,
Mourais pour la justice et pour la vérité !

Enfin de la prison les gonds bruyants roulèrent ;
A pas lents, l'œil baissé, les amis s'écoulèrent.
Mais Socrate, jetant un regard sur les flots,
Et leur montrant du doigt la voile vers Délos :

« Regardez ! sur les mers cette poupe fleurie,
C'est le vaisseau sacré, l'heureuse Théorie [3] ;
Saluons-la, dit-il : cette voile est la mort !
Mon âme, aussitôt qu'elle, entrera dans le port !
Et cependant parlez ! et que ce jour suprême
Dans nos doux entretiens s'écoule encor de même [4] !
Ne jetons point aux vents les restes du festin ;
Des dons sacrés des dieux usons jusqu'à la fin :
L'heureux vaisseau qui touche au terme du voyage
Ne suspend pas sa course à l'aspect du rivage ;
Mais, couronné de fleurs, et les voiles aux vents,
Dans le port qui l'appelle il entre avec des chants !

« Les poëtes ont dit qu'avant sa dernière heure
En sons harmonieux le doux cygne se pleure ;
Amis, n'en croyez rien : l'oiseau mélodieux
D'un plus sublime instinct fut doué par les dieux.
Du riant Eurotas près de quitter la rive,
L'âme, de ce beau corps à demi fugitive,
S'avançant pas à pas vers un monde enchanté,
Voit poindre le jour pur de l'immortalité,
Et, dans la douce extase où ce regard la noie,
Sur la terre en mourant elle exhale sa joie.
Vous qui près du tombeau venez pour m'écouter,
Je suis un cygne aussi : je meurs, je puis chanter ! »

Sous la voûte, à ces mots, des sanglots éclatèrent ;
D'un cercle plus étroit ses amis l'entourèrent :

« Puisque tu vas mourir, ami trop tôt quitté,
Parle-nous d'espérance et d'immortalité !
— Je le veux bien, dit-il : mais éloignons les femmes ;
Leurs soupirs étouffés amolliraient nos âmes ;
Or, il faut, dédaignant les terreurs du tombeau,
Entrer d'un pas hardi dans un monde nouveau !

*

« Vous le savez, amis ; souvent, dès ma jeunesse,
Un génie inconnu m'inspira la sagesse,
Et du monde futur me découvrit les lois.
Était-ce quelque Dieu caché dans une voix ?
Une ombre m'embrassant d'une amitié secrète ?
L'écho de l'avenir ? la muse du poëte ?
Je ne sais ; mais l'esprit qui me parlait tout bas,
Depuis que de ma fin je m'approche à grands pas,
En sons plus élevés me parle, me console.
Je reconnais plus tôt sa divine parole,
Soit qu'un cœur affranchi du tumulte des sens
Avec plus de silence écoute ses accents ;
Soit que, comme l'oiseau, l'invisible génie
Redouble vers le soir sa touchante harmonie ;
Soit plutôt qu'oubliant le jour qui va finir,
Mon âme, suspendue aux bords de l'avenir,
Distingue mieux le son qui part d'un autre monde,
Comme le nautonier, le soir, errant sur l'onde,
A mesure qu'il vogue et s'approche du bord,
Distingue mieux la voix qui s'élève du port.
Cet invisible ami jamais ne m'abandonne,
Toujours de son accent mon oreille résonne,
Et sa voix dans ma voix parle seule aujourd'hui ;
Amis, écoutez donc ! ce n'est plus moi, c'est lui !... »

Le front calme et serein, l'œil rayonnant d'espoir,
Socrate à ses amis fit signe de s'asseoir ;
A ce signe muet soudain ils obéirent,
Et sur les bords du lit en silence ils s'assirent :
Symmias abaissait son manteau sur ses yeux ;
Criton d'un œil pensif interrogeait les cieux ;
Cébès penchait à terre un front mélancolique ;
Anaxagore, armé d'un rire sardonique,
Semblait, du philosophe enviant l'heureux sort,
Rire de la fortune et défier la mort !
Et le dos appuyé sur la porte de bronze,
Les bras entrelacés, le serviteur des Onze,
De doute et de pitié tour à tour combattu,
Murmurait sourdement : « Que lui sert sa vertu ? »
Mais Phédon, regrettant l'ami plus que le sage,
Sous ses cheveux épars voilant son beau visage,
Plus près du lit funèbre, aux pieds du maître assis,
Sur ses genoux pliés se penchait comme un fils,
Levait ses yeux voilés sur l'ami qu'il adore,
Rougissait de pleurer, et le pleurait encore !

***

Du sage cependant la terrestre douleur
N'osait point altérer les traits ni la couleur ;
Son regard élevé loin de nous semblait lire ;
Sa bouche, où reposait son gracieux sourire,
Toute prête à parler, s'entr'ouvrait à demi ;
Son oreille écoutait son invisible ami ;
Ses cheveux, effleurés du souffle de l'automne,
Dessinaient sur sa tête une pâle couronne,
Et, de l'air matinal par moments agités,
Répandaient sur son front des reflets argentés ;

Mais, à travers ce front où son âme est tracée,
On voyait rayonner sa sublime pensée,
Comme, à travers l'albâtre ou l'airain transparents,
La lampe, sur l'autel jetant ses feux mourants,
Par son éclat voilé se trahissant encore,
D'un reflet lumineux les frappe et les colore.
Comme l'œil sur les mers suit la voile qui part,
Sur ce front solennel attachant leur regard,
A ses yeux suspendus, ne respirant qu'à peine,
Ses amis attentifs retenaient leur haleine ;
Leurs yeux le contemplaient pour la dernière fois ;
Ils allaient pour jamais emporter cette voix !
Comme la vague s'ouvre au souffle errant d'Éole,
Leur âme impatiente attendait sa parole.
Enfin du ciel sur eux son regard s'abaissa,
Et lui, comme autrefois, sourit, et commença :

« Quoi ! vous pleurez, amis ! vous pleurez quand mon âme,
Semblable au pur encens que la prêtresse enflamme,
Affranchie à jamais du vil poids de son corps,
Va s'envoler aux dieux, et, dans de saints transports,
Saluant ce jour pur, qu'elle entrevit peut-être,
Chercher la vérité, la voir et la connaître !
Pourquoi donc vivons-nous, si ce n'est pour mourir ?
Pourquoi pour la justice ai-je aimé de souffrir ?
Pourquoi dans cette mort qu'on appelle la vie⁵,
Contre ces vils penchants luttant, quoique asservie,
Mon âme avec mes sens a-t-elle combattu ?
Sans la mort, mes amis, que serait la vertu ?...
C'est le prix du combat, la céleste couronne
Qu'aux bornes de la course un saint juge nous donne ;

La voix de Jupiter qui nous rappelle à lui!
Amis, bénissons-la! Je l'entends aujourd'hui.
Je pouvais, de mes jours disputant quelque reste,
Me faire répéter deux fois l'ordre céleste :
Me préservent les dieux d'en prolonger le cours!
En esclave attentif, ils m'appellent, j'y cours.
Et vous, si vous m'aimez, comme aux plus belles fêtes,
Amis, faites couler des parfums sur vos têtes!
Suspendez une offrande aux murs de la prison!
Et, le front couronné d'un verdoyant feston,
Ainsi qu'un jeune époux qu'une foule empressée,
Semant de chastes fleurs le seuil du gynécée,
Vers le lit nuptial conduit après le bain,
Dans les bras de la mort menez-moi par la main!...

« Qu'est-ce donc que mourir? Briser ce nœud infâme,
Cet adultère hymen de la terre avec l'âme;
D'un vil poids, à la tombe, enfin se décharger!
Mourir n'est pas mourir, mes amis, c'est changer!
Tant qu'il vit, accablé sous le corps qu'il enchaîne,
L'homme vers le vrai bien languissamment se traîne,
Et, par ses vils besoins dans sa course arrêté,
Suit d'un pas chancelant ou perd la vérité.
Mais celui qui, touchant au terme qu'il implore,
Voit du jour éternel étinceler l'aurore,
Comme un rayon du soir remontant dans les cieux,
Exilé de leur sein, remonte au sein des dieux;
Et, buvant à longs traits le nectar qui l'enivre,
Du jour de son trépas il commence de vivre!

« — Mais mourir, c'est souffrir ; et souffrir est un mal.
— Amis, qu'en savons-nous ? Et quand l'instant fatal,
Consacré par le sang comme un grand sacrifice,
Pour ce corps immolé serait un court supplice,
N'est-ce pas par un mal que tout bien est produit ?
L'été sort de l'hiver, le jour sort de la nuit[6];
Dieu lui-même a noué cette éternelle chaîne.
Nous fûmes à la vie enfantés avec peine,
Et cet heureux trépas, des faibles redouté,
N'est qu'un enfantement à l'immortalité !

« Cependant de la mort qui peut sonder l'abîme?
Les dieux ont mis leur doigt sur sa lèvre sublime :
Qui sait si dans ses mains, prêtes à la saisir,
L'âme incertaine tombe avec peine ou plaisir ?
Pour moi, qui vis encor, je ne sais, mais je pense
Qu'il est quelque mystère au fond de ce silence ;
Que des dieux indulgents la sévère bonté
A jusque dans la mort caché la volupté,
Comme, en blessant nos cœurs de ses divines armes,
L'amour cache souvent un plaisir sous des larmes ! »

L'incrédule Cébès à ce discours sourit.
« Je le saurai bientôt, » dit Socrate. Il reprit :

« Oui : le premier salut de l'homme à la lumière,
Quand le rayon doré vient baiser sa paupière,
L'accent de ce qu'on aime à la lyre mêlé,
Le parfum fugitif de la coupe exhalé,
La saveur du baiser, quand de sa lèvre errante
L'amant cherche, la nuit, les lèvres de l'amante,

Sont moins doux à nos sens que le premier transport
De l'homme vertueux affranchi par la mort !
Et pendant qu'ici-bas sa cendre est recueillie,
Emporté par sa course, en fuyant il oublie
De dire même au monde un éternel adieu.
Ce monde évanoui disparaît devant Dieu !

*

« — Mais quoi ! suffit-il donc de mourir pour revivre ?
— Non ; il faut que des sens notre âme se délivre,
De ses penchants mortels triomphe avec effort ;
Que notre vie enfin soit une longue mort !
La vie est le combat, la mort est la victoire,
Et la terre est pour nous l'autel expiatoire
Où l'homme, de ses sens sur le seuil dépouillé,
Doit jeter dans les feux son vêtement souillé,
Avant d'aller offrir, sur un autel propice,
De sa vie, au Dieu pur, l'aussi pur sacrifice !

« Ils iront, d'un seul trait, du tombeau dans les cieux,
Joindre, où la mort n'est plus, les héros et les dieux,
Ceux qui, vainqueurs des sens pendant leur courte vie,
Ont soumis à l'esprit la matière asservie,
Ont marché sous le joug des rites et des lois,
Du juge intérieur interrogé la voix,
Suivi les droits sentiers écartés de la foule,
Prié, servi les dieux, d'où la vertu découle,
Souffert pour la justice, aimé la vérité,
Et des enfants du ciel conquis la liberté !

« Mais ceux qui, chérissant la chair autant que l'âme,
De l'esprit et des sens ont resserré la trame

Et prostitué l'âme aux vils baisers du corps,
Comme Léda livrée à de honteux transports,
Ceux-là, si toutefois un dieu ne les délivre,
Même après leur trépas ne cessent pas de vivre,
Et des coupables nœuds qu'eux-même ils ont serrés
Ces mânes imparfaits ne sont pas délivrés.
Comme à ses fils impurs Arachné suspendue,
Leur âme, avec leur corps mêlée et confondue,
Cherche enfin à briser ses liens flétrissants;
L'amour qu'elle eut pour eux vit encor dans ses sens;
De leurs bras décharnés ils la pressent encore,
Lui rappellent cent fois cet hymen qu'elle abhorre,
Et, comme un air pesant qui dort sur les marais,
Leur vil poids, loin des dieux, la retient à jamais !
Ces mânes gémissants, errant dans les ténèbres,
Avec l'oiseau de nuit jettent des cris funèbres;
Autour des monuments, des urnes, des tombeaux,
De leur corps importun traînant d'affreux lambeaux,
Honteux de vivre encore, et fuyant la lumière,
A l'heure où l'innocence a fermé sa paupière,
De leurs antres obscurs ils s'échappent sans bruit,
Comme des criminels s'emparent de la nuit,
Imitent sur les flots le réveil de l'aurore,
Font courir sur les monts le pâle météore,
De songes effrayants assiégeant nos esprits,
Au fond des bois sacrés poussent d'horribles cris;
Ou, tristement assis sur le bord d'une tombe,
Et dans leurs doigts sanglants cachant leur front qui tombe,
Jaloux de leur victime, ils pleurent leurs forfaits :
Mais les âmes des bons ne reviennent jamais ! »

Il se tut, et Cébès rompit seul ce silence :

« Me préservent les dieux d'offenser l'Espérance,
Cette divinité qui, semblable à l'Amour,
Un bandeau sur les yeux, nous conduit au vrai jour !
Mais puisque de ces bords comme elle tu t'envoles,
Hélas ! et que voilà tes suprêmes paroles,
Pour m'instruire, ô mon maître, et non pour t'affliger,
Permets-moi de répondre et de t'interroger. »

Socrate, avec douceur, inclina son visage,
Et Cébès en ces mots interrogea le sage :

« L'âme, dis-tu, doit vivre au delà du tombeau ;
Mais si l'âme est pour nous la lueur d'un flambeau,
Quand la flamme a des sens consumé la matière,
Quand le flambeau s'éteint, que devient la lumière ?
La clarté, le flambeau, tout ensemble est détruit,
Et tout rentre à la fois dans une même nuit !
Ou si l'âme est aux sens ce qu'est à cette lyre
L'harmonieux accord que notre main en tire,
Quand le temps ou les vers en ont usé le bois,
Quand la corde rompue a crié sous nos doigts,
Et que les nerfs brisés de la lyre expirante
Sont foulés sous les pieds de la jeune bacchante,
Qu'est devenu le bruit de ces divins accords ?
Meurt-il avec la lyre ? et l'âme avec le corps ?... »

Les sages, à ces mots, pour sonder ce mystère,
Baissant leurs fronts pensifs et regardant la terre,
Cherchaient une réponse et ne la trouvaient pas.
Se parlant l'un à l'autre, ils murmuraient tout bas :

« Quand la lyre n'est plus, où donc est l'harmonie ? »
Et Socrate semblait attendre son génie.

Sur l'une de ses mains appuyant son menton,
L'autre se promenait sur le front de Phédon,
Et, sur son cou d'ivoire errant à l'aventure,
Caressait, en passant, sa blonde chevelure;
Puis, détachant du doigt un de ses longs rameaux
Qui pendaient jusqu'à terre en flexibles anneaux,
Faisait sur ses genoux flotter leurs molles ondes,
Ou dans ses doigts distraits roulait leurs tresses blondes,
Et parlait en jouant, comme un vieillard divin
Qui mêle la sagesse aux coupes d'un festin.

« Amis, l'âme n'est pas l'incertaine lumière
Dont le flambeau des sens ici-bas nous éclaire :
Elle est l'œil immortel qui voit ce faible jour
Naître, grandir, baisser, renaître tour à tour,
Et qui sent hors de soi, sans en être affaiblie,
Pâlir et s'éclipser ce flambeau de la vie,
Pareille à l'œil mortel qui dans l'obscurité
Conserve le regard en perdant la clarté !

« L'âme n'est pas aux sens ce qu'est à cette lyre
L'harmonieux accord que notre main en tire;
Elle est le doigt divin qui seul la fait frémir,
L'oreille qui l'entend ou chanter ou gémir,
L'auditeur attentif, l'invisible génie
Qui juge, enchaîne, ordonne et règle l'harmonie,

Et qui des sons discords que rendent chaque sens
Forme au plaisir des dieux des concerts ravissants.
En vain la lyre meurt et le son s'évapore :
Sur ces débris muets l'oreille écoute encore...
Es-tu content, Cébès ? — Oui, j'en crois tes adieux,
Socrate est immortel ! — Eh bien ! parlons des dieux ! »

Et déjà le soleil était sur les montagnes,
Et, rasant d'un rayon les flots et les campagnes,
Semblait, faisant au monde un magnifique adieu,
Aller se rajeunir au sein brillant de Dieu.
Les troupeaux descendaient des sommets du Taygète ;
L'ombre dormait déjà sur les flancs de l'Hymette ;
Le Cithéron nageait dans un océan d'or ;
Le pêcheur matinal, sur l'onde errant encor,
Modérant près du bord sa course suspendue,
Repliait, en chantant, sa voile détendue ;
La flûte dans les bois, et ces chants sur les mers,
Arrivaient jusqu'à nous sur les soupirs des airs,
Et venaient se mêler à nos sanglots funèbres,
Comme un rayon du soir se fond dans les ténèbres.

« Hâtons-nous, mes amis, voici l'heure du bain 7.
Esclaves, versez l'eau dans le vase d'airain !
Je veux offrir aux dieux une victime pure. »

Il dit : et, se plongeant dans l'urne qui murmure,
Comme fait à l'autel le sacrificateur,
Il puisa dans ses mains le flot libérateur,

Et, le versant trois fois sur son front qu'il inonde,
Trois fois sur sa poitrine en fit ruisseler l'onde ;
Puis, d'un voile de pourpre en essuyant les flots,
Parfuma ses cheveux, et reprit en ces mots :

« Nous oublions le Dieu pour adorer ses traces.
Me préserve Apollon de blasphémer les Grâces,
Hébé versant la vie aux célestes lambris,
Le carquois de l'Amour, ni l'écharpe d'Iris,
Ni surtout de Vénus la riante ceinture
Qui d'un nœud sympathique enchaîne la nature,
Ni l'éternel Saturne, ou le grand Jupiter,
Ni tous ces dieux du ciel, de la terre et de l'air !
Tous ces êtres peuplant l'Olympe ou l'Élysée
Sont l'image de Dieu par nous divinisée,
Des lettres de son nom sur la nature écrit,
Une ombre que ce Dieu jette sur notre esprit.
A ce titre divin ma raison les adore,
Comme nous saluons le soleil dans l'aurore ;
Et peut-être qu'enfin tous ces dieux inventés,
Cet enfer et ce ciel par la lyre chantés,
Ne sont pas seulement des songes du génie,
Mais les brillants degrés de l'échelle infinie
Qui, des êtres semés dans ce vaste univers,
Sépare et réunit tous les astres divers.
Peut-être qu'en effet, dans l'immense étendue,
Dans tout ce qui se meut, une âme est répandue ;
Que ces astres brillants sur nos têtes semés
Sont des soleils vivants et des feux animés ;
Que l'Océan, frappant sa rive épouvantée,
Avec ses flots grondants roule une âme irritée ;
Que notre air embaumé volant dans un ciel pur
Est un esprit flottant sur des ailes d'azur ;
Que le jour est un œil qui répand la lumière,

La nuit, une beauté qui voile sa paupière ;
Et qu'enfin dans le ciel, sur la terre, en tout lieu,
Tout est intelligent, tout vit, tout est un dieu !

« Mais, croyez-en, amis, ma voix prête à s'éteindre,
Par delà tous ces dieux que notre œil peut atteindre,
Il est sous la nature, il est au fond des cieux,
Quelque chose d'obscur et de mystérieux
Que la nécessité, que la raison proclame,
Et que voit seulement la foi, cet œil de l'âme !
Contemporain des jours et de l'éternité,
Grand comme l'infini, seul comme l'unité,
Impossible à nommer, à nos sens impalpable,
Son premier attribut, c'est d'être inconcevable.
Dans les lieux, dans les temps, hier, demain, aujourd'hui,
Descendons, remontons, nous arrivons à lui.
Tout ce que vous voyez est sa toute-puissance ;
Tout ce que nous pensons est sa sublime essence.
Force, amour, vérité, créateur de tout bien,
C'est le dieu de vos dieux ! c'est le seul ! c'est le mien !

« — Mais le mal, dit Cébès, qui l'a créé ? — Le crime.
Des coupables mortels châtiment légitime,
Sur ce globe déchu le mal et le trépas
Sont nés le même jour : Dieu ne les connaît pas !
Soit qu'un attrait fatal, une coupable flamme
Ait attiré jadis la matière vers l'âme ;
Soit plutôt que la vie, en des nœuds trop puissants
Resserrant ici-bas l'esprit avec les sens,

Les pénètre tous deux d'un amour adultère,
Ils ne sont réunis que par un grand mystère.
Cette horrible union, c'est le mal; et la mort,
Remède et châtiment, la brise avec effort.
Mais, à l'instant suprême où cet hymen expire,
Sur les vils éléments l'âme reprend l'empire,
Et s'envole, aux rayons de l'immortalité,
Au monde du bonheur et de la vérité !

« — Connais-tu le chemin de ce monde invisible ?
Dit Cébès; à ton œil est-il donc accessible ?
— Mes amis, j'en approche, et pour le découvrir...
— Que faut-il ? dit Phédon. — Être pur et mourir.

« Dans un point de l'espace inaccessible aux hommes [8],
Peut-être au ciel, peut-être aux lieux même où nous sommes,
Il est un autre monde, un Élysée, un ciel,
Que ne parcourent pas de longs ruisseaux de miel,
Où les âmes des bons, de Dieu seul altérées,
D'un nectar éternel ne sont pas enivrées,
Mais où les mânes saints, les immortels esprits,
De leurs corps immolés vont recevoir le prix.
Ni la sombre Tempé, ni le riant Ménale
Qu'enivre de parfums l'haleine matinale,
Ni les vallons d'Hémus, ni ces riches coteaux
Qu'enchante l'Eurotas du murmure des eaux,
Ni cette terre enfin des poëtes chérie
Qui fait aux voyageurs oublier leur patrie,
N'approchent pas encor du fortuné séjour
Où le regard de Dieu donne aux âmes le jour,
Où jamais dans la nuit ce jour divin n'expire,
Où la vie et l'amour sont l'air qu'elle respire,

Où des corps immortels ou toujours renaissants
Pour d'autres voluptés lui prêtent d'autres sens.

« — Quoi ! des corps dans le ciel ? la mort avec la vie ?
— Oui, des corps transformés que l'âme glorifie !
L'âme, pour composer ces divins vêtements,
Cueille en tout l'univers la fleur des éléments ;
Tout ce qu'ont de plus pur la vie et la matière,
Les rayons transparents de la douce lumière,
Les reflets nuancés des plus tendres couleurs,
Les parfums que le soir enlève au sein des fleurs,
Les bruits harmonieux que l'amoureux Zéphire
Tire, au sein de la nuit, de l'onde qui soupire,
La flamme qui s'exhale en jets d'or et d'azur,
Le cristal des ruisseaux roulant dans un ciel pur,
La pourpre dont l'aurore aime à teindre ses voiles,
Et les rayons dormants des tremblantes étoiles,
Réunis et formant d'harmonieux accords,
Se mêlent sous ses doigts et composent son corps ;
Et l'âme, qui jadis esclave sur la terre
A ses sens révoltés faisait en vain la guerre,
Triomphante aujourd'hui de leurs vœux impuissants,
Règne avec majesté sur le monde des sens,
Pour des plaisirs sans fin, sans fin les multiplie,
Et joue avec l'espace et les temps et la vie !

« Tantôt, pour s'envoler où l'appelle un désir,
Elle aime à parfumer les ailes d'un zéphyr,
D'un rayon de l'iris en glissant les colore ;
Et du ciel aux enfers, du couchant à l'aurore,

Comme une abeille errante, elle court en tout lieu
Découvrir et baiser les ouvrages de Dieu.
Tantôt au char brillant que l'aurore lui prête
Elle attelle un coursier qu'anime la tempête ;
Et, dans ces beaux déserts de feux errants semés,
Cherchant ces grands esprits qu'elle a jadis aimés,
De soleil en soleil, de système en système,
Elle vole et se perd avec l'âme qu'elle aime,
De l'espace infini suit les vastes détours,
Et dans le sein de Dieu se retrouve toujours !

« L'âme, pour soutenir sa céleste nature,
N'emprunte pas des corps sa chaste nourriture ;
Ni le nectar coulant de la coupe d'Hébé,
Ni le parfum des fleurs par le vent dérobé,
Ni la libation en son honneur versée,
Ne sauraient nourrir l'âme : elle vit de pensée,
De désirs satisfaits, d'amour, de sentiments,
De son être immortel immortels aliments.
Grâce à ces fruits divins que le ciel multiplie,
Elle soutient, prolonge, éternise sa vie,
Et peut, par la vertu de l'éternel amour,
Multiplier son être, et créer à son tour !

« Car, ainsi que les corps, la pensée est féconde.
Un seul désir suffit pour peupler tout un monde ;
Et, de même qu'un son par l'écho répété,
Multiplié sans fin, court dans l'immensité,

Ou comme en s'étendant l'éphémère étincelle
Allume sur l'autel une flamme immortelle,
Ainsi ces êtres purs l'un vers l'autre attirés,
De l'amour créateur constamment pénétrés,
A travers l'infini se cherchent, se confondent,
D'une éternelle étreinte, en s'aimant, se fécondent,
Et, des astres déserts peuplant les régions,
Prolongent dans le ciel leurs générations.
O célestes amours ! saints transports ! chaste flamme !
Baisers où sans retour l'âme se mêle à l'âme,
Où l'éternel désir et la pure beauté
Poussent en s'unissant un cri de volupté !
Si j'osais !... »

     Mais un bruit retentit sous la voûte.
Le sage interrompu tranquillement écoute ;
Et nous, vers l'occident nous tournons tous les yeux :
Hélas ! c'était le jour qui s'enfuyait des cieux !

. . . .
. . . .
En détournant les yeux, le serviteur des Onze
Lui tendait le poison dans la coupe de bronze ;
Socrate la reçut d'un front toujours serein,
Et, comme un don sacré l'élevant dans sa main,
Sans suspendre un moment sa phrase commencée,
Avant de la vider, acheva sa pensée.

Sur les flancs arrondis du vase au large bord,
Qui jamais de son sein ne versait que la mort,
L'artiste avait fondu sous un souffle de flamme
L'histoire de Psyché, ce symbole de l'âme ;

Et, symbole plus doux de l'immortalité,
Un léger papillon en ivoire sculpté,
Plongeant sa trompe avide en ces ondes mortelles,
Formait l'anse du vase en déployant ses ailes.
Psyché, par ses parents dévouée à l'Amour,
Quittant avant l'aurore un superbe séjour,
D'une pompe funèbre allait environnée
Tenter comme la mort ce divin hyménée ;
Puis, seule, assise, en pleurs, le front sur ses genoux,
Dans un désert affreux attendait son époux.
Mais, sensible à ses maux, le volage Zéphire,
Comme un désir divin que le ciel nous inspire,
Essuyant d'un soupir les larmes de ses yeux,
Dormante sur son sein l'enlevait dans les cieux :
On voyait son beau front penché sur son épaule
Livrer ses longs cheveux aux doux baisers d'Éole ;
Et Zéphyr, succombant sous son charmant fardeau,
Lui former de ses bras un amoureux berceau,
Effleurer ses longs cils de sa brûlante haleine,
Et, jaloux de l'Amour, la lui rendre avec peine.

Ici, le tendre Amour sur des roses couché
Pressait entre ses bras la tremblante Psyché,
Qui, d'un secret effroi ne pouvant se défendre,
Recevait ses baisers sans oser les lui rendre ;
Car le céleste époux, trompant son tendre amour,
Toujours du lit sacré fuyait avec le jour.

Plus loin, par le désir en secret éveillée
Et du voile nocturne à demi dépouillée,
Sa lampe d'une main et de l'autre un poignard,
Psyché, risquant l'amour, hélas ! contre un regard,

De son époux qui dort tremblant d'être entendue,
Se penchait vers le lit, sur un pied suspendue,
Reconnaissait l'Amour, jetait un cri soudain,
Et l'on voyait trembler la lampe dans sa main.

Mais de l'huile brûlante une goutte épanchée,
S'échappant par malheur de la lampe penchée,
Tombait sur le sein nu de l'amant endormi ;
L'Amour impatient, s'éveillant à demi,
Contemplait tour à tour ce poignard, cette goutte...
Et fuyait indigné vers la céleste voûte !
Emblème menaçant des désirs indiscrets
Qui profanent les dieux, pour les voir de trop près !

La vierge cette fois errante sur la terre
Pleurait son jeune amant, et non plus sa misère :
Mais l'Amour à la fin, de ses larmes touché,
Pardonnait à sa faute ; et l'heureuse Psyché,
Par son céleste époux dans l'Olympe ravie,
Sur les lèvres du dieu buvant des flots de vie,
S'avançait dans le ciel avec timidité ;
Et l'on voyait Vénus sourire à sa beauté !
Ainsi par la vertu l'âme divinisée
Revient, égale aux dieux, régner dans l'Élysée !

Mais Socrate, élevant la coupe dans ses mains :
« Offrons, offrons d'abord aux maîtres des humains
De l'immortalité cette heureuse prémice ! »
Il dit ; et vers la terre inclinant le calice,

Comme pour épargner un nectar précieux,
En versa seulement deux gouttes pour les dieux,
Et, de sa lèvre avide approchant le breuvage,
Le vida lentement sans changer de visage,
Comme un convive avant de sortir d'un festin
Qui dans sa coupe d'or verse un reste de vin,
Et, pour mieux savourer le dernier jus qu'il goûte,
L'incline lentement et le boit goutte à goutte.
Puis, sur son lit de mort doucement étendu,
Il reprit aussitôt son discours suspendu.

❦

« Espérons dans les dieux, et croyons en notre âme !
De l'amour dans nos cœurs alimentons la flamme !
L'amour est le lien des dieux et des mortels ;
La crainte ou la douleur profanent leurs autels.
Quand vient l'heureux signal de notre délivrance,
Amis, prenons vers eux le vol de l'espérance !
Point de funèbre adieu ! point de cris ! point de pleurs !
On couronne ici-bas la victime de fleurs ;
Que de joie et d'amour notre âme couronnée
S'avance au-devant d'eux comme à son hyménée !
Ce sont là les festons, les parfums précieux,
Les voix, les instruments, les chants mélodieux,
Dont l'âme convoquée à ce banquet suprême,
Avant d'aller aux dieux, doit s'enchanter soi-même.

❦

« Relevez donc ces fronts que l'effroi fait pâlir !
Ne me demandez plus s'il faut m'ensevelir,
Sur ce corps qui fut moi quelle huile on doit répandre,
Dans quel lieu, dans quelle urne il faut garder ma cendre.

Qu'importe à vous, à moi, que ce vil vêtement
De la flamme ou des vers devienne l'aliment?
Qu'une froide poussière, à moi jadis unie,
Soit balayée aux flots ou bien aux gémonies?
Ce corps vil, composé des éléments divers,
Ne sera pas plus moi qu'une vague des mers,
Qu'une feuille des bois que l'aquilon promène,
Qu'un atome flottant qui fut argile humaine,
Que le feu du bûcher dans les airs exhalé,
Ou le sable mouvant de vos chemins foulé!

« Mais je laisse en partant à cette terre ingrate
Un plus noble débris de ce que fut Socrate :
Mon génie à Platon, à vous tous mes vertus,
Mon âme aux justes dieux, ma vie à Mélitus,
Comme au chien dévorant qui sur le seuil aboie,
En quittant le festin, on jette aussi sa proie!... »

Tel qu'un triste soupir de la rame et des flots
Se mêle sur les mers aux chants des matelots,
Pendant cet entretien une funèbre plainte
Accompagnait sa voix sur le seuil de l'enceinte;
Hélas! c'était Myrto demandant son époux,
Que l'heure des adieux ramenait parmi nous.
L'égarement troublait sa démarche incertaine;
Et, suspendus aux plis de sa robe qui traîne,
Deux enfants, les pieds nus, marchant à ses côtés,
Suivaient en chancelant ses pas précipités.
Avec ses longs cheveux elle essuyait ses larmes;
Mais leur trace profonde avait flétri ses charmes;
Et la mort sur ses traits répandait sa pâleur :
On eût dit qu'en passant l'impuissante douleur,

Ne pouvant de Socrate atteindre la grande âme,
Avait respecté l'homme et profané la femme !
De terreur et d'amour saisie à son aspect,
Elle pleurait sur lui dans un tendre respect.
Telle, aux fêtes du dieu pleuré par Cythérée,
Sur le corps d'Adonis la bacchante éplorée,
Partageant de Vénus les divines douleurs,
Réchauffe tendrement le marbre de ses pleurs,
De sa bouche muette avec respect l'effleure,
Et paraît adorer le beau dieu qu'elle pleure !

Socrate, en recevant ses enfants dans ses bras,
Baisa sa joue humide et lui parla tout bas :
Nous vîmes une larme, et ce fut la dernière,
Sous ses cils abaissés rouler dans sa paupière.
Puis d'un bras défaillant offrant ses fils aux dieux :
« Je fus leur père ici, vous l'êtes dans les cieux !
Je meurs, mais vous vivez ! Veillez sur leur enfance !
Je les lègue, ô dieux bons, à votre providence !... »

Mais déjà le poison dans ses veines versé
Enchaînait dans son cours le flot du sang glacé :
On voyait vers le cœur, comme une onde tarie,
Remonter pas à pas la chaleur et la vie,
Et ses membres roidis, sans force et sans couleur,
Du marbre de Paros imitaient la pâleur.
En vain Phédon, penché sur ses pieds qu'il embrasse,
Sous sa brûlante haleine en réchauffait la glace ;
Son front, ses mains, ses pieds se glaçaient sous nos doigts :
Il ne nous restait plus que son âme et sa voix !

Semblable au bloc divin d'où sortit Galatée
Quand une âme immortelle à l'Olympe empruntée,
Descendant dans le marbre à la voix d'un amant,
Fait palpiter son cœur d'un premier sentiment,
Et qu'ouvrant sa paupière au jour qui vient d'éclore,
Elle n'est plus un marbre, et n'est pas femme encore.

⁂

Était-ce de la mort la pâle majesté,
Ou le premier rayon de l'immortalité?
Mais son front rayonnant d'une beauté sublime
Brillait comme l'aurore aux sommets de Didyme,
Et nos yeux, qui cherchaient à saisir son adieu,
Se détournaient de crainte et croyaient voir un dieu!
Quelquefois, l'œil au ciel, il rêvait en silence;
Puis, déroulant les flots de sa sainte éloquence,
Comme un homme enivré du doux jus du raisin,
Brisant cent fois le fil de ses discours sans fin,
Ou comme Orphée errant dans les demeures sombres,
En mots entrecoupés il parlait à des ombres :

« Courbez-vous, disait-il, cyprès d'Académus!
Courbez-vous, et pleurez, vous ne le verrez plus!
Que la vague, en frappant le marbre du Pirée,
Jette avec son écume une voix éplorée!
Les dieux l'ont rappelé; ne le savez-vous pas?...
Mais ses amis en deuil, où portent-ils leurs pas?
Voilà Platon, Cébès, ses enfants et sa femme!
Voilà son cher Phédon, cet enfant de son âme!
Ils vont d'un pas furtif, aux lueurs de Phébé,
Pleurer sur un cercueil aux regards dérobé,
Et, penchés sur mon urne, ils paraissent attendre
Que la voix qu'ils aimaient sorte encor de ma cendre.

Oui, je vais vous parler, amis, comme autrefois,
Quand penchés sur mon lit vous aspiriez ma voix...
Mais que ce temps est loin ! et qu'une courte absence
Entre eux et moi, grands dieux, a jeté de distance !
Vous qui cherchez si loin la trace de mes pas,
Levez les yeux, voyez !... Ils ne m'entendent pas.
Pourquoi ce deuil ? Pourquoi ces pleurs dont tu t'inondes ?
Épargne au moins, Myrto, tes longues tresses blondes*;
Tourne vers moi tes yeux de larmes essuyés :
Myrto, Platon, Cébès, amis !... si vous saviez !...

« Oracles, taisez-vous ! tombez, voix du Portique !
Fuyez, vaines lueurs de la sagesse antique !
Nuages colorés d'une fausse clarté,
Évanouissez-vous devant la vérité !
D'un hymen ineffable elle est prête d'éclore ;
Attendez... Un, deux, trois..., quatre siècles encore,
Et ses rayons divins qui partent des déserts
D'un éclat immortel rempliront l'univers !
Et vous, ombres de Dieu qui nous voilez sa face,
Fantômes imposteurs qu'on adore à sa place,
Dieux de chair et de sang, dieux vivants, dieux mortels,
Vices déifiés sur d'immondes autels,
Mercure aux ailes d'or, déesse de Cythère,
Qu'adorent impunis le vol et l'adultère ;
Vous tous, grands et petits, race de Jupiter,
Qui peuplez, qui souillez les eaux, la terre et l'air,
Encore un peu de temps, et votre auguste foule,
Roulant avec l'erreur de l'Olympe qui croule,

---

* Socrate eut deux femmes, Xantippe et Myrto.

Fera place au Dieu saint, unique, universel,
Le seul Dieu que j'adore et qui n'a point d'autel !...

. . . .
. . . .
« Quels secrets dévoilés ! quelle vaste harmonie !...
. . . .
. . . .

Mais qui donc étais-tu, mystérieux génie 9,
Toi qui, voilant toujours ton visage à mes yeux,
M'as conduit par la voix jusqu'aux portes des cieux ?
Toi qui, m'accompagnant comme un oiseau fidèle,
Caresse encor mon front du doux vent de ton aile,
Es-tu quelque Apollon de ce divin séjour,
Ou quelque beau Mercure envoyé par l'Amour ?
Tiens-tu l'arc, ou la lyre, ou l'heureux caducée ?
Ou n'es-tu, réponds-moi, qu'une simple pensée ?
Ah ! viens, qui que tu sois, esprit, mortel ou dieu !
Avant de recevoir mon éternel adieu,
Laisse-moi découvrir, laisse-moi reconnaître
Cet ami qui m'aima même avant que de naître !
Que je puisse, en touchant au terme du chemin,
Rendre grâce à mon guide et pleurer sur sa main !
Sors du voile éclatant qui te dérobe encore !
Approche !... Mais que vois-je ? O Verbe que j'adore,
Rayon coéternel, est-ce vous que je vois ?...
Voilez-vous, ou je meurs une seconde fois 10 !

. . . .
. . . .

« Heureux ceux qui naitront dans la sainte contrée
Que baise avec respect la vague d'Érythrée !
Ils verront, les premiers, sur leur pur horizon,
Se lever au matin l'astre de la raison.
Amis, vers l'orient tournez votre paupière :
La vérité viendra d'où nous vient la lumière !
Mais qui l'apportera ?... C'est toi, Verbe conçu !
Toi, qu'à travers les temps mes yeux ont aperçu ;
Toi, dont par l'avenir la splendeur réfléchie
Vient m'éclairer d'avance au sommet de la vie.
Tu viens ! tu vis ! tu meurs d'un trépas mérité !
Car la mort est le prix de toute vérité.
Mais ta voix expirante en ce monde entendue,
Comme la mienne, au moins, ne sera pas perdue.
La voix qui vient du ciel n'y remontera pas ;
L'univers assoupi t'écoute et fait un pas ;
L'énigme du destin se révèle à la terre.

. . . .

Quoi ! j'avais soupçonné ce sublime mystère !
Nombre mystérieux ! profonde trinité !
Triangle composé d'une triple unité !
Les formes, les couleurs, les sons, les nombres même,
Tout me cachait mon Dieu, tout était son emblème !
Mais les voiles enfin pour moi sont révolus ;
Écoutez !... »

       Il parlait : nous ne l'entendions plus.

Cependant dans son sein son haleine oppressée [11],
Trop faible pour prêter des sons à sa pensée,
Sur sa lèvre entr'ouverte, hélas ! venait mourir,
Puis semblait tout à coup palpiter et courir :

Comme, prêt à s'abattre aux rives paternelles,
D'un cygne qui se pose on voit battre les ailes;
Entre les bras d'un songe il semblait endormi.
L'intrépide Cébès penché sur notre ami,
Rappelant dans ses yeux l'âme qui s'évapore,
Jusqu'au bord du trépas l'interrogeait encore :
« Dors-tu ? lui disait-il ; la mort, est-ce un sommeil ? »
Il recueillit sa force, et dit : « C'est un réveil !
— Ton œil est-il voilé par des ombres funèbres ?
— Non ! je vois un jour pur poindre dans les ténèbres.
— N'entends-tu pas des cris, des gémissements ? — Non !
J'entends des astres d'or qui murmurent un nom !
— Que sens-tu ? — Ce que sent la jeune chrysalide
Quand, livrant à la terre une dépouille aride,
Aux rayons de l'aurore ouvrant ses faibles yeux,
Le souffle du matin la roule dans les cieux.
— Ne nous trompais-tu pas ? réponds : l'âme était-elle... ?
— Croyez-en ce sourire, elle était immortelle !...
— De ce monde imparfait qu'attends-tu pour sortir ?
— J'attends, comme la nef, un souffle pour partir.
— D'où viendra-t-il ? — Du ciel. — Encore une parole...
— Non ; laisse en paix mon âme, afin qu'elle s'envole ! »

. . . .

Il dit, ferma les yeux pour la dernière fois,
Et resta quelque temps sans haleine et sans voix.
Un faux rayon de vie errant par intervalle [12]
D'une pourpre mourante éclairait son front pâle :
Ainsi, dans un soir pur de l'arrière-saison,
Quand déjà le soleil a quitté l'horizon,
Un rayon oublié des ombres se dégage,
Et colore en passant les flancs d'or d'un nuage.
Enfin plus librement il sembla respirer,
Et laissant sur ses traits son doux sourire errer :

« Aux dieux libérateurs, dit-il, qu'on sacrifie !
Ils m'ont guéri ! — De quoi ? dit Cébès. — De la vie !... »
Puis un léger soupir de ses lèvres coula,
Aussi doux que le vol d'une abeille d'Hybla.
Était-ce...? Je ne sais ; mais, pleins d'un saint dictame,
Nous sentîmes en nous comme une seconde âme !...

. . . .
. . . .
. . . .
. . . .
. . . .
. . . .

Comme un lis sur les eaux et que la rame incline,
Sa tête mollement penchait sur sa poitrine ;
Ses longs cils, que la mort n'a fermés qu'à demi,
Retombant en repos sur son œil endormi,
Semblaient comme autrefois, sous leur ombre abaissée,
Recueillir le silence ou voiler la pensée.
La parole surprise en son dernier essor
Sur sa lèvre entr'ouverte, hélas ! errait encor,
Et ses traits, où la vie a perdu son empire,
Étaient comme frappés d'un éternel sourire...
Sa main, qui conservait son geste habituel,
De son doigt étendu montrait encor le ciel.
Et quand le doux regard de la naissante aurore,
Dissipant par degrés les ombres qu'il colore,
Comme un phare allumé sur un sommet lointain,
Vint dorer son front mort des ombres du matin,
On eût dit que Vénus, d'un deuil divin suivie,
Venait pleurer encor sur son amant sans vie ;
Que la triste Phébé de son pâle rayon

Caressait, dans la nuit, le sein d'Endymion ;
Ou que du haut du ciel l'âme heureuse du sage
Revenait contempler le terrestre rivage,
Et, visitant de loin le corps qu'elle a quitté,
Réfléchissait sur lui l'éclat de sa beauté,
Comme un astre bercé dans un ciel sans nuage
Aime à voir dans les flots briller sa chaste image.
. . . .
. . . .
. . . .
. . . .
On n'entendait autour ni plainte, ni soupir !...
C'est ainsi qu'il mourut, si c'était là mourir !

NOTES

PREMIÈRE NOTE

(Page 271)

On voyait sur les mers une poupe dorée.

ÉCHÉCRATE (1).

Phédon, étais-tu toi-même auprès de Socrate, le jour qu'il but la ciguë dans la prison, ou en as-tu seulement entendu parler ?

PHÉDON (2).

J'y étais moi-même, Échécrate.

---

1. *Échécrate, de Phliunte, ville de Sicyonie. C'est probablement le pythagoricien dont parle Platon dans sa IXe lettre à Archytas.*
   Voyez Diog. Laerce, *liv. VIII, chap. 46;* Jambl. (Vita Pythagoræ, I, 36.)

2. *Chef de l'école d'Élis.* (*Voyez* Diog. Laerce, II, 105.)

ÉCHÉCRATE.

Que dit-il à ses derniers moments, et de quelle manière mourut-il ? Je l'entendrais volontiers, car nous n'avons personne à Phliunte qui fasse maintenant de voyage à Athènes, et depuis longtemps il n'est pas venu chez nous d'Athénien qui ait pu nous donner aucun détail à cet égard, sinon qu'il est mort après avoir bu la ciguë. On n'a pu nous dire autre chose.

PHÉDON.

Vous n'avez donc rien su du procès, ni comment les choses se passèrent ?

ÉCHÉCRATE.

Si fait : quelqu'un nous l'a rapporté, et nous étions étonnés que la sentence n'eût été exécutée que longtemps après avoir été rendue. Quelle en fut la cause, Phédon ?

PHÉDON.

Une circonstance particulière. Il se trouva que la veille du jugement on avait couronné la poupe du vaisseau que les Athéniens envoient chaque année à Délos.

ÉCHÉCRATE.

Qu'est-ce donc que ce vaisseau ?

PHÉDON.

C'est, au dire des Athéniens, le même vaisseau sur lequel jadis Thésée conduisit en Crète les sept jeunes gens et les sept jeunes filles qu'il sauva en se sauvant lui-même. On raconte qu'à leur départ les Athéniens firent vœu à Apollon, si Thésée et ses compagnons échappaient à la mort, d'envoyer chaque année à Délos une théorie ; et, depuis ce temps, ils ne manquent pas d'accomplir leur vœu. Quand vient l'époque de la théorie, une loi ordonne que la ville soit pure, et défend d'exécuter aucune sentence de mort avant que le vaisseau ne soit arrivé à Délos et revenu à Athènes ; et quelquefois le voyage dure longtemps, lorsque les vents sont contraires. La théorie commence aussitôt que le prêtre d'Apollon a couronné la poupe du vaisseau ; ce qui eut lieu, comme je le disais, le veille du jugement de Socrate. Voilà pourquoi il s'est écoulé un si long intervalle entre sa condamnation et sa mort.

DEUXIÈME NOTE

(Page 272)

Quelques amis en deuil erraient sous le portique.

ÉCHÉCRATE.

Quels étaient ceux qui se trouvaient là, Phédon ?

PHÉDON.

Des compatriotes : il y avait cet Apollodore, Critobule et son père Criton, Hermogène (1), Épigène (2), Eschine (3) et Antisthène (4). Il y avait aussi Ctésippe (5) du bourg de Péanée, Ménexène (6), et encore quelques autres du pays. Platon, je crois, était malade.

ÉCHÉCRATE.

Y avait-il des étrangers ?

---

1. *Fils d'Hipponicus. (Voyez le* Cratyle.)
2. *Voyez l'Apologie.* — XÉNOPHON, Mémorab.
3. *Auteur de trois Dialogues qui nous ont été conservés. (Voyez l'Apologie.)*
4. *Chef de l'école cynique.* (DIOG. LAERCE, livr. VI.)
5. *Voyez l'Euthydème et le Lysis.* — *Péanée, bourg ou dème de la tribu Pandionide.*
6. *Voyez le* Ménexène.

PHÉDON.

Oui: Symmias de Thèbes, Cébès et Phédondès (1); et de Mégare, Euclide (2) et Terpsion (3).

ÉCHÉCRATE.

Aristippe (4) et Cléombrote (5) n'y étaient-ils pas?

PHÉDON.

Non; on disait qu'ils étaient à Égine.

ÉCHÉCRATE.

N'y en avait-il pas d'autres?

PHÉDON.

Voilà, je crois, à peu près tous ceux qui y étaient.

ÉCHÉCRATE.

Eh bien! sur quoi disais-tu que roula l'entretien?

1. *De Thèbes, et non de Cyrène, comme le veut Ruhnkenius.*
2. *Chef de l'école mégarique.* (DIOG. LAERCE, *liv. II.*)
3. *Voyez le* Théétète.
4. *De Cyrène, chef de la secte cyrénaïque.*
5. *D'Ambracie. On dit qu'après avoir lu le* Phédon *il se jeta dans la mer.* (CALLIMACH., épig. XXIV.)

TROISIÈME NOTE

(Page 273)

C'est le vaisseau sacré, l'heureuse Théorie.

SOCRATE.

Quelle nouvelle? Est-il arrivé de Délos, le vaisseau au retour duquel je dois mourir (1)?

CRITON.

Non, pas encore; mais il paraît qu'il doit arriver aujourd'hui, à ce que disent des gens qui viennent de Sunium (2), où ils l'ont laissé. Ainsi il ne peut manquer d'être ici aujourd'hui; et demain matin, Socrate, il te faudra quitter la vie.

SOCRATE.

A la bonne heure, Criton: si telle est la volonté des dieux, qu'elle s'accomplisse! Cependant je ne pense pas qu'il arrive aujourd'hui.

CRITON.

Et pourquoi?

---

1 *Voyez le commencement du* Phédon.
2. *Promontoire de l'Attique, vis-à-vis les Cyclades.*

QUATRIÈME NOTE

(Page 273)

Dans nos doux entretiens s'écoule encor de même !

L'accusation intentée à Socrate, telle qu'elle existait encore au second siècle de l'ère chrétienne, à Athènes, dans le temple de Cybèle, au rapport de Phavorinus, cité par Diogène Laërce, reposait sur ces deux chefs : 1° que Socrate ne croyait pas à la religion de l'État ; 2° qu'il corrompait la jeunesse, c'est-à-dire, évidemment, qu'il instruisait la jeunesse à ne pas croire à la religion de l'État.

Or l'Apologie de Socrate ne répond d'une manière satisfaisante ni à l'un ni à l'autre de ces deux chefs d'accusation. Au lieu de déclarer qu'il croit à la religion établie, Socrate prouve qu'il n'est pas athée ; au lieu de faire voir qu'il n'instruit pas la jeunesse à douter des dogmes consacrés par la loi, il proteste qu'il lui a toujours enseigné une morale pure. Comme plaidoyer, comme défense régulière, on ne peut nier que l'Apologie de Socrate ne soit très faible.

C'est qu'elle ne pouvait guère ne pas l'être, que l'accusation était fondée, et qu'en effet, dans un ordre de choses dont la base est une religion d'État, on ne peut penser, comme Socrate, de cette religion, et publier ce qu'on en pense, sans nuire à cette religion, et par conséquent sans troubler l'État, et provoquer, à la longue, une révolution ; et la preuve en est que, deux siècles plus tard, quand cette révolution éclata, ses plus zélés partisans, dans leurs plus violentes attaques contre le paganisme, n'ont fait que répéter les arguments de Socrate dans l'*Euthyphron*. On peut l'avouer aujourd'hui, Socrate ne s'élève tant comme philosophe que précisément à condition d'être coupable comme citoyen, à prendre ce titre et les devoirs qu'il impose dans le sens étroit et selon l'esprit de l'antiquité. Lui-même connaissait si bien sa situation, qu'au commencement de l'*Apologie* il déclare qu'il ne se défend que pour obéir à la loi.

CINQUIÈME NOTE

(Page 276)

Pourquoi dans cette mort qu'on appelle la vie...

« Mais pour arriver au rang des dieux, que celui qui n'a pas philosophé et qui n'est pas sorti tout à fait pur de cette vie, ne s'en flatte pas ; non, cela n'est donné qu'au philosophe. C'est pourquoi, Symmias et Cébès, le véritable philosophe s'abstient de toutes les passions du corps, leur résiste, et ne se laisse pas entraîner par elles ; et cela, bien qu'il ne craigne ni la perte de sa fortune et la pauvreté, comme les hommes vulgaires et ceux qui aiment l'argent, ni le déshonneur et la mauvaise réputation, comme ceux qui aiment la gloire et les dignités.

— Il ne conviendrait pas de faire autrement, repartit Cébès.

— Non, sans doute, continua Socrate : aussi ceux qui prennent quelque intérêt à leur âme, et qui ne vivent pas pour flatter le corps, ne tiennent pas le même chemin que les autres qui ne savent où ils vont ; mais, persuadés qu'il ne faut rien faire qui soit contraire à la philosophie, à l'affranchissement et à la purification qu'elle opère, ils s'abandonnent à sa conduite, et la suivent partout où elle veut les mener.

— Comment, Socrate ?

— La philosophie recevant l'âme liée véritablement et pour ainsi dire collée au corps, et forcée de considérer les choses non par elle-même, mais par l'intermédiaire des organes comme à travers les murs d'un cachot et dans une obscurité absolue, reconnaissant que toute la force du cachot

vient des passions qui font que le prisonnier aide lui-même
à serrer sa chaîne; la philosophie, dis-je, recevant l'âme en
cet état, l'exhorte doucement et travaille à la délivrer : et
pour cela elle lui montre que le témoignage des yeux du
corps est plein d'illusions, comme celui des oreilles, comme
celui des autres sens ; elle l'engage à se séparer d'eux, autant
qu'il est en elle; elle lui conseille de se recueillir et de se
concentrer en elle-même, de ne croire qu'à elle-même, après
avoir examiné au dedans d'elle et avec l'essence même de sa
pensée ce que chaque chose est en son essence, et de tenir
pour faux tout ce qu'elle apprend par un autre qu'elle-
même, tout ce qui varie selon la différence des intermé-
diaires : elle lui enseigne que ce qu'elle voit ainsi, c'est le
sensible et le visible ; ce qu'elle voit par elle-même, c'est
l'intelligible et l'immatériel. Le véritable philosophe sait que
telle est la fonction de la philosophie. L'âme donc, persuadée
qu'elle ne doit pas s'opposer à sa délivrance, s'abstient,
autant qu'il lui est possible, des voluptés, des désirs, des
tristesses, des craintes, réfléchissant qu'après les grandes
joies et les grandes craintes, les tristesses et les désirs immo-
dérés, on n'éprouve pas seulement les maux ordinaires, comme
d'être malade, ou de perdre sa fortune, mais le plus grand
et le dernier de tous les maux, et même sans en avoir le
sentiment.

— Et quel est donc ce mal, Socrate?

— C'est que l'effet nécessaire de l'extrême jouissance et
de l'extrême affliction est de persuader à l'âme que ce qui la
réjouit ou l'afflige est très réel et très véritable, quoiqu'il
n'en soit rien. Or, ce qui nous réjouit ou nous afflige, ce
sont principalement les choses visibles, n'est-ce pas?

— Certainement.

— N'est-ce pas surtout dans la jouissance et la souffrance
que le corps subjugue et enchaîne l'âme?

— Comment cela?

— Chaque peine, chaque plaisir a, pour ainsi dire, un clou
avec lequel il attache l'âme au corps, la rend semblable, et
lui fait croire que rien n'est vrai que ce que le corps lui
dit. Or, si elle emprunte au corps ses croyances et partage
ses plaisirs, elle est, je pense, forcée de prendre aussi les

mêmes mœurs et les mêmes habitudes, tellement qu'il lui est impossible d'arriver jamais pure à l'autre monde; mais, sortant de cette vie toute pleine encore du corps qu'elle quitte, elle retombe bientôt dans un autre corps et y prend racine, comme une plante dans la terre où elle a été semée, et ainsi elle est privée du commerce de la pureté et de la simplicité divine.

— Il n'est que trop vrai, Socrate, dit Cébès.

— Voilà pourquoi, mon cher Cébès, le véritable philosophe s'exerce à la force et à la tempérance, et nullement pour toutes les raisons que s'imagine le peuple. Est-ce que tu penserais comme lui ?

— Non pas.

— Et tu fais bien. Ces raisons grossières n'entreront pas dans l'âme du véritable philosophe ; elle ne pensera pas que la philosophie doit venir la délivrer, pour qu'après elle s'abandonne aux jouissances et aux souffrances et se laisse enchaîner de nouveau par elles, et que ce soit toujours à recommencer comme la toile de Pénélope. Au contraire, en se rendant indépendante des passions, en suivant la raison pour guide, en ne se départant jamais de la contemplation de ce qui est vrai, divin, hors du domaine de l'opinion, en se nourrissant de ces contemplations sublimes, elle acquiert la conviction qu'elle doit vivre ainsi tant qu'elle est dans cette vie, et qu'après la mort elle ira se réunir à ce qui lui est semblable et conforme à sa nature, et sera délivrée des maux de l'humanité. Avec un tel régime, ô Symmias, ô Cébès, et après l'avoir suivi fidèlement, il n'y a pas de raison pour craindre qu'à la sortie du corps elle s'envole emportée par les vents, se dissipe et cesse d'être. »

SIXIÈME NOTE

(Page 278)

L'été sort de l'hiver, le jour sort de la nuit.

Quand Socrate eut ainsi parlé, Cébès, prenant la parole, lui dit : « Socrate, tout ce que tu viens de dire me semble très vrai. Il n'y a qu'une chose qui paraît incroyable à l'homme : c'est ce que tu as dit de l'âme. Il semble que lorsque l'âme a quitté le corps, elle n'est plus ; que, le jour où l'homme expire, elle se dissipe comme une vapeur ou comme une fumée, et s'évanouit sans laisser de trace : car si elle subsistait quelque part recueillie en elle-même et délivrée de tous les maux dont tu nous as fait le tableau, il y aurait une grande et belle espérance, ô Socrate, que tout ce que tu as dit se réalise ; mais que l'âme survive à la mort de l'homme, qu'elle conserve l'activité et la pensée, voilà ce qui a peut-être besoin d'explication et de preuves.

— Tu dis vrai, Cébès, reprit Socrate ; mais comment ferons-nous ? Veux-tu que nous examinions dans cette conversation si cela est vraisemblable ou si cela ne l'est pas ?

— Je prendrai un très grand plaisir, répondit Cébès, à entendre ce que tu penses sur cette matière.

— Je ne pense pas au moins, reprit Socrate, que si quelqu'un nous entendait, fût-ce un faiseur de comédies, il pût me reprocher que je badine, et que je parle de choses qui ne me regardent pas (1). Si donc tu le veux, examinons

1. *Allusion à un reproche d'Eupolis, poète comique.* (OLYMP., ad Phædon ; PROCLUS, ad Parmenidem, lib. I, p. 50, édit. Parisiens., t. IV.)

ensemble cette question. Et d'abord voyons si les âmes des morts sont dans les enfers, ou si elles n'y sont pas. C'est une opinion bien ancienne (1), que les âmes, en quittant ce monde, vont dans les enfers, et que de là elles reviennent dans ce monde, et retournent à la vie après avoir passé par la mort. S'il en est ainsi, et que les hommes après la mort reviennent à la vie, il s'ensuit nécessairement que les âmes sont dans les enfers pendant cet intervalle; car elles ne reviendraient pas au monde, si elles n'étaient plus : et c'en sera une preuve suffisante si nous voyons clairement que les vivants ne naissent que des morts; car si cela n'est point, il faut chercher d'autres preuves.

— Fort bien, dit Cébès.

— Mais, reprit Socrate, pour s'assurer de cette vérité, il ne faut pas se contenter de l'examiner par rapport aux hommes, il faut aussi l'examiner par rapport aux animaux, aux plantes et à tout ce qui naît : car on verra par là que toutes les choses naissent de la même manière, c'est-à-dire de leurs contraires, lorsqu'elles en ont, comme le beau a pour contraire le laid, le juste a pour contraire l'injuste, et ainsi de mille autres choses. Voyons donc si c'est une nécessité absolue que les choses, qui ont leur contraire, ne naissent que de ce contraire; comme, par exemple, s'il faut de toute nécessité, quand une chose devient plus grande, qu'elle fût auparavant plus petite, pour acquérir ensuite cette grandeur.

— Sans doute.

— Et quand elle devient plus petite, s'il faut qu'elle fût plus grande auparavant, pour diminuer ensuite.

— Évidemment.

— Tout de même, le plus fort vient du plus faible, le plus vite du plus lent.

— C'est une vérité sensible.

— Eh quoi! reprit Socrate, quand une chose devient plus mauvaise, n'est-ce pas de ce qu'elle était meilleure? et quand elle devient plus juste, n'est-ce pas de ce qu'elle était moins juste?

1. *Dogme pythagoricien, et même orphique.* (OLYMP., ad Phœdon. — *Voyez* Orph., frag. HERMANN, *p. 510.*)

— Sans difficulté, Socrate.

— Ainsi donc, Cébès, que toutes les choses viennent de leurs contraires, voilà qui est suffisamment prouvé.

— Très suffisamment, Socrate.

— Mais entre ces deux contraires, n'y a-t-il pas toujours un certain milieu, une double opération qui mène de celui-ci à celui-là, et ensuite de celui-là à celui-ci? Le passage du plus grand au plus petit, ou du plus petit au plus grand, ne suppose-t-il pas nécessairement une opération intermédiaire, savoir, augmenter et diminuer?

— Oui, dit Cébès.

— N'en est-il pas de même de ce qu'on appelle se mêler et se séparer, s'échauffer et se refroidir, et de toutes les autres choses? Et, quoiqu'il arrive quelquefois que nous n'ayons pas de termes pour exprimer toutes ces nuances, ne voyons-nous pas réellement que c'est toujours une nécessité absolue que les choses naissent les unes des autres, et qu'elles passent de l'une à l'autre, par une opération intermédiaire?

— Cela est indubitable.

— Eh bien! reprit Socrate, la vie n'a-t-elle pas aussi son contraire, comme la veille a pour contraire le sommeil?

— Sans doute, dit Cébès.

— Et quel est ce contraire?

— C'est la mort.

— Ces deux choses ne naissent-elles donc pas l'une de l'autre, puisqu'elles sont contraires? Et puisqu'il y a deux contraires, n'y a-t-il pas une double opération intermédiaire qui les fait passer de l'un à l'autre?

— Comment non?

— Pour moi, repartit Socrate, je vais vous dire la combinaison des deux contraires, le sommeil et la veille, et la double opération qui les convertit l'un dans l'autre; et toi, tu m'expliqueras l'autre combinaison. Je dis donc, quant au sommeil et à la veille, que du sommeil naît la veille, et de la veille le sommeil; et que ce qui mène de la veille au sommeil, c'est l'assoupissement, et du sommeil à la veille, c'est le réveil. Cela n'est-il pas assez clair?

— Très clair.

— Dis-nous de ton côté la combinaison de la vie et de la mort. Ne dis-tu pas que la mort est le contraire de la vie?
— Oui.
— Et qu'elles naissent l'une de l'autre?
— Sans doute.
— Qui naît donc de la vie?
— La mort.
— Et qui naît de la mort?
— Il faut nécessairement avouer que c'est la vie.
— C'est donc de ce qui est mort que naît tout ce qui vit, choses et hommes?
— Il paraît certain.
— Et par conséquent, reprit Socrate, après la mort nos âmes vont habiter les enfers.
— Il le semble.
— Maintenant, des deux opérations qui font passer de l'état de vie à l'état de mort, et réciproquement, l'une n'est-elle pas manifeste? Car mourir tombe sous les sens, n'est-ce pas?
— Sans difficulté.
— Mais quoi! pour faire le parallèle, n'existe-t-il pas une opération contraire, ou la nature est-elle boiteuse de ce côté-là? Ne faut-il pas nécessairement que mourir ait son contraire?
— Nécessairement.
— Et quel est-il?
— Revivre.
— Revivre, dit Socrate, est donc, s'il a lieu, l'opération qui ramène de l'état de mort à l'état de vie. Nous convenons donc que la vie ne naît pas moins de la mort, que la mort de la vie : preuve satisfaisante que l'âme, après la mort, existe quelque part, d'où elle revient à la vie. »

SEPTIÈME NOTE

(Page 283)

Hâtons-nous, mes amis, voici l'heure du bain.

« Il est à peu près temps que j'aille au bain, car il me semble qu'il est mieux de ne boire le poison qu'après m'être baigné, et d'épargner aux femmes la peine de laver un cadavre. »

Quand Socrate eut achevé de parler, Criton, prenant la parole : « A la bonne heure, Socrate, lui dit-il ; mais n'as-tu rien à nous recommander, à moi et aux autres, sur tes enfants ou sur toute autre chose où nous pourrions te rendre service ?

— Ce que je vous ai toujours recommandé, Criton ; rien de plus : ayez soin de vous ; ainsi vous me rendrez service, à moi, à ma famille, à vous-mêmes, alors même que vous ne me promettriez rien présentement ; au lieu que si vous vous négligez vous-mêmes, et si vous ne voulez pas suivre comme à la trace ce que nous venons de dire, ce que nous avions dit il y a longtemps, me fissiez-vous aujourd'hui les promesses les plus vives, tout cela ne servira pas à grand'-chose.

— Nous ferons tous nos efforts, répondit Criton, pour nous conduire ainsi ; mais comment t'ensevelirons-nous ?

— Tout comme il vous plaira, dit-il, si toutefois vous pouvez me saisir, et que je ne vous échappe pas. » Puis, en même temps, nous regardant avec un sourire plein de douceur : « Je ne saurais venir à bout, mes amis, de persuader à Criton que je suis le Socrate qui s'entretient avec vous, et qui ordonne toutes les parties de son discours; il s'imagine toujours que je suis celui qu'il va voir mort tout à l'heure, et il me demande comment il m'ensevelira; et tout ce long discours que je viens de faire pour vous prouver que, dès que j'aurai avalé le poison, je ne demeurerai plus avec vous, mais que je vous quitterai et irai jouir de félicités ineffables, il me paraît que j'ai dit tout cela en pure perte pour lui, comme si je n'eusse voulu que vous consoler et me consoler moi-même. Soyez donc mes cautions auprès de Criton, mais d'une manière toute contraire à celle dont il a voulu être la mienne auprès des juges : car il a répondu pour moi que je ne m'en irais point; vous, au contraire, répondez pour moi que je ne serai pas plus tôt mort, que je m'en irai, afin que le pauvre Criton prenne les choses plus doucement, et qu'en voyant brûler mon corps, ou le mettre en terre, il ne s'afflige pas sur moi, comme si je souffrais de grands maux, et qu'il ne dise pas à mes funérailles qu'il expose Socrate, qu'il l'emporte, qu'il l'enterre; car il faut que tu saches, mon cher Criton, lui dit-il, que parler improprement, ce n'est pas seulement une faute envers les choses, mais c'est aussi un mal que l'on fait aux âmes. Il faut avoir plus de courage, et dire que c'est mon corps que tu enterres; et enterre-le comme il te plaira, et de la manière qui te paraîtra la plus conforme aux lois. »

En disant ces mots, il se leva et passa dans une chambre voisine pour y prendre le bain; Criton le suivit, et Socrate nous pria de l'attendre. Nous l'attendîmes donc, tantôt nous entretenant de tout ce qu'il nous avait dit, et l'examinant encore, tantôt parlant de l'horrible malheur qui allait nous arriver, nous regardant véritablement comme des enfants privés de leur père, et condamnés à passer le reste de notre vie comme des orphelins. Après qu'il fut sorti du bain, on lui apporta ses enfants, car il en avait trois, deux en bas âge (1), et un qui était déjà assez grand (2); et on fit entrer

1. *Sophroniscus et Menexenus.*
2. *Lamproclès.*

les femmes de sa famille (1). Il leur parla quelque temps en présence de Criton, et leur donna ses ordres; ensuite il fit retirer les femmes et les enfants, et revint nous trouver; et déjà le coucher du soleil approchait, car il était resté longtemps enfermé.

. . . .

« Mais je pense, Socrate, lui dit Criton, que le soleil est encore sur les montagnes, et qu'il n'est pas couché : d'ailleurs je sais que beaucoup d'autres ne prennent le poison que longtemps après que l'ordre leur en a été donné; qu'ils mangent et qu'ils boivent à souhait; quelques-uns même ont pu jouir de leurs amours : c'est pourquoi ne te presse pas, tu as encore du temps.

— Ceux qui font ce que tu dis, Criton, répondit Socrate, ont leurs raisons; ils croient que c'est autant de gagné : et moi, j'ai aussi les miennes pour ne pas le faire; car la seule chose que je croirais gagner en buvant un peu plus tard, c'est de me rendre ridicule à moi-même, en me trouvant si amoureux de la vie, que je veuille l'épargner lorsqu'il n'y en a plus (2). Ainsi donc, mon cher Criton, fais ce que je te dis, et ne me tourmente pas davantage. »

A ces mots, Criton fit signe à l'esclave qui se tenait auprès. L'esclave sortit, et, après être resté quelque temps, il revint avec celui qui devait donner le poison, qu'il portait tout broyé dans une coupe. Aussitôt que Socrate le vit :

« Fort bien, mon ami, lui dit-il; mais que faut-il que je fasse? car c'est à toi à me l'apprendre.

1. *Il ne s'agit ici que de Xantippe et de quelques autres femmes alliées à la famille de Socrate, et nullement de ses deux épouses Xantippe et Myrto.*
2. *Allusion à un vers d'Hésiode.* (Les Œuvres et les Jours, v. 367.)

— Pas autre chose, lui dit cet homme, que de te promener quand tu auras bu, jusqu'à ce que tu sentes tes jambes appesanties, et alors de te coucher sur ton lit; le poison agira de lui-même. » Et en même temps il lui tendit la coupe. Socrate la prit avec la plus parfaite sécurité, Échécrate, sans aucune émotion, sans changer de couleur ni de visage; mais regardant cet homme d'un œil ferme et assuré, comme à son ordinaire : « Dis-moi, est-il permis de répandre un peu de ce breuvage, pour en faire une libation?

— Socrate, lui répondit cet homme, nous n'en broyons que ce qu'il est nécessaire d'en boire. »

HUITIÈME NOTE

(Page 286)

Dans un point de l'espace inaccessible aux hommes...

« Premièrement, reprit Socrate, je suis persuadé que si la terre est au milieu du ciel et de forme sphérique, elle n'a besoin ni de l'air, ni d'aucun autre appui pour s'empêcher de tomber, mais que le ciel même, qui l'environne également, et son propre équilibre, suffisent pour la soutenir; car toute chose qui est en équilibre au milieu d'une autre qui la presse également, ne saurait pencher d'aucun côté, et par conséquent demeure fixe et immobile ; voilà de quoi je suis persuadé.

— Et avec raison, dit Symmias.

— De plus, je suis convaincu que la terre est fort grande, et que nous n'en habitons que cette petite partie qui s'étend depuis le Phase jusqu'aux colonnes d'Hercule, répandus autour de la mer comme des fourmis ou des grenouilles autour d'un marais : et je suis convaincu qu'il y a plusieurs autres peuples qui habitent d'autres parties semblables; car partout sur la face de la terre il y a des creux de toutes sortes de grandeurs et de figures, où se rendent les eaux, les nuages et l'air grossier, tandis que la terre elle-même est au-dessus dans ce ciel pur où sont les astres, et que la plupart de ceux qui s'occupent de ces matières appellent l'*éther*, dont tout ce qui afflue perpétuellement dans les cavités que nous habitons n'est proprement que le sédiment. Enfoncés dans ces cavernes sans nous en douter, nous croyons habiter le haut de la terre, à peu près comme quelqu'un qui, faisant son habitation dans les abîmes de l'Océan, s'imaginerait habiter au-dessus de la mer, et qui, pour voir au travers de l'eau le soleil et les astres, prendrait la mer pour le ciel, et n'étant jamais monté au-dessus à cause de sa pesanteur et de sa faiblesse, et n'ayant jamais avancé la tête hors de l'eau, n'aurait jamais vu lui-même combien le lieu que nous habitons est plus pur et plus beau que celui qu'il habite, et n'aurait jamais trouvé personne qui pût l'en instruire. Voilà l'état où nous sommes. Confinés dans quelques creux de la terre, nous croyons en habiter les hauteurs; nous prenons l'air pour le ciel, et nous croyons que c'est là le véritable ciel dans lequel les astres font leur cours; c'est-à-dire que notre pesanteur et notre faiblesse nous empêchent de nous élever au-dessus de l'air; car si quelqu'un allait jusqu'au haut, et qu'il pût s'y élever avec des ailes, il n'aurait pas plus tôt mis la tête hors de cet air grossier, qu'il verrait ce qui se passe dans cet heureux séjour, comme les poissons en s'élevant au-dessus de la surface de la mer voient ce qui se passe dans l'air que nous respirons; et s'il était d'une nature propre à une longue contemplation, il connaîtrait que c'est le véritable ciel, la véritable lumière, la véritable terre; car cette terre, ces roches, tous les lieux que nous habitons, sont corrompus et calcinés, comme ce qui est dans la mer est rongé par l'âcreté des sels : aussi dans la mer on ne trouve que des cavernes, du sable, et, partout où il y a de la terre, une vase profonde; il n'y naît rien de parfait, rien qui soit d'aucun prix, rien enfin qui puisse être comparé à ce que nous avons ici. Mais ce qu'on trouve dans l'autre séjour est encore plus au-dessus de ce que nous voyons dans le nôtre; et, pour vous faire connaître la beauté de cette terre pure, située au milieu du ciel, je vous dirai, si vous voulez, une belle fable qui mérite d'être écoutée.

— Et nous, Socrate, nous l'écouterons avec un très grand plaisir, dit Symmias.

— On raconte, dit-il, que la terre, si on la regarde d'en haut, paraît comme un de nos ballons couverts de douze bandes de différentes couleurs, dont celles que nos peintres emploient ne sont que les échantillons; mais les couleurs de cette terre sont infiniment plus brillantes et plus pures, et elles l'environnent tout entière. L'une est d'un pourpre merveilleux; l'autre, de *couleur d'or*; celle-là, d'un blanc plus brillant que le gypse et la neige; et ainsi des autres couleurs qui la décorent, et qui sont plus nombreuses et plus belles que toutes celles que nous connaissons. Les creux mêmes de cette terre, remplis d'eau et d'air, ont aussi leurs couleurs particulières, qui brillent parmi toutes les autres; de sorte que dans toute son étendue cette terre a l'aspect d'une diversité continuelle. Dans cette terre si parfaite, tout est en rapport avec elle, plantes, arbres, fleurs et fruits; les montagnes mêmes et les pierres ont un poli, une transparence, des couleurs incomparables; celles que nous estimons tant ici, les cornalines, les jaspes, les émeraudes, n'en sont que de petites parcelles. Il n'y en a pas une seule, dans cette heureuse terre, qui ne les vaille, ou ne les surpasse encore : et la cause en est que là les pierres précieuses sont pures, qu'elles ne sont ni rongées ni gâtées comme les nôtres par l'âcreté des sels et par la corruption des sédiments qui descendent et s'amassent dans cette terre basse, où ils infectent les pierres et la terre, les plantes et les animaux. Outre toutes ces beautés, cette terre est ornée d'or, d'argent et d'autres métaux précieux, qui, répandus en tous lieux en abondance, frappent les yeux de tous côtés, et font de la vue de cette terre un spectacle de bienheureux. Elle est aussi habitée par toutes sortes d'animaux et par des hommes, dont les uns sont répandus au milieu des terres, et les autres autour de l'air, comme nous autour de la mer, et d'autres dans des îles que l'air forme près du continent; car l'air est là ce que sont ici l'eau et la mer pour notre usage; et ce que l'air est pour nous, pour eux est l'éther. Leurs saisons sont si bien tempérées, qu'ils vivent beaucoup plus que nous, toujours exempts de maladies; et pour la vue, l'ouïe, l'odorat et tous les autres sens, et pour l'intelligence même, ils sont autant au-dessus de nous, que l'air surpasse l'eau en pureté, et que l'éther surpasse l'air. Ils ont des bois sacrés, des temples, que les dieux habitent réellement; des oracles, des prophéties, des visions, toutes les marques du commerce des dieux : ils voient aussi le soleil et la lune et les astres tels qu'ils sont ; et tout le reste de leur félicité suit à proportion.

« Voilà quelle est cette terre à sa surface ; elle a tout autour d'elle plusieurs lieux, dont les uns sont plus profonds et plus ouverts que le pays que nous habitons ; les autres plus profonds, mais moins ouverts, et d'autres moins profonds et plus plats. Tous ces lieux sont percés par-dessous en plusieurs points, et communiquent entre eux par des conduits, tantôt plus larges, tantôt plus étroits, à travers lesquels coule, comme dans des bassins, une quantité immense d'eau ; des masses surprenantes de fleuves souterrains qui ne s'épuisent jamais ; des sources d'eaux froides et d'eaux chaudes ; des fleuves de feu et d'autres de boue, les uns plus liquides, les autres plus épais, comme en Sicile ces torrents de boue et de feu qui précèdent la lave, et comme la lave elle-même. Ces lieux se remplissent de l'une ou de l'autre de ces matières, selon la direction qu'elles prennent chaque fois en se débordant. Ces masses énormes se meuvent en haut et en bas, comme un balancier placé dans l'intérieur de la terre. Voici à peu près comment ce mouvement s'opère : parmi les ouvertures de la terre, il en est une, la plus grande de toutes, qui passe tout au travers de la terre ; c'est celle dont parle Homère, quand il dit (1) :

Bien loin, là où sous la terre est le plus profond abîme,

et que lui-même ailleurs et beaucoup d'autres appellent le Tartare. C'est là que se rendent, et c'est de là que sortent de nouveau tous les fleuves, qui prennent chacun le caractère et la ressemblance de la terre sur laquelle ils passent. La cause de ce mouvement en sens contraire, c'est que le liquide ne trouve là ni fond ni appui ; il s'agite suspendu, et bouillonne sens dessus dessous ; l'air et le vent font de même tout à l'entour, et suivent tous ses mouvements et lorsqu'il s'élève et lorsqu'il retombe ; et comme dans la respiration,

---

1. Iliade, *liv. VIII, v. 14.*

où l'air entre et sort continuellement, de même ici l'air, emporté avec le liquide dans deux mouvements opposés, produit des vents terribles et merveilleux, en entrant et en sortant. Quand donc les eaux, s'élançant avec force, arrivent vers le lieu que nous appelons le lieu inférieur, elles forment des courants qui vont se rendre, à travers la terre, vers des lits de fleuves qu'ils rencontrent et qu'ils remplissent comme avec une pompe. Lorsque les eaux abandonnent ces lieux et s'élancent vers les nôtres, elles les remplissent de la même manière ; de là elles se rendent, à travers des conduits souterrains, vers les différents lieux de la terre, selon que le passage leur est frayé, et forment les mers, les lacs, les fleuves et les fontaines ; puis s'enfonçant de nouveau sous la terre, et parcourant des espaces, tantôt plus nombreux et plus longs, tantôt moindres et plus courts, elles se jettent dans le Tartare, les unes beaucoup plus bas, d'autres seulement un peu plus bas, mais toutes plus bas qu'elles n'en sont sorties. Les unes ressortent et retombent dans l'abîme précisément du côté opposé à leur issue ; quelques autres, du même côté : il en est aussi qui ont un cours tout à fait circulaire, et se replient une ou plusieurs fois autour de la terre comme des serpents, descendent le plus bas qu'elles peuvent, et se jettent de nouveau dans le Tartare. Elles peuvent descendre de part et d'autre jusqu'au milieu, mais pas au delà ; car alors elles remonteraient ; elles forment plusieurs courants fort grands : mais il y en a quatre principaux, dont le plus grand, et qui coule le plus extérieurement tout autour, est celui qu'on appelle Océan. Celui qui lui fait face et coule en sens contraire est l'Achéron, qui, traversant des lieux déserts et s'enfonçant sous la terre, se jette dans le marais Achérusiade, où se rendent les âmes de la plupart des morts qui, après y avoir demeuré le temps ordonné, les unes plus, les autres moins, sont renvoyées dans ce monde pour y animer de nouveaux êtres. Entre ces deux fleuves coule un troisième, qui, non loin de sa source, tombe dans un lieu vaste, rempli de feu, et y forme un lac plus grand que notre mer, où l'eau bouillonne mêlée avec la boue. Il sort de là trouble et fangeux, et continuant son cours en spirale, il se rend à l'extrémité du marais Achérusiade, sans se mêler avec ses eaux ; et après avoir fait plusieurs tours sous terre, il se jette vers le plus bas du Tartare ; c'est ce fleuve qu'on appelle le Puriphlégéthon, dont les ruisseaux enflammés saillent sur la terre, partout où ils trouvent une issue. Du côté opposé, le quatrième fleuve tombe d'abord dans un lieu affreux et sauvage, à ce que l'on dit, et d'une couleur bleuâtre. On appelle ce lieu Stygien, et Styx le lac que forme le fleuve en tombant. Après avoir pris dans les eaux de ce lac des vertus horribles, il se plonge dans la terre, où il fait plusieurs tours ; et se dirigeant vis-à-vis du Puriphlégéthon, il le rencontre dans le lac de l'Achéron, par l'extrémité opposée. Il ne mêle ses eaux avec les eaux d'aucun autre fleuve ; mais après avoir fait le tour de la terre, il se jette aussi dans le Tartare, par l'endroit opposé au Puriphlégéthon. Le nom de ce fleuve est le Cocyte, comme l'appellent les poëtes. »

NEUVIÈME NOTE

(Page 297)

Mais qui donc étais-tu, mystérieux génie?

« Mais peut-être paraîtra-t-il inconséquent que je me sois mêlé de donner à chacun de vous des avis en particulier, et que je n'aie jamais eu le courage de me trouver dans les assemblées du peuple, pour donner mes conseils à la république. Ce qui m'en a empêché, Athéniens, c'est ce je ne sais quoi de divin et de démoniaque, dont vous m'avez si souvent entendu parler, et dont Mélitus, pour plaisanter, a fait un chef d'accusation contre moi. Ce phénomène extraordinaire s'est manifesté en moi dès mon enfance : c'est une voix qui ne se fait entendre que pour me détourner de ce que j'ai résolu, car jamais elle ne m'exhorte à rien entreprendre ; c'est elle qui s'est toujours opposée à moi, quand j'ai voulu me mêler des affaires de la république, et elle s'y est opposée fort à propos ; car sachez bien qu'il y a longtemps que je ne serais plus en vie, si je m'étais mêlé des affaires publiques, et je n'aurais rien avancé ni pour vous ni pour moi. Ne vous fâchez point, je vous en conjure, si je vous dis la vérité. Non, quiconque voudra lutter franchement contre les passions d'un peuple, celui d'Athènes, ou tout autre peuple ; quiconque voudra empêcher qu'il se commette rien d'injuste ou d'illégal dans un État, ne le fera jamais impunément. Il faut de toute nécessité que celui qui veut combattre pour la justice, s'il veut vivre quelque temps, demeure simple particulier, et ne prenne aucune part au gouvernement. Je puis vous en donner des preuves incontestables, et ce ne seront pas des raisonnements, mais, ce qui a bien plus d'autorité auprès de vous, des faits. Écoutez donc ce qui m'est arrivé, afin que vous sachiez bien que je suis incapable de céder à qui que ce soit contre le devoir, par crainte de la mort ; et que, ne voulant pas le faire, il est impossible que je ne périsse pas. Je vais vous dire des choses qui vous déplairont, et où vous trouverez peut-être la jactance des plaidoyers ordinaires : cependant je ne vous dirai rien qui ne soit vrai. »

DIXIÈME NOTE

(Page 297)

Voilez-vous, ou je meurs une seconde fois!

« Après cela, ô vous qui m'avez condamné, voici ce que j'ose vous prédire; car je suis précisément dans les circonstances où les hommes lisent dans l'avenir, au moment de quitter la vie. »

ONZIÈME NOTE

(Page 298)

Cependant dans son sein son haleine oppressée...

Il s'assit sur son lit, et n'eut pas le temps de nous dire grand'chose ; car le serviteur des Onze entra presque en même temps, et s'approchant de lui : « Socrate, dit-il, j'espère que je n'aurai pas à te faire le même reproche qu'aux autres : dès que je viens les avertir, par l'ordre des magistrats, qu'il faut boire le poison, ils s'emportent contre moi et me maudissent ; mais pour toi, depuis que tu es ici, je t'ai toujours trouvé le plus courageux, le plus doux et le meilleur de ceux qui sont jamais venus dans cette prison, et en ce moment je suis bien assuré que tu n'es pas fâché contre moi, mais contre ceux qui sont la cause de ton malheur, et que tu connais bien. Maintenant, tu sais ce que je viens t'annoncer ; adieu ! tâche de supporter avec résignation ce qui est inévitable. » En même temps il se détourna en fondant en larmes, et se retira. Socrate, le regardant, lui dit : « Et toi aussi, reçois mes adieux ; je ferai ce que tu dis. » Et se tournant vers nous : « Voyez, nous dit-il, quelle honnêteté dans cet homme : tout le temps que j'ai été ici, il m'est venu voir souvent, et s'est entretenu avec moi : c'était le meilleur des hommes ; et maintenant comme il me pleure de bon cœur ! Mais, allons ! Criton, obéissons-lui de bonne grâce, et qu'on m'apporte le poison, s'il est broyé ; sinon, qu'il le broie lui-même. »

DOUZIÈME NOTE

(Page 299)

Un faux rayon de vie errant par intervalle...

Jusque-là, nous avions eu presque tous assez de force pour retenir nos larmes ; mais en le voyant boire, et après qu'il eut bu, nous n'en fûmes plus les maîtres. Pour moi, malgré tous mes efforts, mes larmes s'échappèrent avec tant d'abondance, que je me couvris de mon manteau pour pleurer sur moi-même ; car ce n'était pas le malheur de Socrate que je pleurais, mais le mien, en songeant quel ami j'allais perdre. Criton, avant moi, n'ayant pu retenir ses larmes, était sorti ; et Apollodore, qui n'avait presque pas cessé de pleurer auparavant, se mit alors à crier, à hurler et à sangloter avec tant de force, qu'il n'y eut personne à qui il ne fit fendre le cœur, excepté Socrate. « Que faites-vous ? dit-il, ô mes bons amis ! N'était-ce pas pour cela que j'avais renvoyé les femmes, pour éviter des scènes aussi peu convenables ? Car j'ai toujours ouï dire qu'il faut mourir avec de bonnes paroles. Tenez-vous donc en repos, et montrez plus de fermeté. »

Ces mots nous firent rougir, et nous retinmes nos pleurs.

Cependant Socrate, qui se promenait, dit qu'il sentait ses jambes s'appesantir, et il se coucha sur le dos, comme l'homme l'avait ordonné. En même temps, le même homme qui lui avait donné le poison s'approcha, et, après avoir examiné quelque temps ses pieds et ses jambes, il lui serra le pied fortement, et lui demanda s'il le sentait ; il dit que non. Il lui serra ensuite les jambes ; et, portant ses mains plus haut, il nous fit voir que le corps se glaçait et se roidissait ; et le touchant lui-même, il nous dit que, dès que le froid gagnerait le cœur, Socrate nous quitterait. Déjà tout le bas-ventre était glacé. Alors se découvrant, car il était couvert : « Criton, dit-il, et ce furent ses dernières paroles, nous devons un coq à Esculape ; n'oublie pas d'acquitter cette dette.

— Cela sera fait, répondit Criton ; mais vois si tu as encore quelque chose à nous dire. »

Il ne répondit rien, et un peu de temps après il fit un mouvement convulsif ; alors l'homme le découvrit tout à fait : ses regards étaient fixes. Criton, s'en étant aperçu, lui ferma la bouche et les yeux.

TABLE

TABLE

		Pages
Avis des Éditeurs		1
Préface		1
Des Destinées de la Poésie		25

PREMIÈRES MÉDITATIONS POÉTIQUES

I.	L'Isolement	71
II.	L'Homme	77
III.	A Elvire	91
IV.	Le Soir	94
V.	L'Immortalité	98

		Pages
VI.	Le Vallon............	104
VII.	Le Désespoir............	108
VIII.	La Providence à l'Homme........	114
IX.	Souvenir............	119
X.	Ode......	123
XI.	L'Enthousiasme............	129
XII.	La Retraite...........	134
XIII.	Le Lac............	138
XIV.	La Gloire..........	142
XV.	La Naissance du duc de Bordeaux....	146
XVI.	Ressouvenir du lac Léman........	155
XVII.	La Prière..........	162
XVIII.	Invocation............	167
XIX.	La Foi............	169
XX.	Le Génie............	177
XXI.	Philosophie............	183
XXII.	Le golfe de Baïa...........	189
XXIII.	Le Temple............	193
XXIV.	Chants lyriques de Saül........	196
XXV.	Hymne au Soleil............	202
XXVI.	Adieu............	205
XXVII.	La Semaine Sainte à la Roche-Guyon..	210
XXVIII.	Le Chrétien mourant............	215
XXIX.	Dieu............	217
XXX.	L'Automne............	225
XXXI.	La Poésie sacrée............	228

Le Pasteur et le Pêcheur............ 241
A une Fleur séchée dans un Album.......... 245
A une Enfant, fille du Poëte............ 247
Les Fleurs............ 249
Le Lis du golfe de Santa Restituta.......... 251
Les Oiseaux............ 253

	Pages
Le Coquillage au bord de la Mer	255
Ferrare	257
La Charité	259
Les Pavots	261

LA MORT DE SOCRATE

Avertissement	265
La Mort de Socrate	271
Notes	303

Paris. — Imp. A. Lemerre, 25, rue des Grands-Augustins.

LIBRAIRIE ALPHONSE LEMERRE

ŒUVRES
DE
A. de Lamartine

13 volumes petit in-12 couronne, à 6 fr. le volume.
(Petite Bibliothèque littéraire)

PREMIÈRES MÉDITATIONS.............. 1 vol.
NOUVELLES MÉDITATIONS.............. 1 vol.
HARMONIES POÉTIQUES................ 1 vol.
JOCELYN............................. 1 vol.
LA CHUTE D'UN ANGE................. 1 vol.
RECUEILLEMENTS POÉTIQUES........... 1 vol.
POÉSIES INÉDITES................... 1 vol.
LES CONFIDENCES. — GRAZIELLA....... 1 vol.
LES NOUVELLES CONFIDENCES.......... 1 vol.
RAPHAEL............................ 1 vol.
LE TAILLEUR DE PIERRES............. 1 vol.
VOYAGE EN ORIENT................... 2 vol.

Il a été tiré des Œuvres de Lamartine 500 exemplaires sur papier vergé, au prix de 6 francs le volume.

Paris. — Imp. A. Lemerre, 25, rue des Grands-Augustins.

www.ingramcontent.com/pod-product-compliance
Lightning Source LLC
Chambersburg PA
CBHW060325170426
43202CB00014B/2672